Ursula Walz

Eselsarbeit für Zeisigfutter

Ursula Walz

Eselsarbeit für Zeisigfutter

Die Geschichte des Lehrers

athenäum

CIP-Titelaufnahme der Deutschen Bibliothek:

Walz, Ursula:
Eselsarbeit für Zeisigfutter: d. Geschichte d. Lehrers / Ursula Walz. –
Frankfurt am Main: Athenäum, 1988
ISBN 3-610-08500-2

Umschlaggestaltung: Karl Gerstner, Basel
Motiv: Buchmalerei, Zürich um 1310–1340. – Der Schulmeister (Heinrich?) von Esslingen beim Unterricht. – (Klosterschule).
Satz: Computersatz Bonn GmbH, Bonn
Druck und Bindung: Bercker, Graphischer Betrieb GmbH, Kevelaer
Printed in West Germany
ISBN 3-610-08500-2

Inhalt

Zum Geleit

„Der Krug geht so lange zu Wasser, bis er bricht!" – Es ist ein strahlender Junimorgen, die Fenster zum Schulhof hin sind weit geöffnet, meine Klasse spricht im Chor. Nicht ohne ein geheimes Einverständnis schmettern die Zehnjährigen das Sprichwort nach draußen, als Streitruf gemeint und verstanden, nicht anders als gestern und vorgestern schon. Draußen, das weiß ich und das wissen auch meine Schüler, ist der Schulleiter zu vermuten, der Krug heißt und wenig übrig hat für diesen jungen, noch sehr jungen Lehramtsanwärter, der eben „seiner" Schule, einer mittleren Dorfschule im Umkreis einer süddeutschen Universitätsstadt, zugewiesen worden ist. Jetzt, nach kaum zwei Monaten, sind die Beziehungen bereits tiefgreifend gestört. Man wird diesen aufmüpfigen Anfänger, der sich in die gott- und obrigkeitsgegebene Ordnung so schwer einfügt, schleunigst versetzen müssen. Nach den Sommerferien wird er sich in einer Flüchtlingslagerschule am Rande des Hotzenwaldes wiederfinden, im Frühjahr den Schuldienst quittieren und nochmals zu studieren beginnen. Just so hatte man sich die Wirklichkeit dieses Berufes denn doch nicht vorgestellt.

Warum dieses Scheitern? Es war ein Scheitern nicht an den Kindern – ich hatte sie gern und sie mochten mich offensichtlich auch –, sondern ein Scheitern am Geist des Schulwesens dieser frühen fünfziger Jahre, der noch ganz und gar nicht frei wehte.

Ungleich fortschrittlicher war demgegenüber die Lehrerbildung auch in diesen Jahren schon angelegt. Sicher, das Studium an der Pädagogischen Akademie war ganze vier Semester lang, aber das Konzept mit seiner Verzahnung von Theorie und Praxis stimmte – und wie intensiv können zwei Jahre sein, wenn sie im Zeichen des Aufbruchs, eines von Krieg und Entbehrung eben befreiten Anfangs stehen. Und da war ja nicht nur die Akademie, da war nebenan die Musikhochschule, da war die Universität, an der man doch wenigstens als Gasthörer eingeschrieben war. Da waren ungezählte

Vorlesungen weltoffener Dozenten, Streitgespräche, Konzerte, da war ein Theater, das von Anouilh bis Zuckmayer wieder alles spielte, da waren Tagungen und Arbeitskreise, die das Studium nach allen Richtungen erweiterten. Insgesamt lebte man in einer Atmosphäre wacher und neugieriger Intellektualität, lebte man im Bewußtsein, die Zukunft dieser jungen Bundesrepublik mitgestalten zu können.

Und dann fand man sich plötzlich als Junglehrer in einer Schule wieder, in der sich nichts geändert zu haben schien, in einem hierarchischen System, das vom Schulrat bis hin zum „Beamten auf Widerruf" eine Kette der Subordination bildete, in der die Position in der Hackordnung zuerst, das Menschliche zuletzt kam. Dies aber mußte in einem Beruf, der im Umgang mit den Schülern das Menschliche zuerst verlangt, zu einem unerträglichen Widerspruch führen. Resignation und Anpassung oder Flucht, eine andere Alternative war nicht zu sehen, wo man gemessen wurde an der Devotheit, mit der man seinen Rektor grüßte, wo der Schulrat bei seinen plötzlichen Besuchen Weinkrämpfe bei Kolleginnen auslöste, die Schüler stramm standen zum Morgengebet, um bald darauf zu ihrem Nutz und Frommen mit dem Rohrstock gezüchtigt zu werden, und der Lehrer der Residenzpflicht unterlag, d. h. im Umkreis der Schule zu wohnen hatte. Zweiunddreißig Unterrichtsstunden hatte man wöchentlich zu geben, gehörte zur Besoldungsgruppe A 10 und erhielt im ersten Dienstjahr DM 321,– netto. Aber das war es nicht. Man brauchte kein Auto, dachte nicht an Urlaubsreisen, und die Taschenbücher waren noch billig. Es war vielmehr das Gefühl, plötzlich in einer eher dumpfen Ecke des Lebens zu stehen, in die das Licht des eben noch geschauten Morgens nicht mehr zu dringen schien, das Gefühl, daß hier etwas bereits zu Ende war, daß man in einen Lebensbereich geraten war, der sich der Gegenwart einer freien und demokratischen Gesellschaft noch nicht geöffnet hatte.

Ich erinnere mich an jenen Schultag, an jene zweite Stunde, für die der Stundenplan meines fünften Schuljahres „Rechnen" vorsah. Aber das Klassenzimmer nebenan war aus irgendeinem Grunde gerade frei, dort stand ein Klavier; was lag näher, als meinen Kindern eine Musikstunde vorzuschlagen, rechnen ließ sich auch später noch. „Geh aus, mein Herz, und suche Freud . . ., aber wir kamen nur bis zur zweiten Strophe. Noch höre ich den kläglichen Ton, mit dem ein Lied plötzlich stirbt. In der Tür stand der Schulleiter, Feldwebelton, was mir denn einfalle, auf dem Stundenplan stehe „Rechnen". Und dann grob der Befehl: Sofort zurück in Ihr Klassenzimmer! Wie mucksmäuschenstill schlichen die Kinder zurück, die Rechenstunde begann, wobei der Schulleiter blieb und in den Unterricht fortwährend eingriff, tadelnd und verbessernd, und alle waren untertan dieser Obrigkeit, die sich auskostete bis zum Ende der Stunde. Damals versprach ich mir, diesem Beruf sobald als möglich Valet zu sagen, ein Versprechen, das ich zum Glück nicht für immer gehalten habe.

Denn es war doch die Schule von gestern, die ich das Unglück oder Glück hatte, in ihren letzten Verwirklichungen zu erleben. Es waren die Lehrer von gestern, Schulmeister noch im guten wie im schlimmen Sinne des Wortes, die ihre nachgeordnete soziale Stellung durch die Bewahrung von Erziehungs- und Bildungsidealen kompensierten, die eher zurückwiesen denn voraus. Wer heute in die Schule geht, wird von alledem nichts mehr finden, die Schüler und die Lehrer nicht. Leichter ist der Beruf des Lehrers inzwischen sicher nicht geworden, im Gegenteil: Die Brüche und Widersprüche einer komplexen Industriegesellschaft durchkreuzen seine Arbeit Tag für Tag. Die Anstrengung, die ihm abverlangt wird, ist mit der Selbstbestimmung unvermeidlich verbunden. Freiheit kann nicht einfach sein.

Ursula Walz ist in ihrem Buch dem langen und mühevollen Weg nachgegangen, den der Lehrer zurückzulegen hatte, einen Weg, der irgendwann auch an jenem Punkt vorübergeht, an dem die Spanne des eigenen Lebens beginnt. Wenn man bedenkt, wieviel sich in dieser verhältnismäßig kurzen Zeit bereits geändert hat, beginnt man zu ahnen, wieviel Geschichte sich ansammeln mußte, damit diese Gegenwart möglich wurde. Es ist ein genau gearbeitetes Buch und doch zugleich ein lesbares Buch, mit jener gekonnten Leichtigkeit geschrieben, die man nur dann erreicht, wenn Engagement, Sachverstand und Stil zusammenkommen. Es ist ein

Buch geworden, das dem Lehrer zeigt, wer er ist, weil es ihm zeigt, woher er kommt – und allen anderen, die von der Schule betroffen sind, und wer wäre das nicht, ein Bewußtsein davon zu geben vermag, wie wenig er bisher von jenem wußte, dem er da täglich seine Kinder anvertraut, oder an den er sich erinnert als einen, der dem eigenen Leben Zeichen mitgab, die halfen, es unverwechselbar zu machen.

Gert Kleinschmidt

Einleitung

Die Lebensgeschichte des Lehrers, des alten deutschen Schulmeisters in seiner typischen sozialen und individuellen Gestalt, sein mühevoller Aufstieg im Laufe der Jahrhunderte bis zu seinem heutigen Selbstverständnis ist Gegenstand dieses Buches. Es geht dabei weniger um die Institution Schule und die Geschichte des Unterrichts als vielmehr um die Beschreibung des einzelnen Lehrers, seiner subjektiven Erlebnisse und Erfahrungen, seiner Sorgen und Enttäuschungen sowie seiner Hoffnungen und Erwartungen.

Die Wirklichkeit seiner Lebensumstände ist eingebunden in das historische, gesellschaftliche, kulturelle und wirtschaftliche Gefüge seiner Zeit und wird beeinflußt von unterschiedlichen, sich wandelnden Denk- und Wertvorstellungen, Normen und Verhaltensweisen. Der Schwerpunkt dieser Arbeit liegt vor allem in der Darstellung des je individuellen Entwicklungsprozesses des Lehrers, seines sozialen Stellenwertes und seiner persönlichen Befindlichkeit im historischen Kontext.

Gewiß läßt sich eine solche Perspektive nicht ohne Berücksichtigung seines Arbeitsfeldes Schule, der Schüler und der Kollegen aufzeichnen. Die Schule, der Unterricht, die Methoden müssen hier aber in den Hintergrund treten, damit das Bild des Lehrers in seinem Umfeld und sein Existenzkampf, nicht nur im Schulalltag, deutlicher hervortreten können und der Lehrer nicht ausschließlich als Unterrichtserteiler und Vermittler von Kenntnissen gesehen wird. Aus diesem Grund wurden auch Selbstzeugnisse von Lehrern, autobiographische Skizzen, Situationsschilderungen und satirische Darstellungen früherer Zeiten einbezogen.

Die Bezeichnung „Lehrer" hat für alle Lehrenden bis heute ihre Gültigkeit behalten und sich behauptet, obwohl sich seit den frühesten Anfängen Name und Rang infolge unterschiedlicher Aufgaben und getrennter Ausbildungswege oftmals geändert haben. Hier wird die Bezeichnung „Lehrer" wertneutral verwendet. Die soziale Situation des Lehrers ist in den verschiedenen Lehrergruppen anfangs ähnlich gewesen, vor allem, solange alle finanziell benachteiligt waren. Die parallele Entwicklung verhindert zunächst auch ihre Entfremdung voneinander. Eine strikte Trennung vollzieht sich erst, als jede Gruppe ihren spezifischen Ausbildungsweg einschlägt und dadurch jeweils einem eigenen Berufsstand angehört.

Obwohl der Weg des Lehrers der höheren Schule hier wegen der inhaltlichen Begrenzung nicht in gleichem Maße wie der des Volksschullehrers nachgezeichnet werden kann, werden die unterschiedlichen Entwicklungen in der Ausbildung und in der Professionalisierung zum Vergleich herangezogen. Die Entwicklung im Schulwesen verläuft, historisch gesehen und von zeitlichen Verschiebungen abgesehen, in vielen Ländern und Staaten ähnlich. Das Volksschulwesen in Preußen nimmt hier einen breiteren Raum ein wegen seiner von den Quellen her leichter nachzuvollziehenden positiven wie negativen Schulpolitik. Trotzdem wird versucht, die historische Dimension des Volksschulwesens anderer Länder zu berücksichtigen.

Der Lehrer des frühen Mittelalters sind der Mönch, der den Klerikernachwuchs ausbildet, und der Theologe, der in den Lateinschulen später auch Laien unterrichtet. Ihm folgt der deutsche Schreibmeister nach und stellt sich neben ihn, als der deutsche Bürger Lesen und Schreiben als nützliche Kenntnisse entdeckt und nicht Kleriker, sondern Kaufmann, Händler oder Ratsherr werden will.

Der Schreibmeister als Laienlehrer – im doppelten Wortsinn – fühlt sich gegenüber dem lehrenden Geistlichen wegen seiner höchst unzureichenden Lehrkünste verunsichert und sucht nach Auswegen. Er hat keinerlei Ausbildung erfahren, vielleicht ein wenig Latein aufgeschnappt und oft aus purer Armut kein Studium begonnen, geschweige denn beendet. Ein paar methodische Handgriffe für den Unterricht hat er sich bestenfalls von einem ebenso nicht ausgebildeten Schulmeister zeigen lassen und hofft, auf diese Weise Schule halten zu können.

Hinzu kamen die minimale und unregelmäßig erfolgende Entlohnung und die soziale Benachteiligung, die den Lehrer mehr traf als alles andere. Die fehlende Anerkennung selbst der leibeigenen Bauern, deren Kinder er unterwies, schien ihm das Ärgste zu sein. Wer aber auf der untersten Stufe der Hierarchie stand, durfte nichts anderes erwarten.

Es geht hier nicht darum, einen Trauergesang über die Misere des „armen Schulmeisters" anzustimmen, sondern darum, die historischen Ursachen aus den jeweiligen Quellen herauszuarbeiten und zu interpretieren. Neuere Untersuchungen zur Rolle des Lehrers stützen die Feststellung, daß psychosoziale Phänomene zu wenig beachtet wurden.

Der Lehrer des 18. und noch des beginnenden 19. Jahrhunderts war zweifellos unterprivilegiert, obwohl sich damals schon Stimmen mehrten, die nicht nur eine gerechtere Besoldung, sondern auch eine gesellschaftliche Anerkennung des Lehrers forderten; dies war umso dringender, nachdem der theologisch ausgebildete Lehrer an Gelehrten- und Lateinschulen ein philologisches Studium absolvieren konnte und sein beruflicher Werdegang einen normalen Aufstieg ermöglichte. Hingegen verlief die Volksschullehrerausbildung, soweit es überhaupt eine einheitliche Ausbildung gab, in einer anderen Richtung und ließ jegliche berufsständische Entwicklung vermissen. Die soziale und berufliche Zweigleisigkeit der Lehrergruppen war damit festgeschrieben, die menschliche Trennung abzusehen.

Das 19. Jahrhundert war gekennzeichnet von Emanzipationsideen. Die Herkunft dieses Begriffs „Emanzipation" geht zurück bis in die Zeit der Aufklärung und greift über auf die immer deutlicher artikulierten Bestrebungen der Lehrer nach einer Lösung von der geistlichen Schulaufsicht. Diese Versuche wurden sichtbar in einem beständigen, ja hartnäckigen Bemühen des jungen Berufsstandes, soziale und ökonomische Verbesserungen sowie politische Rechte für alle Lehrer zu erreichen. Mit diesen Zielsetzungen sprengte der Begriff der „Emanzipation" allmählich den eng begrenzten Rahmen einer Befreiung von kirchlicher und später auch von staatlicher Kontrolle des Schulunterrichts und erweiterte sich zu einem Politikum, das die gesamte Lehrerschaft aktivieren sollte. Zweifellos hatten die Ereignisse der Revolution von 1848 das Selbstbewußtsein der

Lehrer zunächst gestärkt und viele von ihnen, wenn auch nicht alle, ermutigt, sich persönlich für ihre Interessen zu engagieren. Man konnte jedoch nicht erwarten, daß sie sich im gleichen Augenblick von allen Zwängen und Bevormundungen befreit fühlten.

Die Schockwirkung auf den politischen Rückschritt nach dem Scheitern der Revolution, die auch schulpolitisch einen Rückschlag bedeutete, war groß. Sie führte, wie nicht anders zu erwarten, zu einer totalen Anpassung der Lehrer und zu einer Resignation, die ohnegleichen war. Sie wurde verstärkt durch Angst und Unsicherheit, als politische Überwachungsmaßnahmen den letzten Funken eines Selbstwertgefühls zu ersticken drohten.

Um die Mitte des 19. Jahrhunderts gab es kleine Anzeichen eines wachsenden beruflichen Selbstverständnisses. Die ersten Lehrervereinigungen wurden ins Leben gerufen. Da ihre Arbeit wesentliche Bereiche der sozialen Bedürfnisse der Lehrer umgreift, werden ihre Forderungen und Thesen einer breiteren Öffentlichkeit bekannt; die existentielle Lage der Lehrer gerät mehr und mehr ins Blickfeld.

Inzwischen war auch die Lehrerin deutlicher hervorgetreten. Ihre anfängliche Situation glich der des Lehrers, ihre beruflichen Probleme müssen aber differenzierter gesehen werden. Bei den Schulfrauen der niederen Schulen bestand gegenüber den Klosterfrauen ein großes Bildungsdefizit. In der mangelhaften Ausbildung unterschieden sich die Schulfrauen zunächst wenig von ihren männlichen Kollegen. Als die seminaristisch ausgebildete Lehrerin aber gegen Ende des 19. Jahrhunderts in der Volksschule Einzug hielt und mit den männlichen Schulmeistern konkurrierte, gab vor allem ihre soziale Herkunft aus bürgerlich gehobenem Milieu Anlaß zu Konflikten mit den in der Regel aus einer niedrigeren Schicht stammenden Lehrern. Es setzte ein heftiger Emanzipationskampf ein, jedoch mit umgekehrten Vorzeichen. Nun fühlte sich der Lehrer benachteiligt.

In der Zeit des ausgehenden 19. Jahrhunderts, als die bürgerliche Gesellschaft durch den wirtschaftlichen Aufschwung ihre materiellen Ansprüche befriedigen konnte, ja ihren Wohlstand deutlich zur Schau trug, wurde sich der Lehrer mehr denn je bewußt, wie dürftig seine Lebensverhältnisse demgegenüber waren. Die breite Öffentlichkeit jener Zeit war allerdings der Ansicht, daß der Volksschullehrer sich hinsichtlich seiner gesellschaftlichen Position ständig im Aufsteigen befände.

Der Erste Weltkrieg sah den Volksschullehrer als Soldaten, der den Fahneneid auf Kaiser und Reich geleistet hatte und bereit war, seine Pflicht zu tun. Er wurde vorher in den Rang eines Reserveoffiziers erhoben. Dieser äußerliche, kurzfristige Prestigegewinn, den er mit Genugtuung registrierte, ließ ihn jedoch nur vorübergehend selbstbewußter auftreten. Am Ende des Weltkrieges stand er – wie viele andere – als ernüchterter und enttäuschter Kriegsteilnehmer da, dessen berufliche Chancen durch Krieg, Kapitulation und deren Folgen geschwunden waren. Die Weimarer Republik verfügte 1919 endlich die Aufhebung der geistlichen Ortsschulaufsicht, um deretwillen die Lehrer sich so lange vergeblich bemüht hatten.

Die Enttäuschung, daß es in den zwanziger Jahren unseres Jahrhunderts nicht zu einem Konsens der Lehrerschaft mit der Weimarer Republik kam, war groß; entmutigender vielleicht noch, daß auch eine akademische Ausbildung an autonomen Hochschulen oder an Universitäten nicht erfolgte. Die Kontroversen, Kompromisse und die unterschiedlichen Wertungen solcher Pläne verursachten besonders bei den betroffenen Lehramtsanwärtern und Junglehrern Bitterkeit. Noch ehe sich eine gewisse Beruhigung durch Neugründungen von Pädagogischen Akademien und durch probeweise Angliederungen von Seminaren an eine Universität einstellte, brach die Zeit herein, die jeglicher Freiheit eines Menschen Hohn sprach, und in der die größte Zwangsherrschaft Triumphe feierte: die zwölf Jahre des nationalsozialistischen Regimes.

Der junge Lehrer wurde zunächst umworben, weil man hoffte, daß er sich willig in die Partei oder eine ihrer Organisationen einordnen würde. Gelang aber diese taktische Manipulation nicht, dann ließ man ihn deutlich spüren, daß er als Erzieher ohne politische Funktionen im nationalsozialistischen Staat keine Chancen hatte, seinen Beruf auszuüben.

Die Jahre seit dem Ende des Zweiten Weltkrieges und dem totalen Zusammenbruch von Staat und Gesellschaft sind für die heutigen Lehrer bereits Geschichte. Was die jüngere Generation an Informationen über die Vergangenheit aufnimmt, erfährt sie fast nur noch aus der Literatur oder durch die Medien. Lernen ist hier nicht mehr gleichbedeutend mit persönlicher Erfahrung. Die Vermittlung lebendiger, persönlicher Schicksale von Zeitzeugen gestaltet sich immer schwieriger, sie sterben dahin.

Seit Ende der 70er, Anfang der 80er Jahre sieht sich der junge Lehrer in einer Situation, die er sich bei seiner Berufswahl nicht im entferntesten vorgestellt hat. Die Arbeitslosigkeit trifft ihn hart und verlangt von ihm eine völlige Umstellung und große Flexibilität, wenn er nicht für Jahre überhaupt ohne Arbeit bleiben will. Aber auch dann gibt es keine Garantie für eine Dauertätigkeit, noch weniger für eine neue Ausbildung und eine entsprechende Stellung. An Versuchen einer alternativen Berufsfindung fehlt es nicht.

Ein Vergleich zu der hohen Arbeitslosenzahl der jungen Lehrer in den dreißiger Jahren liegt nahe. Ihre Verzweiflung und die unerwartete Armut ließen viele an die nicht erkannten trügerischen Versprechungen eines totalitären Regimes glauben und mit ihm untergehen.

Der Lehrer von heute weiß um die politischen Gefahren einer Diktatur und ihrer Auswirkungen. Er hat ein schweres Erbe angetreten und versucht, aus eigenem Antrieb die dunkle Vergangenheit zu ergründen, weil sie ihn bedrückt. In einer Zeit ständiger politischer Umwälzungen und Veränderungen unterzieht er sich einem vielschichtigen Denkprozeß und versucht, ein politisches und pädagogisches Bewußtsein aufzubauen, das nicht Parteilichkeit bedeuten muß, aber sein Engagement voraussetzt.

Es gilt, seine Sensibilität für die historischen Fakten zu schärfen und ihn nicht durch Auswüchse der Bürokratie handlungsunfähig machen zu lassen. Seine Aktivität und seine Wachsamkeit sind sein bestes Kapital.

Der Lehrer als Diener der Kirche

Der Mönch als Lehrer

Die gesellschaftlichen Erwartungen und Forderungen einer historischen Epoche spiegeln sich in dem Bemühen um Erziehung und Bildung wider. Im frühen Mittelalter nahm die katholische Kirche diese Funktion wahr. Die Pädagogik war Teil der Theologie, die Schule eine kirchliche Institution. Als maßgebende Bildungsmacht war der Kirche vor allem an der Heranbildung ihrer Geistlichen gelegen. In ihrem Auftrag übernahm zunächst der gelehrte Mönch die Aufgabe eines Lehrers.

Karl der Große mit seinem Sohne Pippin.

Ihm oblagen die Bildung und Erziehung der Ordensbrüder und des für den Klerus bestimmten Nachwuchses. Mit Genehmigung der Kirche konnten auch Laien, vornehmlich aus dem Adelsstand, an diesem Unterricht teilnehmen, der als Beginn schulischer Organisation verstanden werden kann. Eine Laienbildung im weiteren Sinne gab es noch nicht. KARL DER GROSSE (768–814) hatte jedoch eine Hofschule eingerichtet, die *Schola Palatina,* die von der Kirche gebilligt wurde und während seiner Regierungszeit großes Ansehen erwarb. Im Jahre 781 berief der Kaiser den gelehrten angelsächsischen Mönch ALKUIN zum Leiter dieser Hofschule, der sich mit großem Eifer um die Bildung und Erziehung am Hofe bemühte und auch Lehrer und Ratgeber KARLS DES GROSSEN war. Hier versammelten sich zur Zeit ALKUINS viele Gelehrte, so daß man eher von einer Akademie als von einer Schule sprechen konnte. Die Söhne und Töchter KARLS DES GROSSEN nahmen ebenso an diesem Unterricht teil wie die Kinder des höheren und niederen Adels. Die meisten Schüler waren aber die künftigen Geistlichen, die der Kaiser später als Äbte, Bischöfe oder Hofgeistliche einsetzte. Unter der Regierung LUDWIGS DES FROMMEN, dem Sohn KARLS DES GROSSEN, änderten sich die Verhältnisse. LUDWIG zeigte wenig Interesse an der Errichtung höfischer Schulen. Die von seinem Vater in der Hofschule geförderte Heranbildung von Laien blieb in den Anfängen stecken. Die jungen Adligen wechselten in die neugegründeten Dom- und Pfarrschulen über. Bald war die berühmte Hofschule zur Bedeutungslosigkeit herabgesunken.

Inneres einer Klosterschule.

Durch die Sicherung ihres geistlichen Nachwuchses konnte die Kirche ihren Sendungsauftrag wahren und ihre Erziehungs- und Bildungsaufgaben ausbauen. Aus einer noch nicht systematisierten Bildungsarbeit einzelner gelehrter Mönche und Bischöfe entwickelten sich mit dem Ende des 8. Jahrhunderts die *Klosterschulen*. Namen wie ALKUIN, der im Jahre 796 die Klosterschule in Tours zur Hochschule erhob, und HRABANUS MAURUS, Abt des Klosters Fulda und späterer Erzbischof von Mainz, wurden zum Inbegriff christlich-religiöser Erziehung und Bildung. Wenn ein junger Adliger die Klosterschule besuchen wollte, mußte er zeitweilig seinen Stand und Status aufgeben und sich als Priester einordnen. Er wurde dann, wie alle anderen, „Pfaffe" genannt, eine Art Berufsbezeichnung also. Das Kloster, eine Zelle oder ein Vorhof, auch das Kircheninnere dienten zunächst als Unterrichtsraum. Zuweilen mußte sich der gelehrte Mönch neugieriger und wißbegieriger Zaungäste, die vor der Kirchentür oder in der näheren Umgebung des Klosters herumstanden, energisch erwehren, um sein Lehramt ausüben zu können. Später stand den Schülern ein Saal zur Verfügung, die eigentliche *Schola*.

Der zukünftige Geistliche lernte vor allem das, was er für die Messe brauchte: Sprechen und Singen des Psalters, das Glaubensbekenntnis, das Vaterunser, den Segen, die kanonischen Gebete und die Kirchenzeitrechnung. Der gesamte Lehrinhalt, auch das Lesen und Schreiben, war in lateinischer Sprache zu bewältigen. Der Mönch, der das Kirchenlatein beherrschte, sprach oder sang seinen Schülern einzelne Sätze vor, die von ihnen so lange wiederholt wurden, bis sie sie auswendig wußten; ohne jedoch immer den Sinn erfassen zu können. Lesen bedeutete lediglich ein Wiedererkennen des Gelernten und war eine gute Gedächtnisübung und verläßliche Stütze im Gottesdienst. Der vorgesprochene Text wurde später auch in deutscher Sprache nachgeschrieben. Das Lehramt verlangte vom lehrenden Mönch großen Fleiß. Die Kirche hatte ihn zum Scholastikus* berufen, er war nun der Schulherr, der wesentlich zur Verbreitung der christlichen Lehre und zur Erhaltung der kirchlichen Hierarchie beitrug. Auf Konzilen und Synoden bekamen die geistlichen Lehrer Anweisungen und Richtlinien für ihren Unterricht und wurden darauf hingewiesen, daß die Schüler eifrig lernen sollten.

Neben den lehrenden Mönchen gab es in den Frauenklöstern des Mittelalters bereits Nonnen, die als Lehrerinnen tätig waren. Die Äbtissin LIOBA leitete jahrzehn-

---

* Vorsteher einer Klosterschule

telang das Frauenkloster zu Tauberbischofsheim, wohin BONIFATIUS sie berufen hatte. Sie hat Generationen von Nonnen und jungen Laien, den Töchtern der Adligen, das Christentum nahegebracht, sie in der Bibel unterwiesen und sie Lesen, Schreiben und einige der freien Künste gelehrt. Vom 13. Jahrhundert an wurden in einigen größeren Städten, so in Mainz, Nürnberg, Bamberg und Augsburg bereits weltliche Mädchenschulen errichtet, deren Lehrerinnen Nonnen, aber auch vereinzelt Laien waren. Diese konnten lateinisch lesen und schreiben und die Kenntnisse an ihre Schülerinnen weitergeben. Außerdem widmeten sie sich der Kunst des Abschreibens alter Handschriften und der Musik. Um 1400 wurden adlige Töchter auch schon von Privatlehrerinnen unterrichtet, den deutschen Lehr- oder Schulfrauen. Wenig später entstanden in mehreren Städten sogar Mädchenschulen; es gab auch Lateinschulen, in denen Mädchen und Knaben gemeinsam unterrichtet wurden.

Dom- und Stiftsschulen und die Klosterschulen des 12. Jahrhunderts

Da die Ausbildung der Kleriker örtlich nicht auf die Klöster beschränkt bleiben konnte – der Bedarf an Geistlichen wuchs ständig – entstanden an den Bischofssitzen und in deren Umkreis die Dom- und Stiftsschulen, deren Organisation und inhaltliche Zielsetzung sich nicht wesentlich von denen der Klosterschulen unterschieden. Nur waren die Lehrer nicht mehr gelehrte Mönche, sondern niedere Kleriker, Kaplane oder Theologen, die ihre Priesterausbildung nicht beendet hatten. Diese Stifts- und Domschulen waren kirchliche Lateinschulen für eine kleine Schicht der höheren Stände. Bei der Wahl der Schüler war ihre Herkunft ausschlaggebend. Wir wissen von einer Domschule in Stendal (Altmark) im 12. Jahrhundert und von einer in Berlin im 13. Jahrhundert.

Parallel dazu entwickelten sich die Klosterschulen zum Hort der antiken Wissenschaften. Das Studium der sieben freien Künste war Pflicht. Zu ihnen gehörten:

Mönche beim Unterricht.

Grammatik, Rhetorik, Dialektik, Arithmetik, Geometrie, Musiktheorie und Astronomie. Ein Theologe, der diese Künste in seiner Eigenschaft als Lehrer vermitteln sollte, mußte natürlich eine wissenschaftliche Vorbildung haben. Die gelehrten Mönche verfügten über eine solche Qualifikation und standen wegen ihres wissenschaftlichen Niveaus in hohem Ansehen. Die bedeutendsten Schulen wetteiferten miteinander um die besten Lehrkräfte. Einzelne Mönche pflegten weit über die Grenzen ihres Klosters hinaus einen regen Gedankenaustausch mit anderen Klosterbrüdern. Diese Korrespondenz wurde von den hohen geistlichen Vorgesetzten wohlwollend unterstützt; sie gewährten den Mönchen auch Reise- und Studienstipendien, damit sie an den Stätten theologischer und philosophischer Bildung nicht nur eine persönliche Bereicherung erfuhren, sondern das Ansehen des Klosters und der Kirche stärkten. Es gibt in der Geschichte der Klosterschulen Beispiele, die das bezeugen. Die Klosterschule in St. Gallen in der Schweiz festigte ihren Ruf durch besonders fähige Lehrer, von denen in der überlieferten Klosterchronik die Rede ist. Der Mönch EKKEHARD IV., der später auch in Mainz lehrte, schildert in liebevoller und humoristischer Weise einzelne Lehrertypen, ihre Lehrweise, ihre Tugenden und ihre kleinen Besonderheiten. In seinem Roman „EKKEHARD“ hat der Dichter JOSEF VIKTOR VON SCHEFFEL (1826–1886) ihm übrigens ein bleibendes Denkmal gesetzt.

EKKEHARD berichtet folgendes: Der gelehrte Mönch

Lehrer mit der Rute als Standessymbol und zwei Schülern.

Iso wurde von seinen Schülern hoch verehrt. Man schätzte ihn deshalb besonders, weil selbst weniger begabte Schüler bei ihm denken lernten und schon eine einzige seiner Unterrichtsstunden für sie ein Gewinn war. Andere Mönche waren beliebt wegen ihrer Schlagfertigkeit. Sie zeigten sich nicht nur in geistlichen, sondern auch in weltlichen Dingen bewandert. Viele der lehrenden Mönche verstanden etwas von der Musik und dem Saitenspiel und konnten ihre Schüler auf allen musischen Gebieten fördern. Ekkehards Bericht zufolge gab es in St. Gallen ausgezeichnete Schulmeister, deren pädagogisches Talent unumstritten war. Die Rute war zwar ein erlaubtes Züchtigungsmittel, aber der berühmte Mönch Notker Balbulus, genannt der Stammler, lehnte es ab, Rute oder Stock zu benutzen. Er war die Güte und Liebe in Person, für seine Schüler ein leuchtendes Vorbild und in seiner Zeit eine Ausnahme. Sein Beiname bezieht sich auf seine schwache körperliche Konstitution, die im Gegensatz zu seiner hohen Intelligenz stand. Bis zu seinem Tode leistete er als Dichter,

Musiker und Lehrer segensreiche Arbeit im Kloster St. Gallen.

Andere Mönche hatten den Ruf, strenge Zuchtmeister zu sein, damals ein respektvolles Lob. Gebet, Gehorsam und Arbeit gehörten zu den wichtigsten Ordensregeln und mußten den Schülern zur Selbstverständlichkeit werden. Das ging nur mit äußerster Disziplin. Seit dieser Zeit ist die Rute in der Hand des Lehrers ein Symbol, das zum Unterricht und zur Schule gehört. Wir finden sie jahrhundertelang in allen Variationen auf Abbildungen. Auch die säkularisierte Schule brauchte Rute und Stock als Mittel der Disziplinierung. Vom Mittelalter bis zur jüngsten Gegenwart blieb die Rute „eine inhumane, fast barbarisch zu nennende" Strafe.[1] Wir werden im folgenden immer wieder darauf zurückkommen, weil sich die Urteile über diese Strafmaßnahmen vielfach gleichen.

Schüler und Scholaren

Eine besondere Art von Schülern und Studenten waren in der zweiten Hälfte des Mittelalters die Scholaren. Es gehörte zu ihren Gepflogenheiten, den gelehrten Mönch, der als Lehrer an ein anderes Kloster zog, zu begleiten. Ein Wechsel von Schule zu Schule, oft über Ländergrenzen hinweg, war damals nicht nur bei den Lehrenden, sondern auch bei den Studenten und Schülern üblich. Ein ständiges Verbleiben an einer Klosterschule galt als Einschränkung der persönlichen Freiheit. Viele der „fahrenden Schüler" wurden später aber zu einer berüchtigten Gruppe, deren Lebens- und Unternehmungslust zuweilen die Grenzen christlicher Gesittung überschritt. Mitte des 13. Jahrhunderts wurde denen, die zu sehr heruntergekommen waren, vom Klerus untersagt, an gottesdienstlichen Handlungen teilzunehmen. Ihr Leben und Treiben erschließen uns am besten ihre Lieder. Aber auch der Lebenslauf eines fahrenden Schülers vermittelt einen typischen Eindruck. THOMAS PLATTER, das Musterbeispiel eines Scholaren, wurde Anfang des 15. Jahrhunderts in der Schweiz geboren und fing als fahrender Schüler und „Schütze" (Lehrling)

Schulstube im 16. Jahrhundert.

eines Vaganten* seine Wanderschaft an. Das Alter dieser Schützen schwankte zwischen 14 und 16 Jahren. THOMAS PLATTER war achtzehn, bevor er eine Schule besuchte. Er konnte kein einziges Wort Latein, weil er Tag und Nacht, wie alle anderen Kurrende-Sänger, in den Straßen singen und betteln mußte. Während seiner fünfjährigen Wanderschaft war er total heruntergekommen, hatte sich Läuse eingefangen und sich von Waldfrüchten und Brotresten ernähren müssen, bis es ihm endlich gelang, an einer Schule angenommen zu werden. Er erlernte das Seilerhandwerk und verdiente sich das Geld für sein Studium, indem er tagsüber sein Handwerk ausübte und nachts studierte. Er war auch als Buchdrucker tätig, wurde später Lehrer und schließlich Rektor.[2] Er starb, 83jährig, als angesehener Bürger seiner Stadt.

Der deutsche Schreibmeister

Bis zum ausgehenden Mittelalter blieben die Dom- und Stiftsschulen sowie die Klosterschulen im wesentlichen ohne Konkurrenz. Der Kleriker als Lehrer behielt seine Vorrangstellung. Der geistliche Stand war der Gelehr-

* umherziehender Student

tenstand, das Lehramt in seiner Hand. Eine allmähliche Änderung trat erst ein, als die *Schreibschulen* und die *Rats- und Stadtschulen* für jene Bürger entstanden, die nicht das Priesteramt anstrebten.

Arithmetik und Geometrie Ende des 15. Jahrhunderts. Der Lehrer sitzt am Rechenbrett. Seine Tischplatte ist in verschiedene Felder eingeteilt. In diese werden die Jetons oder Rechenpfennige gelegt, je nachdem sie Einer, Zehner, Hunderter usw. oder verschiedene Münzsorten darstellen sollen.

Unterricht in der Rhetorik. Er wandelt sich in den Schulen des Mittelalters immer mehr zu einer Unterweisung in der Kunst, Briefe zu schreiben und Urkunden sowie Schriftstücke aller Art anzufertigen.

Die ersten Schreibschulen – von Laien für Laien errichtet – vermittelten die bescheidensten Grundkenntnisse der lateinischen Sprache. Ihr Hauptziel aber war es, die Kenntnisse im Lesen und Schreiben weiterzugeben; später kam noch das Rechnen hinzu, das auch in gesonderten *Rechenschulen* vermittelt wurde. Diese Schulen waren für Erwachsene und Jugendliche bestimmt und breiteten sich in den Städten schnell aus. Ihre Schülerzahl stieg ständig. Der aufstrebende Bürger, vor allem der Kaufmann und Handelsherr, war an der Kunst des Lesens und Schreibens sehr interessiert. Er wollte nicht mehr auf Gedeih und Verderb von irgendwelchen zweifelhaften Geschäftemachern abhängig sein, die sich anboten, die Aufträge der Herren zu erledigen, sondern selbst das Schreiben und Lesen beherrschen. So sahen sich die Ratsherren der Städte veranlaßt, für das Bürgertum die erforderlichen Schulen einzurichten. Es handelte sich dabei um städtische Schulen, die jenen Bürgern offenstanden, die den Wunsch hatten, schriftliche Mitteilungen, Briefe, Verträge und Rechnungen, also ihre gesamte Korrespondenz, in deutscher Sprache selbst anfertigen bzw. lesen zu können. Deshalb ist es auch nicht verwunderlich, daß die ersten deutschen Schreibschulen zu Beginn des 13. Jahrhunderts in den Hansestädten Lübeck, Wismar, Hamburg, Braunschweig, Frankfurt und anderen den Anfang machten. Die Schreibmeister waren private Unternehmer, die eine Genehmigung für ihr Schulehalten brauchten. Sie erhielten sie von den jeweiligen Stadtvätern und betrieben ihr Geschäft gewerbsmäßig und auf eigene Kosten. Diese Schreibmeister, auch *Stuhlschreiber* genannt, lehrten die elementaren Grundtechniken Lesen und Schreiben – mehr schlecht als recht. Über die Bezeichnung „Stuhlschreiber“ kann man nur Vermutungen anstellen. Der Name hängt entweder mit dem Stuhl zusammen, den der Schreibmeister vor das Rathaus stellte, um auf sein Gewerbe aufmerksam zu machen und Kunden anzuwerben; oder er demonstrierte auf diese Weise, daß er sogar für das Amt des Gerichtsschreibers berufen war. Eine andere Version besagt, daß die „Stuhl“-Stunden gleichzusetzen seien mit unseren heutigen Bürostunden.

Der Schreibmeister saß gewissermaßen seine vorge-

Lehrer und Schüler. Im Hintergrund steht ein Schüler mit aufgesetztem Eselskopf.

schriebenen Arbeitsstunden ab in der Hoffnung, daß sich Auftraggeber einfänden. Eine andere Bezeichnung für den Schreibmeister war *Guldenschreiber*. Hier ist es nicht schwer, einen Bezug zum Unterrichtsgeld herzustellen.

Diese Laienschreiber hatten die verschiedensten Ausbildungen mit mehr oder weniger Erfolg hinter sich gebracht. Unter ihnen gab es niedere Kleriker, ehemalige Studenten, die ihr Studium abgebrochen hatten, von Ort zu Ort ziehende Scholaren, die seßhaft werden wollten und andere Interessierte, die sich von einem freien Unternehmen eine hinreichende Einnahmequelle erhofften. Es ist jedoch unrealistisch, diese Schreibmeister als Lehrer zu bezeichnen. Von einem regelmäßigen Schulunterricht konnte damals ebensowenig gesprochen werden wie von einem Schullehrer. Die berufliche Unzulänglichkeit der Schreibmeister war für die Domherren oder den Scholastikus eines Domkapitels Anlaß genug, diese „Pseudo-Magister" an der Errichtung und Unterhaltung ihrer Schreibschulen zu hindern. Denn sicherlich haben die Schreibmeister in den meisten Fällen den Anforderungen sowohl an Kenntnissen als auch christlichen Tugenden nicht genügt. Der Klerus konnte unabhängig davon, daß die Ratsherren in der Regel die Lizenz für diese Unternehmen vergaben, den Bewerber bestätigen oder ablehnen, wenn er ihnen ungeeignet erschien. Außerdem forderte der ausgebildete Scholastikus ein Drittel des eingenommenen Schulgeldes von dem Schreibmeister, der sich bewerben wollte. Wurde diese Abgabe nicht entrichtet, oder hatten sich die Schreibmeister etwas zuschulden kommen lassen, drohte ihnen der Entzug der Lizenz. In vielen Fällen kam es zu heftigen Auseinandersetzungen zwischen Geistlichkeit und Ratsherren; Kompetenzschwierigkeiten, die sogar zu Prozessen führten, weil die Domherren ihr Schulmonopol unter Berufung auf altes Recht verteidigten und die Ratsherren ihre Macht behaupten wollten. Ein gütlicher Vergleich wirkte sich meistens positiv für die Stadt aus. Die Neugründungen von Stadt- und Ratsschulen nahmen in diesem Zusammenhang überall zu. Trotzdem wurden die Bedürfnisse der Bürger nur unzureichend befriedigt, da zu wenig gelernt wurde. Schuld daran waren einerseits die dürftigen Raumverhältnisse, andererseits die immer wieder beklagte mangelhafte Qualifikation der Schreibmeister. Sie litten, als niedere Lehrmeister eingestuft, oft große Not; ein Zustand, der noch über Jahrhunderte andauerte und die armselige soziale und materielle Situation dieser Hilfslehrer festschrieb. Manchen dieser Schreibmeister gelang es dennoch, sich als Stadtschreiber zu bewerben. Dazu gehörte natürlich eine gewisse Gewandtheit, über die nur wenige Bewerber verfügten. Wer Erfolg hatte, war der Sorge des Lehrens enthoben, denn er hatte ein einträgliches städtisches Amt inne und konnte es sogar manchmal bis zum Bürgermeister bringen.

Etwas besser als die Schreibmeister hatten es die Leiter renommierter Ratsschulen, die Rektoren, wenn sie von der Stadt berufen und von der Kirche bestätigt worden waren. Sie übten ihr Amt zwar auch unter Aufsicht und auf Anweisung des Scholastikus aus, hatten aber in den meisten Fällen einen Einjahresvertrag und eine vierteljährliche Kündigung mit den Ratsherren ausgehandelt. Sie konnten also im Gegensatz zu den sogenannten Meistern, die diese Sicherheit nicht hatten, wenigstens für kurze Zeit seßhaft werden. Dennoch mußten die Rektoren auch um die Gunst der Patronatsherren* oder

---

* Gutsherren, auch Domherren

der Geistlichen buhlen, denn bei den geringsten Vorfällen wurden sie entlassen. Zum Beispiel, wenn sie infolge der unzureichenden Entlohnung manchmal zur Selbsthilfe griffen und eigenmächtig das von den Eltern zu zahlende Schulgeld erhöhten; eine Notmaßnahme, die sie für nötig hielten, weil sie von ihren schmalen Einkünften auch die Hilfslehrer oder Unterlehrer aus eigener Tasche bezahlen mußten.

Der Winkelschullehrer oder: der „heimliche“ Lehrer

Von einer pädagogischen Aufgabe wußten damals weder die Schreibmeister noch die Ratsherren einer Stadt irgend etwas. Die einen erwarben das Recht des Schulehaltens, die anderen gewährten – oder verweigerten – es. Wo eine Konzession nicht erteilt wurde, versuchten die Bewerber, auf andere Weise den begehrten Schuljob zu erlangen. Sie arbeiteten „illegal“. Es entstanden „heimliche“ Schulen, die sogenannten *Winkelschulen*, auch *Klippschulen* genannt. Die Bezeichnung Klippschule war abwertend gemeint und bedeutete noch bis in die nächsten beiden Jahrhunderte eine niveaulose Elementarschule. Noch zu Beginn unseres Jahrhunderts nannte man in Preußen die Volksschule so oder auch „Schlorrengymnasium“**, ebenfalls negativ verstanden. Unter diesem Odium litten nicht nur die Lehrer, sondern auch die Schüler. Die Winkelschulen behaupteten sich indes trotz ihres dürftigen Lehrangebots, das sich im allgemeinen nur auf die Anfangskenntnisse des Schreibens und Lesens, seltener des Rechnens, beschränkte, ohne sich um die Genehmigung für ihr Unternehmen zu kümmern.

Um 1600 gab es in fast jeder größeren Stadt Winkelschulen. Die Winkelschullehrer waren oft genug in dem harten Konkurrenzkampf mit den konzessionierten Schulen unterlegen; ein Verbot bedeutete für sie eine existentielle Bedrohung. Aber sie konnten sich gegen den Vorwurf eines groben Dilettantismus nicht wehren

** „Schlorren“ = Holzpantoffeln

und mußten eine Ablehnung ihrer Arbeit hinnehmen. In der Kursächsischen Kirchenordnung von 1580 wurde noch ein anderer Vorwurf erhoben. Es hieß dort: Nachdem die Winkelschulen den städtischen, konzessionierten Schulmeistern den Verdienst schmälern und „auch unter solchen Namen und Schein falsche und unreine Lehre in die Kinder eingeschoben und eingepflanzt werden kann", sollen die Obrigkeiten jeder Stadt unbedingt darauf dringen, daß solche Schulen verboten werden und die Kinder „in die ordentliche wolbestellte, reine unverdächtige Schulen gewiesen" werden.[3] Zuwiderhandlungen wurden streng bestraft. Die Winkelschulen gehörten zu den „verdächtigen Schulen", weil die Kirche für diese Schulen nicht zuständig war, und dort kein Religionsunterricht erteilt wurde, die reine christliche Lehre demnach nicht vermittelt werden konnte. Um dem Konkurrenzkampf zu entrinnen, ersannen die Winkelschulmeister einen Ausweg: Sie verlangten einfach weniger Schulgeld von ihren Schülern, als es in den genehmigten Schulen üblich war. Die Folge war ein immer größerer Zulauf an Erwachsenen und Kindern und als Reaktion noch heftigere Angriffe von allen Seiten. Man beschimpfte die Winkelschullehrer als „Schulstörer" und versuchte, sie zu isolieren. Das war nicht so einfach, denn die Abwerbung von Schülern war damals unter den Schulhaltern an der Tagesordnung. Die wirtschaftliche Not, unter der sie alle ohne Ausnahme litten, ob mit oder ohne Konzession, zwang sie zu solch umstrittenen Praktiken. Aus dieser Sicht galt der andere Schulmeister als Nebenbuhler oder gar als Feind. Ein solidarisches Verhalten gab es nicht, ein Standesbewußtsein konnte sich unter solchen Umständen gar nicht erst entwickeln. Die Schullehrer jener Zeit verstanden ihren Auftrag lediglich unter dem Aspekt erlernbarer Elementartechniken. So gesehen, waren die wie Pilze aus der Erde schießenden Winkelschulen zwar wegen ihrer zweifelhaften Praxis nicht gutzuheißen, sie trugen aber dazu bei, daß immer mehr Bürger in deutscher Sprache lesen und schreiben lernten.

Der Küster als Lehrer

In der Reformationszeit bemühten sich die protestantischen Länder redlich um einen Ausbau des Schul- und Kirchenwesens. Luthers Verdienst um die Errichtung von Schulen ist bekannt. Er sah die Schulmisere durchaus realistisch und wurde nicht müde, geistliche und weltliche Herren zu ermahnen, mehr Pfarrer und Lehrer anzustellen, damit das Evangelium in Kirchen und Schulen verbreitet würde. Dabei dachte er vor allem an die Errichtung und den Ausbau der sogenannten niederen deutschen Schulen auf dem Lande. Die Schüler sollten ja den Katechismus und biblische Texte in deutscher Sprache lesen lernen. Die Pfarrer aber konnten und wollten diesen zeitlich aufwendigen zusätzlichen Lehrauftrag nicht übernehmen. Sie hatten mit ihrem Predigtamt und der Schulaufsicht genug zu tun, seitdem auch eine regelmäßige Überprüfung des Lehrers und seines Unterrichts dazugehörte. Darum übertrugen sie diese christliche Unterweisung, die im Dienst der Kirche erfolgte, dem Küster oder Mesner, der dem Pfarrer und dem Priester als Kirchendiener zur Seite stand. So wurden Küster und Mesner zu Schulmeistern, ein Amt, das beide jahrhundertelang innehaben sollten. Beide blieben weiterhin Diener ihrer Kirche, wobei die kirchlichen und gottesdienstlichen Aufgaben den Vorrang behielten. Ein besonderes Lehrgeschick wurde ohnehin nicht verlangt. Es ging ausschließlich darum, den Katechismus und die Kirchenlieder einzuüben, und das einfache Nachsprechen von Bibelworten ließ sich mit dem gehörigen Nachdruck von jedem Schüler erlernen. Der Küsterlehrer blieb in allen Aufgaben dem Ortspfarrer untergeordnet und auch außerhalb des Gottesdienstes von seinen Anweisungen abhängig. Die Lehrer der städtischen Lateinschulen waren auch nicht selbständiger. Sie unterschieden sich in Position, Lehrauftrag und Abhängigkeit nicht wesentlich von den Küsterlehrern.

Die Schulordnungen sind eine Quelle, die uns immer wieder aufschlußreiche Hinweise auf Pflichten und Wohlverhalten, auf Entlohnung und Unterrichtsmethoden der Schulmeister gibt. Sie waren notwendig geworden, nachdem die protestantischen Länder die

Lehrinhalte neu bestimmt hatten. Im 16. Jahrhundert waren sie noch Bestandteil der bestehenden Kirchenordnungen. Sie enthielten Richtlinien für die Gelehrtenschulen, für die späteren Gymnasien, für die städtischen Lateinschulen und für die Landschulen, die deutschen Unterricht vorsahen. Sie gaben ausführliche, präzise Anweisungen für Präzeptoren*, Magister, Küster und Kantoren, denen es vor allem zur Pflicht gemacht wurde, das Evangelium zu lehren und einen christlichen Unterricht zu erteilen.

In der Braunschweigischen Schulordnung von 1528 beklagte sich JOHANN BUGENHAGEN (1485–1558), der Gründer des JOHANNEUM-GYMNASIUMS in Hamburg und spätere Rektor der Universität Kopenhagen darüber, daß sich zu wenig Lehrer bereitfänden, die ungetauften „armen Kinder" zum rechten Glauben zu erziehen. Darum sei es notwendig, gute Schulen zu errichten und die besten und geeignetsten Leute zu finden, sie aber auch entsprechend zu bezahlen. Doch seine Forderungen blieben lange Zeit unerfüllt.

Wie sah es mit der Ausbildung, der Qualifikation und dem „Wohlverhalten" der Küsterlehrer aus? Wenn man sie auch nicht mit den Winkelschullehrern vergleichen konnte, so fehlten doch auch ihnen alle Voraussetzungen eines richtigen Lehrers. Ein Theologiestudium konnten höchstens die Latein- und Gelehrtenschullehrer nachweisen, aber auch eine praktische Ausbildung als Lehrer hatten die „niederen" Lehrer nicht. Als *niedere Lehrer* bezeichnete man die Schulmeister, die keine Ausbildung und oft nicht mal eine Unterrichtserlaubnis besaßen, also keinerlei Qualifikation vorweisen konnten. Unter ihnen gab es Handwerker, ehemalige Pfarrer, die in ihrem Beruf gescheitert waren, Theologiestudenten, die ihr Studium aus Armut nicht beendet hatten und andere ohne besonderes Ansehen und Erfolg. Oft bewarben sich Pfarramtskandidaten, die lange auf eine Pfarrstelle warten mußten, um das Küsterlehreramt in der Hoffnung, später doch noch den viel lukrativeren Posten als Ortspfarrer zu erlangen. Manche Bewerber hatten so lange auf der Schulbank gesessen, bis sie des

* Präzeptor = Lehrer und Erzieher im Mittelalter

Lernens überdrüssig wurden. Andere versprachen sich von der Schulmeisterei mehr als von ihren vorher ausgeübten Tätigkeiten. Sie hofften mit ein paar Handgriffen, die sie den Winkelschulmeistern abgeguckt hatten, Unterricht erteilen zu können. Wenn sie Glück hatten, nahm sie ein Lehrer als *Nebenlehrer*, das heißt, sie mußten zusätzlich einem Handwerk nachgehen, um sich Geld zu verdienen. Ihr Ansehen war, wie sich denken läßt, gering, ihre Besoldung kümmerlich. Die Erziehung zum Christentum war ihre eigentliche Aufgabe und erstes Gebot, das durch den Unterricht gewährleistet werden mußte. Eine solche Verpflichtung setzte natürlich voraus, daß ein Lehrer selbst gesittet, tugendhaft und bescheiden sein mußte und sich gegenüber seinen Vorgesetzten geistlichen und weltlichen Amtes gehorsam zu zeigen hatte. Und was war sein Lohn? In den Schulordnungen werden die Ortsgemeinden in Stadt und Land ständig ermahnt, ihre Lehrer entsprechend zu entlohnen, sie nicht als Bettler zu behandeln. Denn man hatte inzwischen erlebt, daß viele Lehrer, wie man sagt, ihren Bettel hinwarfen und fortliefen, um anderswo mehr zu verdienen. Andere verbargen ihre Unlust über die miserablen Lebens- und Unterrichtsbedingungen auch vor ihren Schülern nicht und hielten ihre Rolle mit Recht für unwürdig. Ihr Verhalten verdroß wiederum die Eltern der Schüler und die Obrigkeiten. Aber es änderte sich nichts.

Der Zuchtmeister

Das Thema Zucht, Züchtigung und Disziplinierung nahm in allen Schulordnungen bis ins 18. Jahrhundert einen breiten Raum ein. Es ging dabei nicht nur um theoretische Erörterungen, sondern auch um praktische Anweisungen und Ratschläge für den Lehrer. Die bis ins Detail gehenden Gebote und Verbote stellten jedoch den Lehrer, soweit sie ihm überhaupt unmittelbar bekannt waren, vor ein fast unlösbares Problem. Er wußte nur zu gut, daß er trotz löblicher Absicht, die Schüler im Lesen und Schreiben zu unterrichten und sie in der Christenlehre zu unterweisen, ohne Disziplinierung nicht auskommen konnte. Zucht unter Zwang und

Druck, das bedeutete körperliche Züchtigung, und sie wurde in den Schulordnungen nicht nur zugelassen, sondern gefordert. Der Gebrauch der Rute wurde von keiner Institution verboten, obwohl in manchen Richt-

Die Lehrer sind die Zuchtmeister. Die körperliche Züchtigung wird im Beisein aller Schüler vollzogen, sozusagen exemplarisch.

Satirische Darstellung einer Schulszene nach Peter Breughel.

linien ein gewisses Verständnis für die Schwierigkeiten des Lehrers laut wurde. Aber es hieß, selbst ein frommer und fleißiger „Schuldiener", der sich mit dem Lehren des Evangeliums alle Mühe gebe, könne nicht ohne Züchtigung auskommen.[4] Sicher machten manche Lehrer damals auch die Erfahrung, daß Rute und Stock fragwürdige Erziehungsmittel sind und auf die Dauer wenig Erfolg versprechen.

Wie eine Züchtigung in der Praxis aussah, erfahren wir aus einer anderen Schulordnung. Darin heißt es, die körperliche Züchtigung solle im Beisein aller Schüler vollzogen werden, weil sie dann exemplarischen Charakter habe. Wenn der Knabe, der „gesündigt" hätte, vor den Augen seiner Mitschüler die Rute zu spüren bekäme, sähen die anderen, was ihnen möglicherweise bevorstehe, wenn sie sich ähnlicher Verfehlungen schuldig machten. Und was waren das für Vergehen? Jede Gotteslästerung wurde streng geahndet. Als solche galten Fluchen, Lügen, Spielen, ungebührliche Reden und unbotmäßiges Verhalten gegenüber den Obrigkeiten. Die gleiche Schulordnung versäumt aber auch nicht, den Schulmeister, der zornig wurde und sich nicht beherrschen konnte,zu ermahnen, sich nicht zu übermäßigen körperlichen Züchtigungen hinreißen zu lassen. Er dürfe die Schüler weder anschreien noch ihnen Haare ausreißen, sie auch nicht auf den Kopf schlagen, sondern müsse vielmehr daran denken, daß „sein Dienst ein hohes, theuer und von Gott verordnet Ambt und Mittel sey, die Kinder mit der Lehre und Gottesfurcht, zu Erhaltung des Predigt-Ambts und guten Regiments anzunehmen."[5]

Wo die Verfehlungen weniger gravierend waren und es sich mehr um mangelhafte Leistungen und schlechtes Betragen handelte, gab es mildere Strafen, weniger „Rutenstreiche". Es war aber auch üblich, daß ein Schüler, der nach der Meinung des Lehrers dumm oder faul war, sich einen hölzernen Eselskopf aufsetzen und den ganzen Tag damit herumlaufen mußte (siehe Abb. Seite 27). Oder man strafte einen Schüler damit, daß er ein Schild um den Hals tragen mußte, auf dem ein Esel abgebildet war. Mit dem Schild mußte er dann, zum Gespött der anderen Schüler, auf einem Strafstuhl sitzen. In manchen Schulstuben waren Narrenkappen mit großen

Eselsohren und Schellen die bevorzugten Strafmittel. Besonders grausam war die Strafe, Kinder eine Zeitlang auf Erbsen oder auf einem kantigen Stück Holz knien zu lassen. Demgegenüber erschienen ihnen die „Rutenstreiche" noch erträglich. An die tägliche Rute waren sie gewöhnt, und davon war keiner ausgenommen. Um die Bestrafung mit der Rute auch moralisch vertretbar zu machen, wurde sie den Kindern als personifizierte Allmacht vorgestellt. Straffällige Schüler mußten mit zum Gebet erhobenen Händen vor der Rute in der Hand des Lehrers niederknien und folgendes Verslein hersagen: „Ach du liebe Rut', mach' du mich gut, mach' du mich fromm, daß ich nicht zum Henker komm'."[6] Letzten Endes wurden alle Strafmaßnahmen auch von den Eltern der Schüler stillschweigend geduldet. Man war froh, daß sich für das Schulehalten überhaupt jemand bereitfand. Lehrer, Eltern und Vorgesetzte beriefen sich als fromme Christenmenschen auf die Bibel, in der es heißt: „Wer seine Rute schont, der haßt seinen Sohn; wer ihn liebhat, der züchtigt ihn bald."[7] Der Lehrer sah sich in der Rolle des Vaters, der seinen Sohn väterlich bestraft. Wenn er einem Schüler dennoch einmal sichtbaren Schaden zufügte, mußte er mit einer Reduzierung seines Schulgeldes rechnen.

Diese Strafgewohnheiten pflanzten sich von Generation zu Generation fort. „Seit dem 15. Jahrhundert nimmt die Bestrafung mit der Rute einen demütigenden, brutalen Charakter an und kommt immer häufiger vor."[8] Der Lehrer sah sich auch als ausübendes Organ der Obrigkeit, die ihm die Prügelstrafe als legitimes Erziehungsmittel zugestand, und er verfuhr so, wie es in allen Schulen üblich war. Sie war ein Mittel, um sich zu behaupten. Die Schulstube war viel zu klein und überfüllt: annähernd hundert Kinder verschiedener Altersstufen balgten sich herum und lärmten unaufhörlich!

Martin Luther und die Schulen

Kommen wir noch einmal auf die Bestrebungen der Reformation und auf LUTHERS Forderungen zum Ausbau der Schulen zurück. In seinem Brief „An die Ratsherren aller Städte deutschen Landes, daß sie christliche

Mädchenschule im 17. Jahrhundert. In den „Jungfrauenschulen" lernen die Mädchen, den Katechismus zu lesen und Handarbeiten zu fertigen.

Schulen aufrichten sollen" (1554) machte er deutlich, daß das Evangelium in den Schulstuben zu Hause sein müsse, und sagt: „So müssen wir ja Leute haben, die uns Gottes Wort und Sakramente reichen und Seelwärter seien im Volke."[9] Sein Versuch, in neuen, besseren Lateinschulen die Basis dafür zu finden, hatte nicht die gewünschte und erhoffte Breitenwirkung. Statt dessen wurden aber durch seine ständigen Bitten die deutschen und niederen Schulen gefördert, in welchen allen sozialen Schichten die neue Lehre auf der Grundlage des Katechismus und der Bibel verständlich gemacht werden sollte. Religionsunterricht für die gesamte Jugend, für Bürger- und Bauernkinder – das war die missionarische Absicht LUTHERS. Jeder Lehrer sollte ihn darin unterstützen; ja, er wollte persönlich von der Kanzel herab den „Mägden und Knechten" in deutscher Sprache predigen und versicherte, er würde, falls er sein Amt als Prediger aufgeben müßte, nichts lieber tun als Schullehrer werden. Er wußte aber auch um die Belastungen, besonders die eines Küsterlehrers, wenn er ihm in Würdigung seiner schwierigen Arbeit und seines geringen Ansehens in der Öffentlichkeit zugestand, daß er nach zehnjähriger Plackerei sein Schul- und Küsteramt guten Gewissens aufgeben dürfe. Dafür müßten die „allerbesten Schulen", und zwar für Jungen und Mädchen, vorhanden sein, und daher bedürfe es unbedingt „feiner geschickter Männer und Frauen".[10]

Die Knaben sollten täglich wenigstens ein bis zwei Stunden, die Mädchen nach Möglichkeit eine Stunde täglich unterrichtet werden. Die Braunschweigische Schulordnung von 1528 fordert bereits *Jungfrauenschulen* und *Schulmeisterinnen*, die „im Evangelium verständig sind und einen guten Ruf haben ..." Nachdem die Frauenklöster aufgelöst worden waren, mußten andere weibliche Lehrkräfte gefunden werden. Die Schulordnungen sprechen von „Hausmüttern" und von „tugendhaften Matronen", die als Lehrfrauen die Mädchen unterrichten sollen. Die Differenzierung nach Jungen- und Mädchenschulen war nur in größeren Städten möglich und muß in dieser Zeit noch als Ausnahme angesehen werden. In kleineren Städten und auf dem Lande kam es später häufiger vor, daß sich eine ältere Frau um eine Schulstelle bewarb oder die Frau des Schulmeisters ihrem Mann half.

Kritik und Einsicht

Mit dem politischen und wirtschaftlichen Tiefstand in der Zeit des Dreißigjährigen Krieges (1618–1648) blieb für den Lehrer kaum noch Hoffnung auf eine Verbesserung seiner persönlichen Situation. So war seine Existenz weiter unsicher, denn auch im 17. Jahrhundert hatte sich für ihn nichts Wesentliches geändert. Seine Klagen fanden kein Echo; eher begegnete man ihm mit Unverständnis, zuweilen auch mit Ironie. Man gab ihm nämlich zu verstehen, daß ihm als frommem Diener des Herrn Gottes Lohn sicher sei und diese Gewißheit höher zu bewerten sei als aller Wohlstand auf dieser Erde.

Die Braunschweigische Schulordnung, nun hundert Jahre später (1651), urteilte über Schule und Lehrer nicht anders als zu LUTHERS Zeiten. Zu der Not der Schulmeister und zu den desolaten Schulverhältnissen stellte sie fest, daß derjenige, der sich entschlossen hat, die Jugend zu erziehen, kaum andere Erwartungen haben dürfe, als daß er bei seiner schweren Mühe und Arbeit ein entsagungsvolles Leben führen müsse und außerdem von jedermann verachtet und gedemütigt würde. Dabei werde es ihm am Notwendigsten fehlen, und er müsse oft Hunger leiden.[11] Ein zeitkritischer Schriftsteller, Gelehrter und Pfarrer, JOHANN BALTHASAR SCHUPP (1610–1661), bezeichnete denn auch die ganze Schulmeisterei als „Eselsarbeit" und die Entlohnung als „Zeisigfutter": viel Schinderei, wenig Brot. Er ging sogar so weit zu behaupten, daß die Verknüpfung von Lehr- und Kirchenamt, wie es die Küsterlehrer innehatten, die Errichtung guter Schulen und tüchtiger Lehrer verhindere. Mancher Kritiker griff damals zum Mittel der Satire, um die Wahrheit über Mißstände im Schulwesen und über die Behandlung der Lehrer an die Öffentlichkeit zu bringen. Allerdings reagierte diese kaum darauf, denn diejenigen, die gemeint waren, hatten anderes zu tun als zu lesen.

Die Staatskassen waren leer, die Landesherren brauchten Geld für Hofhaltung und Heer, die Stadtväter für den Aufbau und die Restaurierung ihrer Städte. Auch die Dorfgemeinden wollten wegen eines Schulhalters nicht ihre Kassen belasten und versuchten, die Kosten für einen Lehrer so niedrig wie möglich zu halten. Alle hielten die Frage nach einer besseren Besoldung der Lehrer grundsätzlich für dringlich, sahen sich aber außerstande, die Kosten für eine ihre Interessen nicht unmittelbar berührende Sache aufzubringen. Der Schulmeister mußte sich also selbst helfen und zwar wieder in Form einer Nebenbeschäftigung. Das war leichter gesagt als getan. Er suchte verzweifelt nach allen möglichen Erwerbsquellen, die sich mit seinem Küster- und Schulmeisteramt vereinen ließen.

In den armen Landgemeinden gab es daher den sogenannten *Winterlehrer*, der nur von Martini (11. 11.) bis Georgi (23. 4.) Schule hielt und in der übrigen Zeit ein Handwerk betrieb. Den Bauern war das recht. Sie konnten ihre Kinder nämlich nur im Winter entbehren, wenn sie nicht auf dem Feld oder zum Viehhüten gebraucht wurden. In katholischen und evangelischen Gegenden war man sich einig: Feldarbeit ist wichtiger als Unterricht! Ein Dorfrichter in Tirol riet den Bauern regelrecht, ihre Kinder nicht in die Schule zu schicken, und in Bayern wollte man Anfang des 17. Jahrhunderts überhaupt keine Schulen einrichten, weil die jungen Knaben und Mädchen zu lange Zeit im Unterricht verbrachten, statt auf den Feldern zu helfen und das Vieh zu versorgen. Diese Einstellung der Bauern änderte sich auch in den nächsten Jahrzehnten nicht. Für den Winterlehrer bedeutete das einen Verlust des ihm zustehenden Schulgeldes. Es blieb ihm manchmal nichts anderes übrig, als notfalls selbst bei den Bauern als Tagelöhner oder Viehhirt zu arbeiten. Die soziale Stellung des Lehrers war höchstens die eines Knechtes, den sich der Bauer zeitweise mietete; nur mit dem Unterschied, daß der Winterlehrer oft noch schlechter bezahlt wurde als der Knecht.

Bei der Anstellung eines Winterlehrers wurde folgendermaßen verfahren: Man wählte einfach den Bewerber aus, der die niedrigsten Lohnforderungen stellte! Eine solche Praktik war nicht dazu angetan, das Ansehen des „Auserwählten" im Dorf zu verbessern. Sie trug eher noch dazu bei, die Abneigung ihm gegenüber zu verstärken. Er war permanentem Spott ausgesetzt, gegen den er sich nicht wehren konnte. Sein Bemühen, wenigstens auf der gleichen sozialen Stufe mit den Bauern zu rangieren, die ja als Leibeigene noch unfrei waren, wurde ihm als Hochmut ausgelegt und als Vermessenheit zurückgewiesen.

Bei der Wahl eines Handwerks als Nebenbeschäftigung und zusätzlichen Broterwerbs waren für den Schulmeister solche Tätigkeiten günstig, bei denen er, möglichst im Sitzen, in der Schulstube gleichzeitig die Schüler beaufsichtigen, sie bestrafen, ihnen das Pensum vorsprechen und sie abfragen konnte. Der Unterricht fand in einem einzigen Raum statt, in dem sich auch das tägliche Leben der Schulmeisterfamilie mit allen seinen Störungen abspielte. Die Schule – das war Wohnraum, Handwerksstätte, Schulsaal, zuweilen auch Schlafkammer und – notdürftig verdeckt – Stall für das Kleinvieh und manchmal für einen Esel (vgl. Abb. S. 34)! Das Schneiderhandwerk bot sich am besten für diese Ver-

hältnisse an und blieb daher bevorzugte Nebentätigkeit. Es gab jedoch fast kein Handwerk und überhaupt kaum eine Gelegenheitsarbeit, die der arme Lehrer nicht ergriffen hätte; nicht nur der Winterlehrer. Bis zum Ende des 19. Jahrhunderts wird seine Schultätigkeit in Verbindung mit handwerklicher Arbeit genannt. Er fungierte als Schneider, Schuster, Tischler, Glaser, Bäcker und auch als Bierschenk, als Polizei- und Gerichtsdiener. Niemand von diesen Lehrern mit Handwerksbetätigung war für einen Schulunterricht ausgebildet worden. Da sich jedoch keine besseren Bewerber finden ließen, die entsprechende Erfahrung in der Schule gehabt hätten, wurden sie mehr oder weniger geduldet. Und da ferner keine Unterrichtsvorbereitung des Lehrers nötig war, glaubte man, er hätte wenig zu tun. Die Methode blieb ohnehin immer die gleiche: eine schematische Einübung des vorgeschriebenen Stoffes. So konnte man im doppelten Sinn des Wortes von einer „Flickschusterei" sprechen.

Nach einem Bericht der Fuggerei gab es hier weniger zu klagen. Da heißt es in einem heutigen Prospekt: Die „Sakristei diente . . . als Schule und Unterkunft des Lehrers, der zugleich Mesner von St. Markus war. Die Schule der Fuggerei, in der man nach katholischen Glaubenssätzen erzog, wurde Mitte des 17. Jahrhunderts gegründet, nachdem die öffentlichen Schulen Augsburgs in protestantische Hände übergegangen waren. Unterrichtet wurde in der Wohnung des Lehrers und Mesners . . . gelegentlich auch in einer Schulstube . . . Für seine Mühe erhielt der Schulmeister 1731 jährlich fünfzehn Gulden und einen Schäffel Roggen als ›Salarium‹. Über mangelndes Interesse konnte er sich nicht beklagen. Nachdem in früheren Jahren durchschnittlich 170 bis 180 Kinder in der Fuggerei wohnten, kann man sich eine lebendige Vorstellung von seinen Pflichten machen. Es ist erstaunlich, daß erst ein Jahrhundert nach der Gründung der Schule Beschwerden über die Enge der Unterrichtsräume und die dadurch entstandene ›große Incommodität‹ laut wurden, weil die Kinder ihrer großen Zahl wegen fast gar nicht sitzen können. Diesem Mißstand half man 1754 ab, indem eine Wand der Schulmeisterwohnung herausgebrochen wurde!"

Kränkungen und Aggressionen

Die Bezeichnung *Schulhalter* für den Handwerks-Lehrer, gemeint waren der Küsterlehrer und sein Nebenlehrer, wurde von der Bevölkerung verächtlich gebraucht. Dem Lehrer schlugen von allen Seiten Ablehnung und Mißachtung entgegen. Diffamierungen belasteten seine Selbsteinschätzung manchmal bis zur Unerträglichkeit. Wir stützen uns wieder auf die Braunschweigische Schulordnung von 1651, die feststellt, daß man dem Schulmeister nicht nur den nötigen Respekt verweigerte, sondern ihn auch mit Spottnamen zu kränken versuchte. Bezeichnungen wie „Lügenhans" und „Schulfritz" waren noch gemäßigte Attribute. In den Städten sah es nicht viel anders aus. Hier ließen die gebildeten Bürger oftmals eine Flut von Beschimpfungen auf den Lehrer niederprasseln und machten ihn zum Sündenbock. So mußte er sein Amt als Last und sich in der Rolle des Übeltäters empfinden; denn er war nicht in der Lage, die an ihn gestellten Erwartungen zu erfüllen. Wie jedoch ließen sich Amt und Verantwortung zu einem Vorbild für die Jugend fügen, wie Zorn und Unmut über das Geschäft des Schulehaltens vermeiden, wie Demütigungen und Herablassung der Bürger in Stadt und Land ertragen? Wie sollte er seine Empfindungen vereinbaren können mit dem christlichen Gebot, sanftmütig und geduldig zu sein? Armut und Not bedrückten ihn weniger als die Nichtachtung und Verständnislosigkeit aller Bevölkerungsschichten. War es möglich, unter solchen Umständen Selbstbewußtsein zu entwikkeln? Gegen Angriffe, die ihm ungerecht erschienen und ihn in seinem Stolz verletzten, verteidigte er sich in der derben Sprache des Volkes. Das brachte ihm wiederum Tadel und Zurechtweisung seiner Vorgesetzten ein. Die in den Schulordnungen zitierten Schimpfworte, die von Lehrern in- und außerhalb der Schule gebraucht wurden, sind vielfältig und müssen wohl auch als Entlastungsfunktion gesehen werden: „Schelme", „Diebe", „Teufelskinder", „Hurenkinder", „Schindhunde" – das sind nur einige Ausdrücke des schulmeisterlichen Zorns, mit denen die Lehrer sich ihrer Haut wehrten. Als Trost für ihre Lage wurde ihnen manchmal der gutgemeinte Rat gegeben, auf ein besseres, gottseliges Leben im Jenseits zu hoffen.

In jeder noch so mißlichen Situation waren die Lehrer sich dennoch ihrer Aufgabe als Diener der Kirche bewußt und bemüht, sich den Wünschen des Pfarrers zu fügen, sich nach Möglichkeit anzupassen. Damit wenigstens etwas „Glanz des Geistlichen" auf sie herabkäme, versuchten sie, es ihm im Gottesdienst gleichzutun, sich

Der Dorfschullehrer kämpft gegen Verständnislosigkeit und Spott sittsamer Bürger und steht allein.

mit ihm und seinem Amt wenigstens äußerlich zu identifizieren. Es schien ihnen auf diese Weise möglich, Ansehen und Respekt zu erheischen. Dabei kam es zu merkwürdigen Nachahmungen: Für Küster und Kantoren war es Vorschrift, während des Gottesdienstes im Chorrock zu erscheinen. Diese Kleidung sollte in ihrer betonten Schlichtheit den Vorbildcharakter des Gottesmannes auch äußerlich sichtbar machen. Der Küsterlehrer durfte sich also im Gottesdienst in der gleichen Weise kleiden wie der Pfarrer und sah darin eine Chance, wenigstens durch diese Äußerlichkeit etwas aufgewertet zu werden. Da er auch in der Tochterkirche, der Filiale, in Abwesenheit des Pfarrers zuweilen die Predigt lesen durfte und stellvertretend für den Kantor den Chor leitete, fühlte er sich schon halbwegs als Pfarrer und bewegte sich in Gestik und Mimik entsprechend. In der Kirchengemeinde wußte aber jeder, daß er in der Schule und zu Hause bäuerliche Kleidung trug, die er sich aus Armut selbst anfertigte und die deshalb plump und unmodisch wirkte.

Ein anderer Versuch persönlicher Aufwertung mißlang noch gründlicher: Da der Lehrer als Küster und Gehilfe des Pfarrers auch bei Taufen, Hochzeiten und nach Beerdigungen wenigstens seine Eß- und Trinkbedürfnisse befriedigen durfte – wenn auch nur selten direkt an der Festtafel –, tat er des Guten oft zuviel. Es gelang ihm bei seinem Hunger einfach nicht, Zurückhaltung zu üben. Gegen diese Angewohnheit setzten die Schulordnungen bald ein Veto. Die Schulordnung zu Parchim (Mecklenburg) von 1618 mag stellvertretend für andere stehen: „Darum sollen sie sich allen ärgerlichen Lebens und Wandels, übermäßigen Sauffens und Leichtfertigkeit bey Tag und Nacht gäntzlich enthalten ...“[12]

Abweichungen vom geforderten sittlichen Lebenswandel brachten den Küsterlehrer in Ungnade und gaben wiederum Anlaß zum Gespött bei Gästen und Gastgebern. Der Pfarrer war nicht nur die Schulaufsichtsinstanz, sondern auch der geistliche Herr, der einen frommen Christen als Lehrer verlangte. Er appellierte deswegen ständig an den Kirchen- und Schuldiener, auch in dieser Funktion tugendhaft und gesittet zu sein. Eine gedeihliche und ungetrübte Zusammenarbeit konnte sich daraus wohl nicht ergeben. Das Problem ließ sich lange Zeit nicht lösen, wenngleich die Schulordnungen zur Kollegialität und Solidarität zwischen Pfarrern und Lehrern mahnten.

Eine gewisse Chance, sich berufsmäßig über alle trennenden Schranken hinweg wenigstens mit den Kollegen zusammenzuschließen, hätte wohl eine *Lehrerzunft* bedeuten können. Schon um 1300 wurde erstmals der Versuch gemacht, Lehrer-Zünfte, strukturiert wie die der Handwerker, ins Leben zu rufen. Man ging davon aus, daß das Unterrichten in erster Linie ein handwerkliches Geschäft sei, bei dem es auf das richtige Hantieren und auf bestimmte erlernbare Fertigkeiten ankam. Die ersten Schreibmeister hatten sich ja als Handwerksmeister verstanden und wie jeder andere Handwerker ein Schild vor ihre Tür gehängt, das das Gewerbe des Lesens und Schreibens ankündigte.

Eine besondere Tradition im Lehrer-Zunftwesen hatte nur die Stadt Nürnberg. Im Jahre 1613 schlossen sich die Meister der Schreib- und Rechenschulen zu einer Zunft zusammen. 1665 gaben sie sich eine Zunftordnung, die von der Obrigkeit der Stadt bestätigt wurde.

Es ging darin um die Ausbildung der „Schullehrlinge", um die Beschäftigung von „Schulgesellen" und vor allem um die Wahrung der Rechte des Schulmeisters. Auch waren Pflichten, Rechte und Privilegien für die Zunftmitglieder genau festgelegt und in einem Zunftbuch niedergeschrieben. Trotz einiger Niederlassungen in den großen Städten blieb den Lehrerzünften der Erfolg jedoch versagt. Eine regionale oder gar überregionale Institutionalisierung kam nicht zustande. Zwischen den erstmals amtlich erwähnten Gründungen im 13. Jahrhundert und weiteren im 15. Jahrhundert läßt sich keine Verbindung herstellen. Das gleiche Schicksal erlebten weitere Gründungsversuche im 17. und 18. Jahrhundert. Die Zunft der Lehrer gehörte im Grunde genommen ja auch nicht zu den echten Handwerkerzünften und mußte spätestens dann als unzweckmäßig angesehen werden, als die Schulmeister eine wenn auch bescheidene pädagogische Ausbildung nachweisen konnten und ihren Unterricht nicht mehr nur als Handwerk ansahen.

Damit aber entfiel auch die Möglichkeit, von einem Berufsstand zu sprechen. Er ließ noch lange auf sich warten.

Höhere und niedere Lehrer – ein Vergleich

Die Schulen des Mittelalters unterschieden sich hinsichtlich ihrer Lehrinhalte deutlich voneinander. Der Status der Lehrer war genauso unterschiedlich. Es gab – wie in den vorangehenden Kapiteln beschrieben – Klosterschulen als die eigentlichen Gelehrtenschulen; Dom- und Stiftsschulen für die Klerikerausbildung auf der einen Seite und auf der anderen Seite die Winkel-

und deutschen Schulen, die ihren Namen daraus herleiteten, daß sie Lesen und Schreiben lehrten, anfangs in lateinischer, später in deutscher Sprache.

Die Zweiteilung in höhere und niedere Schulen brachte eine Trennung in höhere und niedere Lehrer mit sich, die sich negativ auf den Kontakt miteinander auswirkte, soweit er überhaupt bestand. Solange sich bei beiden Gruppen hinsichtlich ihrer Existenzbedingungen, vor allem ihrer Besoldung, noch Parallelen zeigten, gab es Anzeichen gegenseitigen Verständnisses. Durch die von Anfang an unterschiedlichen Ausbildungswege und Unterrichtsinhalte wurde die Entfremdung immer größer. Sie hat sich bis in die jüngste Vergangenheit nicht ganz verloren.

Es wäre ein Trugschluß anzunehmen, daß das Leben des höheren Lehrers in den Städten in jenen Anfängen seiner Geschichte viel leichter gewesen sei als das des Küsterlehrers. Wohl weist die Geschichte der Gelehrten- und höheren Lateinschulen, über die ein gerader Weg zu den Universitäten führte, einen ungleich überschaubareren und günstigeren Verlauf auf: die organisatorischen Voraussetzungen waren besser, der Lehrplan war festgelegt. Für den Lehrer, den Magister und Präzeptor gab es jedoch auch Einschränkungen. Eine Vielfalt von geistlichen Vorgesetzten bestimmte auch hier, was er zu lehren, wie er zu verfahren und wie er sich zu verhalten habe.

Ein ganz wesentliches Privileg gegenüber den niederen Lehrern besaß der Lehrer höherer Schulen, besonders der Rektor jedoch: Er konnte auf Antrag das Bürgerrecht erwerben, während der Schulmeister von diesem Recht ausgeschlossen war. In der Schulordnung des Gymnasiums in Stuttgart von 1686 wird bestätigt, daß Professoren und Präzeptoren der Gymnasien einen Antrag auf Erwerb der Bürgerrechte stellen konnten, dem ohne Verzögerung stattgegeben wurde, wenn sie ihr Amt treu und redlich ausübten. Die bessere Vorbildung der höheren Lehrer kam auch den Schülern zugute. Sie erwarben grundlegende Kenntnisse in der lateinischen Sprache und wurden dazu angehalten, auch außerhalb des Unterrichts lateinisch zu sprechen, ganz abgesehen davon, daß sie in anderen Fächern sehr viel mehr zu lernen hatten als die Schüler der niederen Schulen.

Der Einfluß der Kirche auf Schule und Lehrer bestand für alle nach wie vor. Die Fluktuation unter den Lateinlehrern, die eine theologische Prüfung abgelegt hatten und nur zeitweilig in der Schule unterrichteten, bis sie eine Pfarrei erhielten, war nicht dazu angetan, Kollegialität zu fördern. Für alle – gleich welcher Lehraufgabe – war die Besoldung unzureichend. Spenden, Almosen, Naturalleistungen und Nebenverdienste verhalfen ihnen kaum zu einer gesicherten Existenz. Naturalien waren zudem nur auf dem Lande üblich.

Auch beim Thema „körperliche Züchtigung" zeigten sich deutliche Parallelen, allerdings auch Unterschiede: Von den höheren Lehrern wurde erwartet, daß sie ihre Amtsautorität durch eine kluge Unterrichtsführung bewiesen. Zur Unterstützung des Unterrichts konnten der Rektor oder der Präzeptor einen Schüler als Gehilfen heranziehen, der die Rolle des Aufpassers übernahm. Er mußte beispielsweise darauf achten, daß die Schüler untereinander und außerhalb des Schulzimmers nicht deutsch sprachen. Hatte der Aufpasser jemanden ertappt, dann meldete er es dem Präzeptor. Die Strafe folgte auf dem Fuße: Er wurde mit der „Rute gestrichen", wie man es harmlos auszudrücken versuchte. Wie in den niederen Schulen wurden das Fluchen und der Gebrauch „unzüchtiger Worte" ebenfalls streng bestraft. Wenn einem Lateinlehrer Geduld und Selbstbeherrschung schwerfielen, wurde ihm in manchen Schulordnungen empfohlen, das Fenster im Schulraum weit zu öffnen, tief Luft zu holen und seinen Zorn erst einmal verrauchen zu lassen. Trotz dieses wohlmeinenden Rates beharrten die Schulordnungen auf der Bestrafung mit Rute oder Stock als probatem Mittel.

So zieht sich das Thema *Prügelstrafe* wie ein roter Faden durch die Geschichte des Unterrichts und der Schulen. Auch die Ideen der Aufklärung und des Pietismus ließen sich in der Schulpraxis nicht sofort verwirklichen. Die Pädagogen der Aufklärung versuchten zwar, diesem Gewohnheitsrecht entschieden entgegenzuwirken, und bedrängten die Lehrer, statt der körperlichen Züchtigung Vernunft und Güte walten zu lassen; aber solange der Unterricht unter den beschriebenen unzulänglichen Verhältnissen litt, war an eine Änderung der Strafmaßnahmen nicht zu denken.

Ein weiterer Vergleich zwischen höheren und niederen Lehrern bietet sich an: Das Ansehen einer Person stieg damals mit der Bedeutung des durch die Kleidung präsentierten Standes. Die höheren Lehrer suchten also auch nach einem modischen Vorbild, dem sie nacheifern konnten. Da es für sie aber keine spezielle Amtstracht gab, versuchten sie, sich den höheren Ständen anzugleichen. Diese Anpassung gelang schlecht. Sie waren einfach finanziell nicht in der Lage, es den reichen Bürgern gleichzutun und sich nach deren Kleidervorschriften zu richten. Obendrein war es den Schulmännern verboten, prächtige Kleider „zur Schau" zu tragen, da ihnen ihr mit der Kirche verbundenes Amt jegliche Auffälligkeit verbot.

Titel und Namen

Die ideale Alternative, persönliche Verunsicherung über den sozialen Status zu verringern, waren Titel und wohlklingende Berufsbezeichnungen, die als äußere Zeichen mehr versprachen, als die Wirklichkeit des Amtes hergab.

Die Latinisierung der Namen zum Beispiel war seit dem Mittelalter eine Möglichkeit, sich der gelehrten oder gebildeten Herkunft entsprechend in der Öffentlichkeit darzustellen. Ein Blick auf die historische Entwicklung der Bezeichnungen für Lehrende bis zu dem Zeitpunkt, wo sich der Begriff des Volksschullehrers und der des Gymnasialprofessors überall durchsetzte, mag das zeigen. Dabei greife ich, chronologisch gesehen, dem Geschehen etwas vor.

Die Unterscheidung in höhere und niedere Lehrer bahnte sich im Mittelalter an und wurde deutlich, als nach der Entstehung der Latein- und Gelehrtenschulen auch die Errichtung der deutschen Schulen in der Reformationszeit begann. Aus den Schreib- und Lesemeistern ging mit anderen Aufgaben der *Küster- und Dorflehrer* hervor. Er wurde *Kirchen- und Schuldiener* genannt, weil seine lehrende Funktion zunächst nur als Erweiterung des Küsteramtes gesehen wurde und ihm in erster Linie die Aufgabe zufiel, seinen Schülern die Christenlehre zu vermitteln. Erst in der Mitte des

17. Jahrhunderts verbreiteten sich vereinzelt auftauchende Bezeichnungen wie *Schulhalter* und *Schulmeister*. Sie waren beide inhaltlich immer noch verbunden mit dem Amt des Küsters. Trotzdem differenzierte man noch zwischen dem Schulhalter und dem Schulmeister. Der *Schulhalter* war oft nur ein Gelegenheitslehrer, der nebenher ein Handwerk ausübte. Er wurde von der Gemeinde oder dem Patronatsherrn nur für eine halbjährige Schulhaltung eingestellt, besaß aber für diese Zeit eine *Unterrichtsgenehmigung*. Um eine solche Stelle konnte sich auch ein noch nicht fertig ausgebildeter Theologe bewerben. Das Ansehen der Schulhalter war gering. Erst im 18. Jahrhundert setzte sich allgemein der Titel *Schulmeister* durch. Nach PESTALOZZIS Vorstellungen sollte er der „Meister der Schulstube" sein, der dem Ideal der Aufklärung entsprach. Die Bezeichnung „Meister" bezog sich also nicht nur auf den Meister des Handwerks, sondern sollte bewußt hervorheben, daß ein Schulmann sein Amt meisterhaft ausübte. Mit dieser Interpretation verband sich eine persönliche Anerkennung und eine Ermutigung für den Lehrer. Es ist wohl kein Zufall, daß sich diese positive Bezeichnung bis heute im inoffiziellen Sprachgebrauch erhalten hat. Die erzieherische Aufgabe sollte Vorrang haben vor allem handwerklichen, technischen Beiwerk. Daß mancher Lehrer sich in einer Rolle zu sehen wünschte, die seinem Auftrag als Schulmeister nicht entsprach, ist zu verstehen, wenn man weiß, wie sehr er immer noch um Gleichberechtigung und Anerkennung ringen mußte. Es war sicher ungeschickt, wenn er sich aus Selbstüberschätzung oder in Unkenntnis seiner bescheidenen Funktion den Titel *Schulmonarch* zulegte. Er mag wohl von der Vorstellung beherrscht gewesen sein, daß er sich in seinem Bereich als ein gütiger und gerechter Monarch fühlen dürfe. Daß er diese selbstgewählte Rolle selten ausfüllte, lag nicht in erster Linie an ihm, sondern an der Geringschätzung seiner Person und der Abwertung seiner Tätigkeit. Bis ins 18. Jahrhundert verweigerte man ihm zum Beispiel auf dem Land die Anrede „Herr". Daraufhin versuchte er, in der Hoffnung auf Gleichstellung mit dem Pfarrer – entsprechend dem „Pfarrherrn" – statt Schulmeister sich mit *Schulherr* anreden zu lassen. Aber auch hiermit hatte er kein Glück.

Die Bezeichnungen für den Lehrer der höheren Schulen ergaben sich aus dessen früherer Lehrfunktion als Mönch. Der *Präzeptor* war ursprünglich nur der Lehrer der Klosterschule und erst später der Lehrer an einer Gelehrtenschule. LUTHER spricht sowohl von „Präzeptoren“ und „Magistern“ als auch von Schulmeistern und Küsterlehrern. Er hat dabei die bedeutende Aufgabe aller Lehrer im Sinn, die die Verkündigung der christlichen Lehre übernehmen sollen. Er macht keinen Unterschied zwischen den einzelnen Lehrern und Schularten.

Wie auch immer die Titel und Funktionsbezeichnungen gelautet haben mögen: sie konnten weder als Wunschtraum noch als amtliche Bezeichnung die reale Situation der Lehrer erfassen. Das fehlende Interesse der Öffentlichkeit an Schule und Bildungswesen, besonders an niederen Lehrern, war durch ein hübsches Dekor des Namens nicht in eine Wertschätzung zu verwandeln. Der niedere Lehrer blieb, was er war – ein kaum beachteter Mensch.

Ein Zerrbild des Lehrers

Wie oft mögen auch Verständnislosigkeit und Irrtum dazu beigetragen haben, daß dem einzelnen Lehrer Unrecht zugefügt wurde. Was wußte man von ihm, seinem persönlichen und sozialen Umfeld, seiner individuellen Befindlichkeit?

Ein Vorwurf, der sich dem Lehrer gegenüber jahrhundertelang hartnäckig, aber meistens unbegründet hielt, war der, daß er hochmütig, dünkelhaft und überheblich sei. Diesem Vorurteil ist er bis in die jüngste Vergangenheit ausgesetzt gewesen. Wie konnte es zu dieser Einschätzung kommen? Wird hier nicht ein anscheinend arrogantes Verhalten falsch interpretiert? Versuchen wir, uns seine Lebensgeschichte, soweit wir sie bis jetzt kennen, vor Augen zu halten. Ohne Bürgerrechte, ohne eine berufliche Qualifikation nachweisen zu können und sein Handwerk nur als Stückwerk gewertet zu wissen, mußte der niedere Lehrer die Erwartungen seiner Vorgesetzten, der Eltern seiner Schüler und der sich über ihn erhaben fühlenden besitzenden

Schichten enttäuschen. Hinter seinem abweisenden, schroffen Verhalten verbargen sich oft Hilflosigkeit, Unsicherheit und Stolz. In seiner menschlichen Würde verletzt, reagierte er aggressiv und versuchte, sich zu rechtfertigen. Daß er dabei sprachlich nicht gewandt auftreten konnte, verursachte bei ihm noch mehr Hemmungen und zog obendrein den Spott der Bevölkerung nach sich.

Aus dieser Sicht ergibt sich freilich ein anderes Bild als das, welches ein zeitgenössischer Satiriker um 1700 entwarf, wobei die Wahrheit wohl in der Mitte liegt (s. Abb. S. 53). Die Satire war schon immer ein wirksames Mittel, Mißstände humoristisch, aber überspitzt formuliert aufzudecken. Der Verfasser hatte entweder schlechte Erfahrungen in der Schule gemacht oder kam aus einem Milieu, in dem es üblich war, auf den ungehobelten Schulmeister herabzusehen. Der Herausgeber dieses Traktats meint, der Verfasser sei wohl kein Kleriker gewesen, eher ein Jurist. Er nannte sich JOHANN GOTTFRIED ZEIDLER und wollte zeigen, daß der unfähige und ungeeignete Dorfschullehrer von den sogenannten Sieben Bösen Geistern und vom Teufel besessen sei. Das Pamphlet ist typisch für das negative Bild, das man damals auch in anderen Veröffentlichungen findet. Die unsympathischen Eigenschaften und Charakterzüge, die hier beschrieben werden, sind Verallgemeinerungen und Pauschalurteile. Der Verfasser betont aber, daß es sich hier nur um wenige Fehlbesetzungen im Schulgeschäft handele, macht also einen Unterschied zwischen den untadeligen und den unqualifizierten Lehrern. Er muß jedoch die damaligen Ordnungsprinzipien und die hierarchischen Normen genau gekannt haben, denn viele seiner Anwürfe klingen sowohl in den amtlichen Schulordnungen als auch in öffentlichen Verlautbarungen an. Insofern bietet uns diese Satire eine gute zeitgeschichtliche Information, wenn auch in ungewöhnlicher Manier. Es sind literarische Seitenhiebe, die typische Merkmale besonders treffend hervorheben.

Die gezielte Attacke gegen den Schulmeister zeigt sich bereits im Titel, der nichts verhüllt: „Sieben Böse Geister, welche heutigen Tages guten Theils die Küster oder so genandte Dorff-Schulmeister regieren; Als da sind: 1. Der stoltze/ 2. Der faule/ 3. Der grobe/ 4. Der fal-

Titelseite einer satirischen Zeitschrift über die Lage der Schulmeister, um 1700.

sche/ 5. Der böse/ 6. Der nasse/ 7. Der dumme Teuffel. Aus dessen miserablen Auffzug und Erzehlungen der elende Zustand der arme Dorff-Küster einigermaßen zu erkennen – Die soll'n sichs nicht nehmen an/ Die keine Ursach haben dran. Mit angefügten Sieben Küster-Tugenden".[13] Obwohl der Verfasser einschränkt, daß er nur die unfähigen und ungeeigneten Küsterlehrer meint und am Schluß seines Traktats sieben Tugenden zu deren Beherzigung anfügt, überwiegen die negativen Aussagen, während die Darstellung der sieben Tugenden vergleichsweise weniger ins Gewicht fällt.

Versuchen wir eine Interpretation, die nicht als Schwarz-Weiß-Malerei gemeint ist. Als erstes wird die Titelsucht der Küsterlehrer angeprangert, von der schon die Rede war. Sie seien der Bezeichnung „Schulmeister" so überdrüssig, „daß sie speyen möchten/ wenn man sie Schulmeister heißt . . ." Sie möchten statt dessen lieber „Schulherr" genannt werden, da es ja auch

„Pfarrherr" und nicht „Pfarrmeister" heißt. Sie wagten es auch, sich ohne Widerspruch „Magister" titulieren zu lassen, und geben sich gar andernorts als Priester aus: „Alles affen sie den Pfarrern nach/und wenn sie von ihnen was erschnappen/bringen sie es auf allen Bier-Bäncken wieder vor/als ihre eignen Gedancken und Erfindungen."[14]

Der Verfasser zeigt kein Verständnis dafür, daß sich der Schulmeister nicht zu jeder niedrigen Arbeit hergeben wollte. Er würde keinen Nagel einschlagen, kein Fenster und keinen Ofen reparieren, und wenn etwas umzubauen oder nur ein bißchen Schutt wegzuräumen sei, würde er gleich einen Lohnarbeiter bestellen, der dem Herrn Schulmeister zu Diensten stehen müsse. Er aber stünde indessen mit verschränkten Armen da und rühre sich nicht. Dabei seien Küsterlehrer ja gelernte Handwerker; sie seien als Maurer, Dachdecker, Schlachter und Zimmerleute sogar emsig bei ihrer Arbeit; nur ihr Lehramt versähen sie nicht mit dem gebotenen Fleiß und Ernst. Ebenso unerträglich seien ihre Ungeschliffenheit und ihr mürrisches Wesen, ihre Unbotmäßigkeit gegenüber den Pfarrern und den adligen Grundherren. „Grobe Küster gehen mit ihrem Priester umb/als hätte er die Schweine mit ihnen gehütet (. . .). Ja, etliche Schulmeister geben auch auff den Edelmann nichts/sondern tractiren ihn wie ihresgleichen."[15]

Hier zeigen sich deutlich die soziale Kluft und das Unverständnis zwischen privilegierten und unterprivilegierten Ständen; unschwer läßt sich erraten, welcher Schicht sich der Verfasser zugehörig fühlte. Es folgen noch andere ungerechte Beschuldigungen, die das tiefverwurzelte Vorurteil gegenüber dem Küsterlehrer beweisen. ZEIDLER geht in seinem Angriff soweit zu behaupten, daß eine der Erziehungsmaximen des Küsterlehrers die Bosheit sei, mit der eine Tyrannei einhergehe. Das könnte sich auf die körperliche Züchtigung beziehen, ein lohnendes Thema auch in dieser Schmähschrift, und dürfte die meiste Glaubwürdigkeit beanspruchen. Einer gewissen literarischen Phantasie entbehrt die folgende „Deklination des Schulmeisters" nicht, obwohl sie in Wirklichkeit auf die unzureichenden Lateinkenntnisse und die mangelhafte Beherrschung der lateinischen Grammatik anspielt. Es heißt dazu: „Nominativ. Leg dich/Genitivo. Streck dich/ Dativo. Über die Bank/Akkusativo. Machs nicht lang/ Vocativo. Es thut mir weh/Ablativo. Thu es nicht meh."[16] In diesem Zusammenhang taucht im ZEIDLERschen Text die Bezeichnung *Arspauker* auf. Diese Metapher ist bis heute im deutschen Sprachgebrauch aktuell geblieben, ebenso wie der aus dem Gebiet des Schlagzeugers stammende Begriff des *Steißtrommlers*.

ZEIDLER berichtet auch von einem verdammungswürdigen Laster, dem der Küsterlehrer frönte. Der „nasse" Teufel, der ihm zusetzte, sollte die Verkörperung der Trinksucht sein. „Eine Kanne und ein Kantor", das reime sich prächtig und passe gut zusammen. Denn ein Chorleiter müsse ja dafür sorgen, daß seine Kehle nicht eintrockne, sondern stets feucht bliebe, damit die Töne des Gesangs auch melodisch klängen. Diese spitze Bemerkung über den Kantor war schon in der Schulordnung der Kursächsischen Kirchenordnung von 1580 ähnlich angeklungen. Schulmeister und Kantoren sollten ihre Chorknaben so „abrichten", daß sie mit ihrem wohltönenden Gesang die Leute erfreuten, damit sie um so großzügiger Spenden und Kollekten lockermachten. Der Kantor in einer Kirchengemeinde hatte aber einen höheren Status als der Lehrer. Ihm oblagen rein kirchliche Dienste, etwa die Leitung eines Kirchenchors, für die der Küster meistens keine Genehmigung hatte, weil er nicht entsprechend ausgebildet war. Der Kantor wurde ausnahmslos von der Gemeinde anerkannt, der Küsterlehrer nicht.

Der „dumme" Teufel schließlich sollte die geistige Beschränktheit und Ignoranz des Küsterlehrers verkörpern. Hier äußert sich der Verfasser allerdings vorsichtig und mit Vorbehalt. Was er zum Schluß zu sagen hätte, betreffe nur die „Canaille", nämlich die Sorte von Küsterlehrern auf dem Dorfe, die weder auf Schulen noch als Handwerker etwas geleistet hätten. Sie seien einfach davongelaufen und hätten infolgedessen nichts Gescheites gelernt, weder „mit dem Kopf noch mit der Hand". Um nicht betteln gehen zu müssen, hätten sie sich als Küsterlehrer beworben; und das Fazit des Verfassers: „Denn wer in seiner Jugend nichts tüchtiges gelernet hat/und gleichwol sein Maul ernehren wil/kan nicht besser thun/denn daß er entweder ein Schencke/

oder ein Schulmeister werde..."[17] Die angebliche Dummheit des Schulmeisters bezog sich keineswegs nur auf dessen geistige Fähigkeiten, sondern auch auf seine handwerkliche Ungeschicklichkeit. Wenn er also zu unterrichten verstünde und diese Kunst geschickt als Handwerk betriebe, dann sei eine geistige Leistung nicht nötig.

Wie sollte nun im Gegensatz zu den „Bösen" der Idealtypus des Schulmeisters aussehen? Die Vorstellungen ZEIDLERS waren sicher nicht weit entfernt von denen seiner bürgerlichen Zeitgenossen. Er stellte in einem Tugendkatalog die Gestalt eines Lehrers vor, der zu keinen Klagen Anlaß gab und als leuchtendes Vorbild wirkte. Anstelle der sieben bösen Geister wurden nun sieben edle Tugenden genannt, die der Lehrer verkörpern sollte. Es waren: 1. der demütige, 2. der fleißige, 3. der bescheidene, 4. der aufrichtige, 5. der sanftmütige, 6. der mäßige, 7. der kluge und gelehrte und 8. der gesegnete Küsterlehrer. Unter vielen Beschwörungen kommentiert ZEIDLER nun, was er mit diesen Tugenden meint. Demut und Reue seien die erstrebenswertesten Eigenschaften eines Lehrers. Sie ließen ihn alle seine Leiden vergessen und die Sorgen des irdischen Daseins geringachten. Ein fleißiger Schulmeister brauche auch keinerlei Anweisungen seines Pfarrherrn. Denn er wüßte, was er zu tun hätte. Zur Haupttugend rechnete ZEIDLER die Ordnung. Aber selbst für fehlende Gelehrsamkeit wußte er einen vollwertigen Ersatz anzubieten: die Bescheidenheit – gemeint ist Devotion. Durch eine solche Haltung könne der Lehrer, obwohl nicht literarisch gebildet, „den Gelehrten gleich geachtet" (...) werden „und seine Schüler/wenn sie nach ihm gerathen/beschämen Gymnasiasten und Studenten".[18] Ein solches „subject", wie es in der Amtssprache des 17. und 18. Jahrhunderts hieß, mache es den Obrigkeiten leicht, auch private Dienste des Küsterlehrers in Anspruch zu nehmen.

Was ZEIDLER unter der „aufrichtigen" Tugend verstand, macht er an einem Beispiel klar, in welchem er von der Beziehung zwischen dem Ortspfarrer und dem Lehrer spricht. Er meint zu wissen, daß der Küsterlehrer niemals ohne Wissen des Pfarrers irgend etwas täte und stellt dann die Behauptung auf: „Ja, er ist bereit bey dem Priester zu leben und zu sterben."[19] Deutlicher konnte das Abhängigkeitsverhältnis nicht charakterisiert werden. Von dieser Unterwürfigkeit bis zu einem langsam erwachenden Selbstbewußtsein ist es noch ein weiter Weg.

Tugend und Laster

Der Tugendkatalog ZEIDLERS entsprach den pietistischen Auffassungen seiner Zeit. Der Pietismus dehnte sein Wirken in zunehmendem Maße auch auf die Pädagogik aus. Die Tugendkataloge enthielten detaillierte Verhaltensvorschriften für Lehrer, auch im Unterricht gehörte Tugendlehre in allen Schulen zur Erziehungsaufgabe. Man glaubte, die Tugend sei der Garant für ein sittlich-religiöses Leben, und der Schüler könne vor jedem Laster bewahrt bleiben, wenn die Tugend in seinem Herzen gefestigt würde. Über Jahrhunderte hinweg versuchte man, durch bestimmte Normen ein idealtypisches Bild des Lehrers zu entwerfen und sein Verhalten gegenüber seinen Obrigkeiten im gewünschten Sinne zu steuern. Die Schulordnungen sprachen in diesem Zusammenhang von der „Süße" und „Sanftmut" eines „guten Hirten" und seiner Liebe zum Wort Gottes. Echte Herzensfrömmigkeit und ein einfältiges Gemüt galten als die höchsten Werte. Ein Lehrer, der diese Tugenden pflege, könne sich leicht vor allen Gelüsten und Begierden hüten. Deshalb solle er sich auch nicht in „öffentlichen Bier-Wein- und Brandwein-Häussern" aufhalten „um sauffens willen". Die gleiche Zurückhaltung wurde auch beim Spiel, z. B. dem Kartenspiel, und anderen unseriösen Lustbarkeiten verlangt, ganz abgesehen davon, daß Streitereien und Zank unter den Kollegen unhaltbar seien.[20]

Das ambivalente Verhältnis von Ortsgeistlichen und Küsterlehrern war damals oft Gegenstand von Ermahnungen höherer kirchlicher Würdenträger gewesen. Sie wußten wohl, daß diese Beziehungen nicht immer konfliktfrei waren. Nach außen hin wahrten die Kontrahenten so gut es ging die Form. Die ständige Anwesenheit des Küsterlehrers bei gottesdienstlichen und seelsorgerischen Verpflichtungen des Pfarrers verursachte jedoch Reibungen zwischen beiden. Oft nahm der Pfarrer auch die Dienste des Küsters und Lehrers für seine ganz persönlichen Belange in Anspruch. So mußte sein Gehilfe, in dem der Pfarrer ja in erster Linie den Küster und nicht den Lehrer sah, beispielsweise stets in gebührendem Abstand hinter ihm hergehen und seinen Talar tragen. Eine Unterwürfigkeitshandlung, die immer wieder in kritischen Abhandlungen zum Thema herausgestellt wurde, die aber von einsichtigen Geistlichen auch nicht gebilligt wurde.

Die Darmstädtische Schulordnung von 1733 stimmte hier mit diesen überein, wenn sie forderte, es solle aber auch „kein Landpfarrer sich unterstehen, seinen Schuldiener allzu despotisch zu tractieren, ihn in Gegenwart der Eltern und Kinder zu prostituiren oder ihm gar eine gewisse Art der Frohndienste abzwingen, sondern er soll sich christlich gegen ihn verhalten, ihm bei seinen Schulverrichtungen mit gutem Rath beistehen, und wenn er fehlt, ihn mit sanftmüthigem Geiste zurechtweisen."[21]

In den Dorfgemeinden wurde zuweilen zwischen einem *höheren und einem niederen Küsterdienst* unterschieden. Die Schulmeisterei, das Orgelspielen, das Amt des Kantors – wenn nicht ein Kantor die Kompetenz für Orgelspiel und Chorleitung hatte – und das Predigtlesen in Vertretung des Pfarrers rechneten zu den festen Pflichten des Küsterlehrers. Als niederer Dienst galten die Reinigung des Kircheninneren, das Glockenläuten und das Aufziehen der Turmuhr sowie im Notfall Reparaturen am Kirchengebäude. Im allgemeinen wurden diese Pflichten dem Küsterlehrer nicht zugerechnet, in der Praxis jedoch wurde der Schulmeister bis ins 19. Jahrhundert zu solchen Dienstleistungen regelrecht verpflichtet. Die örtliche geistliche Aufsichtsinstanz verfuhr hier je nach Belieben. So kam es durchaus vor, daß der Lehrer für den Pfarrer Holz hacken, dreschen, Gartenarbeiten verrichten und Botengänge erledigen mußte. Die ständigen Spannungen, die sich daraus ergaben, mußten eines Tages zur Entladung führen. Denn auch von seiten jener Geistlichen, die verständnisvoll um einen Ausgleich zwischen Pfarrer und Lehrer bemüht waren, war die Subordination eine Selbstverständlichkeit. Befolgte der Küsterlehrer die legitimen

Aufträge des Pfarrers nicht, dann sollte er zurechtgewiesen werden. Denn, so wurde argumentiert, Ordnung im Gottesdienst müsse sein. Subordination sei bei allen Amtshandlungen – auch außerhalb des Gottesdienstes – erforderlich.[22] Der Schulmeister war aber an Unterordnung gewöhnt; Gehorsam als oberste Pflicht war für ihn keine unbillige Forderung. Ursache seines Unmuts und Ärgers hing davon ab, *wer* es war, der seine Pflichten und seine Verhaltensweisen kontrollierte und kritisierte. „Der wirklich verständige Mensch also, auch der wahrhaft verständige Schulmann", so urteilte man, „wird nichts Demüthigendes und Hartes darin erblikken, untergeordnet zu seyn; nur der launenhaften Willkür eines Einzelmenschen," – hier ist der Pfarrer gemeint – der möglicherweise zu wenig Liebe und Güte ausstrahle, diesem also als untergeordneter Küster ausgeliefert zu sein, und zwar ohne Gesetz und Rechte, die ihn gegen solche willkürlichen Maßnahmen schützen könnten, das sei unzumutbar.[23]

Hier nun lag das Problem: Von einem niedrigen Ortsgeistlichen abhängig zu sein, der möglicherweise seine geistige und geistliche Überlegenheit ausspielte, den Küsterlehrer nicht als gleichwertig behandelte und seine persönliche Autorität falsch verstand – das mußte manchen Lehrer entmutigen. Mit einem gewissen Recht sah er nämlich seine Dienste für Kirche und Schule nicht als unnütz und gering an. Was sollte der Pfarrer ohne seine zahlreichen Handreichungen, Nebenverdienste und Gefälligkeiten wohl tun? Wer sollte die Kinder auf dem Land in mühevoller und geduldiger Arbeit zu frommen Untertanen erziehen? Wer sollte sie das ABC lehren und vor allem die Christenlehre? All dies waren die Aufgaben des Lehrers. Dennoch war gerade die Dorfschule in den Augen der gebildeten Stände eine Armenschule und der Lehrer ein armer Schulmeister. Daß diese Einschätzung sich über Jahrhunderte, ja bis in die Gegenwart nur wenig änderte, beweist ein altbekanntes, allerorts verbreitetes Spottlied, das schriftlich und mündlich überliefert noch heute in Liederbüchern und als Zitat in der Literatur zu finden ist. Ein „humorvoller" Lehrer verfaßte es gegen Ende des 18. Jahrhunderts. Angeblich wurde er dafür seines Postens enthoben. Das Lied aber wirkte weiter und überlebte seinen Verfasser; ja, es fanden sich nach und nach immer noch zusätzliche Strophen. Hier ist dieses zählebige Phänomen:

In einem Dorf im Schwabenland, da lebt uns allen wohlbekannt ...
da wohnt in einem Häuslein klein, das arme Dorfschulmeisterlein.
Des Sonntags ist er Organist, des Montags fährt er seinen Mist,
des Dienstags hütet er die Schwein, das arme Dorfschulmeisterlein.
Des Mittwochs fährt er in die Stadt und kauft, was er zu kaufen hat; 'nen halben Hering kauft er ein, das arme Dorfschulmeisterlein.
Des Donnerstags geht er in die Schul' und legt die Buben über'n Stuhl. Er haut so lange, bis sie schrei'n, das arme Dorfschulmeisterlein.
Und wenn im Dorfe Hochzeit ist, dann könnt ihr sehen, wie er frißt. Was er nicht frißt, das steckt er ein, das arme Dorfschulmeisterlein.
Und wird im Dorf ein Kind getauft, dann könnt ihr sehen, wie er sauft; elf Halbe schüttet er sich ein, das arme Dorfschulmeisterlein.
Und wird im Dorf ein Schwein geschlacht't, dann könnt ihr sehen, wie er lacht. Die größte Wurst ist ihm zu klein, dem armen Dorfschulmeisterlein.
Und wenn's im Dorfe einmal brennt, dann könnt ihr sehen, wie er rennt; die nächste Ecke rennt er ein, das arme Dorfschulmeisterlein.[24]

Manchmal wird noch eine andere Version hinzugefügt:

Und wenn im Turm die Uhr nicht geht, der lange Zeiger stillesteht, da heißt's: Es muß besoffen sein, das arme Dorfschulmeisterlein!
Es fängt das Elend erst recht an, wenn er lehren soll und selbst nichts kann. Da schlafen ihm die Kinder ein, dem armen Dorfschulmeisterlein!
Und seine junge Frau, die haut den Eh'mann grün und blau. Da heißt es dann geduldig sein, du armes Dorfschulmeisterlein!
Und wenn er dann gestorben ist, begräbt man ihn auf seinem Mist, das Huhn setzt ihm den Leichenstein, dem armen Dorfschulmeisterlein!

Hier erübrigt sich jeder Kommentar. Wenn es dieses Lied heute noch gibt, so ist das der Beweis dafür, wie lange Vorurteile und festgefahrene Meinungen über den Lehrer in der Öffentlichkeit weiterleben.

Belastend für den Küsterlehrer und für alle anderen seiner Nachfolger war die ständige Aufsichtspflicht des Ortspfarrers. Dieser mußte mindestens einmal wöchentlich eine Inspektion vornehmen, und das sah praktisch so aus, daß der Küsterlehrer seine Schüler in Religion prüfte, der Pfarrer aber den Schulmeister in seinem Unterricht. Außerdem oblag dem Geistlichen die Pflicht, den christlichen Lebenswandel der Lehrerfamilie kritisch zu überwachen. Die Herzoglich-Württembergische Schulordnung von 1729 bezeichnet die Schule als den „Vorhof des Heiligtums", in das sich, ebensowenig wie in die Kirche, dem eigentlichen Heiligtum, kein Lehrer wagen dürfe, der „nicht ehrlich geboren sei"[25] (im heutigen Sprachgebrauch: nicht ehelich geboren). Die moralisch-sittliche Integrität war oberstes Gebot. Die öffentlich demonstrierte Übereinstimmung zwischen Pfarrer und Lehrer, wie sie sich im Gottesdienst zeigte, war also eher Wunschtraum denn Wirklichkeit. Es gab aber auch einen in die Pfarrhausmauer eingemeißelten Spruch, der verkündete: „Hier ist des Pfarrers und des Lehrers gemeinsame Wohnung: Jener weidet die Schafherd', dieser belehrt die Lämmlein."[26]

Führende Kirchenmänner hatten oft eine ausgewogenere Meinung über das Verhältnis von Pfarrern und Küsterlehrern auf dem Dorf und bemühten sich redlich von der Kanzel herab um eine Verbesserung der Atmosphäre. Sie versuchten, ihrer Gemeinde klarzumachen, daß es eines Christen nicht würdig sei, den armen Schulmeister zu verachten und den ersten Stein auf ihn zu werfen.

Allmählich gelangten die Ideen der Aufklärung zunehmend ins Bewußtsein der gebildeten Schichten. Die Gelehrten machten das Bildungs- und Erziehungswesen zum Gegenstand wissenschaftlicher und philosophischer Betrachtungen; nur erreichten sie kaum konkrete Veränderungen und effektive Maßnahmen für die Schulen in Stadt und Land. In den dürftig ausgestatteten Schulstuben wurden die eingefahrenen und eingedrillten Methoden weiter recht und schlecht praktiziert. Abhilfe konnte hier nur durch eine einheitliche Ausbildung der Lehrer auf einem Seminar und durch eine angemessene Besoldung geschaffen werden. Beides lag noch fern. Pfarrer und Lehrer blieben in den Stadt- und Landgemeinden das, was sie waren: Vorgesetzte und Untergebene, Herr und Diener.

Ohne die Schwächen einzelner Schulmeister zu übersehen, aber auch ohne das fragwürdige Verhalten mancher Ortspfarrer zu beschönigen, sahen manche einsichtsvolle Superintendenten und Schulinspezienten bei ihren Besuchen in den Schulen die Probleme deutlicher. Sie erkannten, daß einer der Gründe für diesen Zustand in den Widerständen und den Vorurteilen lag, die in der Bevölkerung noch immer existierten und die in erster Linie auf den Lehrer zielten. Sie waren klug genug um einzusehen, daß es keine Alleinschuldigen und keine Alleingerechten gab und versuchten, die sozialen Schwierigkeiten, denen gerade der Dorflehrer ausgesetzt war, gerechter zu beurteilen. Sie bemühten sich, diesen Stand nicht zu verurteilen und den Fähigkeiten des Lehrers, wo immer es möglich war, gerecht zu werden. Die unsichtbaren Feinde des Lehrers waren eine weit verbreitete Ignoranz und offen gezeigte Interesselosigkeit an seinem persönlichen Schicksal und eine lähmende Gleichgültigkeit gegenüber den Zielen einer allgemeinen Menschenbildung, wie sie PESTALOZZI und andere Pädagogen verstanden. Diese Menschenerziehung mußte aber zuerst bei den untersten Ständen ansetzen. Sie hatten es am nötigsten, aus ihrer dumpfen Unwissenheit befreit zu werden.

Der mühevolle Weg zum Staatsdiener

Preußens Lehrer

Die Geschichtsschreibung sieht in den preußischen Königen die Wegbereiter einer Weiterentwicklung der Schule. FRIEDRICH WILHELM I. (1683–1740) gilt als der Begründer des deutschen Volksschulwesens. Während seiner Regierungszeit wurden – nach unterschiedlichen Quellenangaben – 1160 bis 1180 Schulen aller Art entweder neu errichtet oder wiederaufgebaut. In seine Kompetenz fielen wichtige Schulgesetze und -verordnungen. Dazu gehörte vor allem das Edikt zur Allgemeinen Schulpflicht des Jahres 1717. Ähnliche Gesetze zur Schulpflicht hatte es bereits einige Jahre früher in anderen Ländern, z. B. in Württemberg und Sachsen, gegeben. Sie alle waren ein Anfang, obwohl sie vorerst nur auf dem Papier standen. Die Verwirklichung ließ noch auf sich warten. Erstmals wurde aber festgesetzt, daß die Kinder, besonders auf dem Land, vom fünften bis zwölften Lebensjahr in die Schule gehen und erst entlassen werden sollten, wenn sie richtig lesen, schreiben und den Katechismus auswendig gelernt hatten.

Das größte Hindernis war der Mangel an Geld für dieses Projekt. Der König sah sich nicht in der Lage, allein die Finanzierung des neuen Plans zu bestreiten. Denn er brauchte zum Aufbau seiner staatlichen Macht große Summen für die Armee, die Verwaltung, die Beamten und seinen Hofstaat. Von überall her mußten nun die Gelder beschafft werden, auch von den Kirchen. Bei einer Nachfrage über den Zustand der Schulen seines Landes hatte der König von Preußen von den kirchlichen Schulaufsichtspersonen und den adligen Patronatsherren erfahren, daß die Eltern ihre Kinder höchstens im Winter zur Schule schickten, weil sie sie im Sommer als billige Arbeitskräfte in der Ernte und zum Hüten des Viehs brauchten. Zudem gab es nicht in jedem Dorf eine Schule, die Schulwege waren weit und im Winter unpassierbar, und es fehlte den Kindern an warmer Kleidung. Die Schulpflicht konnte dementsprechend nur dort verwirklicht werden, wo es überhaupt einen Lehrer und einen Unterrichtsraum gab. Mancherorts war dieser Raum gleichzeitig die Wohnstube der Lehrerfamilie, oder der Lehrer mußte mit den Schülern jeden Tag auf einen anderen Bauernhof ziehen. Man nannte das eine *Reihen-* oder *Wandelschule.*

Die Schulpflicht setzte außerdem ein festes Schulgeld voraus, das die Eltern bezahlen mußten. Viele waren dazu weder in der Lage noch sahen sie die Notwendigkeit des Unterrichts ein. Es war also zunächst erforderlich, kirchliche Stellen und adlige Grundbesitzer zu fin-

Nicht in jedem Dorf gab es eine Schule, und die Wege waren weit. Vielfach war noch lange die sogenannte „Reihenschule" in Gebrauch. Der Unterricht fand jede Woche in irgendeinem Raum eines Bauernhauses statt. Der Schulmeister zog dann jeden Sonnabend mit Sack und Pack und den wenigen Schulutensilien zum nächsten Bauernhof, wo er eine Woche lang Kost und Unterkunft erhielt und Unterricht erteilte.

den, die bereit waren, die finanzielle Basis mitzutragen. Wohl wußten die gebildeten Stände jener Zeit um die Bedeutung eines staatlich geförderten Erziehungswesens und um die Notwendigkeit, Ausbildungsstätten für Lehrer zu schaffen. Sie sahen auch ein, daß gerade die untersten Bevölkerungsschichten teilhaben mußten an der allgemeinen Bildung im Geist der Aufklärung; der Glaube an die Macht der Erziehung war groß. Dabei bestand keine Gefahr, daß der Dorflehrer seine Schüler etwa zu kleinen Gelehrten erzog. Er hatte allein von seiner minderen Qualifikation her keine Voraussetzungen dafür. Der König schließlich wünschte sich in erster Linie treue und gehorsame Untertanen, die „nützliche Dinge" gelernt hatten, und war dabei weiterhin auf die Unterstützung der Geistlichkeit angewiesen. Die Kirche hatte sich bis jetzt bewährt und bot sich als einzige Institution für das Erziehungs- und Bildungsgeschäft an. In gemeinsamer Verantwortung bildeten Staat und Kirche die tragenden Säulen der Volksbildung und des Schulwesens.

Der „Herrendiener"

Dem Küsterlehrer auf dem Land stand außer der kirchlichen noch eine andere weltliche Autorität gegenüber, die die bestehende soziale Rangordnung verfestigen wollte: die adligen Grundbesitzer, die Inhaber des Kirchen- und Schulpatronats. Ihre Machtbefugnisse und Privilegien waren groß; sie konnten unter anderem über die Einstellung oder Ablehnung eines Bewerbers für das Lehramt entscheiden. Viele der Küsterlehrer kamen aus der „Bedientenstube" der Gutsherren, deswegen nannte man sie in der Bevölkerung auch die *Herrendiener*. Keine schmeichelhafte Bezeichnung, in der auch anklingt, daß die Dorfgemeinde lieber einen Handwerker als Lehrer gehabt hätte. Aber die Gutsherren hielten dagegen, daß der ehemalige Diener sich um seine Weiterbildung bemühe, indem er Bücher lese und anpassungsfähiger sei. Während die Handwerksburschen, die als Bewerber auftraten, mit den Bauern bei Bier und Kartenspiel zusammensäßen, würde sich der ehemalige Gutsdiener eben besser in die vorgeschriebene Ordnung einfügen.

Eine Schulmeisterstelle bedeutete nämlich für den Bewerber aus dem Gesindehaus eine – wenn auch kümmerliche – Altersversorgung. Denn der Patron setzte sich für den Herrendiener als Lehrer ein und zwar unabhängig von dessen tatsächlicher Eignung für diesen Posten, damit er, „alt und stumpf" geworden, dem „Gesindestalle" nicht zur Last fiele.[1] Auf diese Weise war der Gutsherr seiner Verpflichtung, den Diener im Alter zu versorgen, enthoben. Dabei hatte der Adel zu jener Zeit Privilegien genug: er war von Steuerabgaben befreit, besaß im regionalen Bereich die Polizeigewalt und niedere Gerichtsbarkeit und wurde vom König großzügig unterstützt, soweit er ihm die Offiziere für seine Armee stellte. Als Schul- und Kirchenpatron hatte er auch das Recht, die Lehrer zu überprüfen und ihren Unterricht zu inspizieren. War ein Schulbewerber nebenbei z. B. Schneider, so wurde er nur unter bestimmten Bedingungen eingestellt. Er durfte nicht mehr als zwei Gesellen beschäftigen und nur Kleider für die Bauern anfertigen. Manche Bewerber für den Schuldienst waren 45, 50, sogar 60 Jahre alt. Außer den Schneidern gab es Schuster, Weber, Kesselflicker und ehemalige Unteroffiziere unter ihnen. Aber auch als Herrendiener hatte sich der soziale Status des Lehrers und sein Ansehen in der Öffentlichkeit nicht verändert. Er blieb innerhalb der ständisch strukturierten Gesellschaft ein Außenseiter.

Neue Schulgesetze

Im Jahre 1736 vervollständigte FRIEDRICH WILHELM I. seine Schulgesetze durch einen „General-Schulen-Plan", ein für die Provinz Preußen geltendes Gesetz zur Schulunterhaltspflicht. Hier lag vieles im argen. Die einzelnen Punkte dieser Bestimmungen setzten fest, daß Schulgebäude, Pfarrer- und Lehrerwohnungen baulich verbessert oder instandgesetzt werden sollten. Dazu gab es detaillierte Anweisungen über das notwendige Bauholz, über die Reparaturen von Fenstern und Türen und das Material für Öfen. Auch der Lehrer auf dem Land wurde nicht vergessen. Zusätzlich zu seinem Lohn sollten sich die Kirchengemeinden mit 4 Talern jährlich am Unterhalt des Lehrers beteiligen, weil er ja verschiedene Dienste, beispielsweise auch die Reinigung des Kircheninnern, verrichtete. Außerdem sollte ihm der zweite Klingelbeutel, die Kollekte im Gottesdienst, der morgens und abends stattfand, gehören. Wenn ein Schüler konfirmiert war, durfte der Schulmeister von ihm zwölfeinhalb Pfennige verlangen. Der Schulplan bestimmte ferner, daß der Dorfschulmeister eine Kuh, ein Kalb, ein paar Schweine und etwas Federvieh bei freier Weide halten durfte und daß ihm außerdem Brennholz, zwei Fuder* Heu und zwei Fuder Stroh zustanden. Der König versprach ihm aus eigner Schatulle noch einen Morgen Land zur Bearbeitung.

In den Gymnasien wollte der König Eliteschüler heranwachsen sehen und machte in einer königlichen Verordnung fest, daß nur besonders begabte Schüler studieren durften. Wenn sie ihre Begabung und ihren Fleiß durch Prüfungen nachweisen konnten, erhielten sie sogar ein Stipendium. Der König war also durchaus bereit, den Aufbau des Schulwesens voranzutreiben. Aber nicht allen schien die Förderung, insbesondere der Landschulen, wie sie der König – und seine Nachfolger – vorsahen, zu behagen. Die Grundbesitzer waren wenig daran interessiert, für eine bessere Besoldung der Lehrer in die eigene Tasche zu greifen. Sie hielten eine solche Investition nicht nur für überflüssig, sondern auch für gefährlich, weil den Bauernkindern durch Nachdenken und durch eine Erziehung zur Vernunft im Sinne der allgemeinen Menschenbildung möglicherweise die Unfreiheit ihres Standes bewußt werden und sie zu „räsonnieren" anfangen könnten. Die Bauern waren ja noch immer Leibeigene der Grundherren, und der Status von Privilegierten und Nicht-Privilegierten wurde strikt gewahrt. Es hatte sich bei ihnen die Meinung festgesetzt, daß ein kluger Bauer ein unbequemer Bauer sei. „Überbildung" – dieser Begriff taucht immer wieder auch in späteren Jahrhunderten auf – blieb im konservativen Denken weiter Kreise konstant. Diese Einstellung hatte zur Folge, daß die Geldmittel für die

* Fuder = Fuhre, Wagenladung (altes Raummaß)

Landlehrer nur spärlich flossen und sie mit keinem gesicherten Einkommen rechnen konnten. Denn auch die Bürger und Gemeinden hielten ihre Geldbeutel hartnäckig geschlossen, wenn es um die Entlohnung der Lehrer ging. Die Geldbeschaffung für die königlichen Pläne blieb ein Problem, das sich hinderlich auf die Konkretisierung einer Schulreform auswirkte.

Auch weiterhin gehörte der Lehrer keiner eigenen Berufsgruppe an. Er trat öffentlich kaum in Erscheinung. Nur in seiner Eigenschaft als Küster wurde ihm im Gottesdienst ein gewisser Respekt zuteil, weil er der Gehilfe des Pfarrers war. „Öffentlichkeit" erreichte er merkwürdigerweise nur dann, wenn er wegen seines unsittlichen Lebenswandels auffiel und aus dem Schul- und Küsterdienst entlassen wurde. Bei den strengen moralischen Maßstäben jener Zeit kam das öfter vor. Forderten Staat und Kirche einmütig den in allen Lebensäußerungen untadeligen Christenmenschen, den ergebenen loyalen Bürger – noch immer ohne Bürgerrechte – und den pflichttreuen Lehrer, dann konnten sie darüber doch nicht im unklaren sein, daß derartige Postulate den Lehrer verunsicherten. „In der Dialektik zwischen Sollen, Wollen und Können wird man hier noch lange auf der Stelle treten."[2] Der permanente direkte und indirekte Appell an eine fromme Gesinnung und an ein bescheidenes, demütiges Auftreten des Schulmeisters, wo immer er auch stand, mußte bei den unveränderten Abhängigkeitsverhältnissen die Gefahr einer Heuchelei heraufbeschwören. Es konnte nicht ausbleiben, daß manche Dorflehrer, vom „Schulstaube täglich niedergedrückt ..."[3], bigotte Züge entwickelten, Frömmigkeit vortäuschten und innere Gefühle vorgaben. Auf diese Weise führte die Andacht im Gottesdienst zu einer Farce und die Ehrerbietung gegenüber den Vorgesetzten zur Scheinheiligkeit.

Die große Unwissenheit

FRIEDRICH II. VON PREUSSEN (1712–1786), auch Friedrich der Große genannt, dessen Toleranz in Glaubensfragen der Nachwelt als eine seiner hervorragendsten

Eigenschaften gilt, gab sich keineswegs der Illusion hin, daß die von ihm für notwendig erachtete Reform des Schulwesens ohne christliche Erziehung und ohne die Hilfe der Kirche möglich sei. Von der Aufklärung überzeugt, war ihm jegliche Einengung der menschlichen Freiheit zuwider; vom Standpunkt der Staatsräson mußte er der erschreckenden Ignoranz seiner Untertanen auf dem Lande Einhalt gebieten. Das Analphabetentum war ungeheur groß, besonders in den ländlichen Teilen Ostpreußens und Pommerns. Im „Königlich-Preußischen General-Landschul-Reglement“ von 1763 äußerte der König sein Mißfallen über die Erziehung der Jugend und das desolate Schulwesen. Er ermahnte alle „Regierungen, Konsistorien und Kollegien“ seines Landes, sich nach diesem neuen Reglement zu richten, „damit der so höchstschädlichen und dem Christenthum unanständigen Unwissenheit vorgebeugt und abgeholfen werde, um auf die folgende Zeit in den Schulen geschicktere und bessere Unterthanen bilden und erziehen zu können“.[4]

§ 1 dieses Schulerlasses regelte auch die Dauer der Schulzeit. Danach sollten Knaben und Mädchen die Schule vom fünften bis zum dreizehnten oder vierzehnten Lebensjahr besuchen. Die Eltern wurden ermahnt, ihre Kinder nicht zum Hüten des Viehs in Anspruch zu nehmen, sondern sie ganzjährig und regelmäßig am Unterricht teilnehmen zu lassen. Anstelle der Kinder sollte eigens ein Viehhirte bestellt werden, für dessen Lohn die Dorfgemeinde aufkommen mußte. Im § 7 wurde das Schulgeld festgesetzt. Für jedes Kind sollte der Schulmeister – bis es lesen konnte – im Winter 6 Pfennig, danach 9 Pfennig, und wenn es schreiben und rechnen konnte, wöchentlich einen Groschen* als Schulgeld erhalten. Im Sommer wurden nur zwei Drittel dieses Betrags an den Lehrer gezahlt. Unbemittelten Eltern sollte das erforderliche Schulgeld entweder aus der Armenkasse oder aus der Kirchenkollekte zugeteilt werden. Auf keinen Fall dürfe der Schulmeister weniger Schulgeld bekommen, denn er brauche es für seinen Unterhalt.

* 1 Groschen hat damals etwa 12 Pfennige

Für alle diese Verbesserungen war natürlich ein tüchtiger, leistungsfähiger Schulmeister die erste Voraussetzung. Deshalb bestimmte § 14, daß nur solche Lehrer und Küster eine Anstellung finden sollten, die das Küster- und Schulseminar in Berlin wenigstens eine Zeitlang besucht hatten. Dieses erste Lehrerseminar in Preußen wurde von JOHANN JULIUS HECKER (1701–1768) gegründet. FRIEDRICH DER GROSSE unterstützte die Lehrerbildungsstätte und bevorzugte als Lehrer für seine Landschulen die Absolventen dieses „Küster- und Schulmeister-Seminariums für die Kurmark", das im selben Jahr wie das General-Land-Schul-Reglement, 1763 seine Tore öffnete. Die verbindliche und einheitliche Lehrerausbildung war ein großer Fortschritt, denn auf dem Seminar lernten die Teilnehmer erstmals etwas über Unterrichtsmethoden und waren nicht mehr auf eignes Gutdünken angewiesen. Man hoffte, nun richtige Lehrer für die Schulen zur Verfügung zu haben. Die Bewerber um eine Schulstelle mußten eine Lehrprobe im Unterricht ablegen und außerdem ihre Fähigkeit im Kirchengesang vorführen. Die Lektion wurde vom Schulinspektor oder Pfarrer beurteilt und zwar im Beisein einiger Gemeindemitglieder. Solche Schulmeisterprüfungen sahen fast überall gleich aus: Der Schulamtsbewerber mußte vor allem den Katechismus beherrschen und beweisen, daß er sich dazu auch weitergehende eigene Gedanken machen konnte. Er sollte Schönschrift und Rechtschreibung einigermaßen beherrschen und einige schwere Wörter buchstabieren können. Schließlich wollte man wissen, ob er im Unterricht auch die richtigen Fragen an die Schüler stellen konnte.

Der entscheidende Schritt in Richtung auf einen eigenen Berufsstand schien getan zu sein, auch wenn die Ausprägung einer Lehrerpersönlichkeit, die über pädagogische und unterrichtsmethodische Kenntnisse verfügen sollte, kaum in so kurzer Zeit erwartet werden konnte. FRIEDRICH DER GROSSE jedoch ging in seinen Forderungen noch einen Schritt weiter: Als zusätzliche Voraussetzung für eine Anstellung sollte jeder Schulmeister praktische Kenntnisse im Seidenbau nachweisen können. Die Grundlagen dafür erhielten die angehenden Lehrer auch im Berliner Seminar. Diese Kenntnisse sollten – vom Lehrer an die Schüler weitergegeben – dem Staat später wirtschaftlichen Nutzen bringen, also durch Kinderarbeit!

Für oder gegen die Schulreformen?

Leider war die Resonanz der Bevölkerung auf das für bahnbrechend gehaltene General-Land-Schul-Reglement weitgehend negativ. Das mußte besonders den geistigen Urheber dieses Werkes, J. J. HECKER, dessen Einfluß auf Gestaltung und Inhalt unverkennbar war, tief enttäuschen. Er hatte nicht nur die Vorarbeiten geleistet, sondern dem Schulreglement auch den Stempel der Aufklärung verliehen. Unter denen, die diese Verordnung ablehnten, waren Geistliche, adlige Gutsherren und Patronatsherren, Bauern und selbst Lehrer. Sie waren gegen eine Neuordnung und für eine Konsolidierung des status quo und hemmten auf diese Weise die Reformen des Königs, dessen Minister sich schließlich auch zu Konzessionen gegenüber den Gegnern bereitfanden.

Der Widerstand der Schulmeister auf dem Land erklärte sich aus ihrer Furcht vor einer Mehrarbeit in Schule und Kirche bei gleichbleibendem geringen Lohn und ohne Aussicht auf eine bessere Position. Aus dieser Sicht konnten sie auch keine grundlegenden Verbesserungen ihrer Existenz und ihres Ansehens in der Reform erkennen. Unter den die Neuerungen ablehnenden Lehrern waren auch solche, die eine seminaristische Ausbildung für überflüssig, weil zu kostspielig, hielten. Sie sahen den Unterricht nach wie vor als rein arbeitstechnisches Verfahren an, das dem Handwerk ähnelte. Die Methode der Nachahmung und des Nachsprechens genüge für die Schulmeister auf dem Lande allemal. Diese kurzsichtige Auffassung erwies sich als besonders hinderlich, da allmählich immer mehr und besser ausgebildete Lehrer zur Verfügung standen und zwischen ihnen und den alten Küsterlehrern und Schul-Handwerkern erhebliche Animositäten aufbrachen, die einer kollegialen Zusammenarbeit und einem berufsständischen Bewußtsein entgegenwirkten. Die ablehnende

Haltung der Küsterlehrer war ganz sicher auch darauf zurückzuführen, daß sie kein Selbstbewußtsein entwikkelt hatten und es ihnen nicht gelang, von sich aus dem alten Trott eines unzulänglichen Schulunterrichts zu entfliehen. Zu lange hatte man ihnen jegliche Fähigkeit zur Selbständigkeit und zur Auflehnung gegen Ungerechtigkeit abgesprochen; nun waren sie müde geworden und resignierten. Dieses Verhalten wird im weiteren Verlauf ihrer Lebensgeschichte noch des öfteren auftauchen.

Von den Geistlichen hätte man eine auf Vernunft bau-

Der Zustand der meisten Dorfschulen und die Lage vieler Schulmeister auf dem Lande hatten sich noch kaum gebessert. – Satirische Zeichnung mit der Unterschrift: „Unser täglich Brot gib uns heute." Der Schulmeister ist auf Nebenerwerb angewiesen; hier versieht er das Gewerbe eines Flickschneiders, das er während seiner Unterrichtstätigkeit ausüben muß. Er bewohnt einen einzigen Raum, der Wohn- und Schulstube zugleich ist und in dem er auch das Geflügel hält. Der Unterricht geht in altgewohnter Weise vor sich: Der Lehrer überhört einen Schüler, während die anderen lernen sollen, in Wahrheit sich aber mit allem möglichen beschäftigen. Ein Junge muß auf einem Dreikant knien, ein anderer auf dem hölzernen Esel sitzen. Der Pfarrer als Schulaufsichtsbeamter verweist die Frau des Schullehrers, die ihm ihr Leid klagt, auf den himmlichen Lohn. 1825.

ende Zustimmung zum Reformplan erwarten können. Die Ortsgeistlichen sahen durch das neue Reglement jedoch eine erhebliche Mehrbelastung in ihrer Eigenschaft als Schulinspektoren auf sich zukommen, denn sie sollten nun noch öfter die Arbeit des Lehrers inspizieren und ihn nicht nur beraten, sondern auch weiterhin in seinem privaten Lebensbereich kontrollieren. Die Bauern und Bürger, deren Kinder die Schule jetzt regelmäßig besuchen mußten, hatten mit den Neuerungen auch nichts im Sinn, weil das ohnehin schwer erschwingliche Schuldgeld für den Lehrer nun regelmäßig bezahlt werden mußte, auch während der Sommermonate. Die Durchführung des Schulplans war also schwieriger, als man angenommen hatte. Die Ortsgemeinden fürchteten die finanziellen Lasten, die auf sie zukamen, obwohl die Regierung Zuschüsse zu gewähren versprach. Einige Minister sahen Hindernisse bei der Verwirklichung dieser Reform, weil die Lehrerbesoldung immer noch nicht zufriedenstellend gelöst war. Eine unverhohlene Ablehnung des Schulreglements kam auch vom Adel. Der Initiator des Schulplanes, HECKER, erhielt eines Tages den Brief eines Landpfarrers, der sich über die ablehnende Einstellung der adligen Grundherren, der Bauern und auch der Eltern beklagte. In diesem Brief heißt es: „Die meisten Unterobrigkeiten und Patrone bekümmern sich ganz und gar nicht um das Schulwesen. . . Viele Eltern sind in Unwissenheit erzogen und groß geworden. Sie halten es für unnöthig, mehr Fleiß auf den Unterricht und die Erziehung ihrer Kinder zu verwenden, als auf sie selbst verwendet worden. . . Viele halten eine vernünftige und christliche Erziehung für überflüssig und auch unnöthig. Wenn der Bauer nur pflügen, mähen oder dreschen kann, dann ist er ein guter Bauer. . . Schreiben aber muß der Bauer nicht können, denn wenn der Bauer nicht schreiben kann, und ohne des Edelmanns Willen auch nicht verreisen darf, so bleibt die in unserem Lande befindliche Barbarei noch am sichersten verborgen.“[5]

Regierungsbeamte, Konsistorien und andere einflußreiche Gremien sahen, hauptsächlich für die Provinzen Neumark und Pommern, schließlich unüberwindbare Schwierigkeiten bei der Realisierung des General-Land-Schul-Reglements. Nach wie vor hatten die Lehrer keine feste Besoldung zu erwarten, mußten sich notfalls als Handwerker oder Tagelöhner ein Zubrot verdienen und konnten selber nur dürftige Allgemeinkenntnisse nachweisen. Außerdem hatten sie oft keine Bleibe für ihre Schulkinder, denn nicht überall gab es Schulgebäude. So mußten sie mit den Schülern von einem provisorischen Schulraum zum anderen ziehen. Die eigene Lehrerwohnung bestand manchmal nur aus einem einzigen Raum ohne Kochgelegenheit; die Fenster waren defekt und ließen kaum Licht durch, dafür aber um so mehr Feuchtigkeit von außen. Schließlich verlangten die Schulinspektoren für ihre angeordneten zusätzlichen Visitationen des Lehrers eine entsprechende Entschädigung. Kurz, man sah keine Möglichkeit, Reformen in Angriff zu nehmen.

Trotzdem gab es Bestrebungen, auch in anderen Ländern durch Schulgesetze das niedere Schulwesen zu verbessern. FRIEDRICH DER GROSSE beauftragte 1765 JOHANN IGNAZ VON FELBIGER (1724–1788) mit der Reform des schlesischen Landschulwesens. Der Geistliche war Chorherr des Augustinerordens, Erzpriester, Abt und Schulherr in seinem Stiftsbereich Sagan in Schlesien. Er wurde hier der große Förderer der Landschulreformen. Bei seinem Besuch in Berlin hatte er sich von HECKER anregen lassen und danach sofort begonnen, die Methoden des preußischen Schulreformers in seinem Sprengel zu erproben. Im selben Jahr entwarf er ein Land-Schul-Reglement für die katholischen Schulen in Schlesien, das überall große Anerkennung fand.

In den schlesischen Landschulen sah es nicht viel anders aus als in den alten preußischen. FELBIGER war vor allem darum bemüht, Schullehrerseminare zu gründen und Fortbildungskurse für Lehrer einzurichten. Besonders am Herzen lag ihm die Lehrerbesoldung. Er erreichte auch, daß die Gehälter der Schulmeister angehoben wurden; nach seiner Ansicht aber nicht ausreichend. So vertrat er die Meinung, wenn ein Schulmeister in einem kleinen Ort mit wenigen Schulkindern mit seinem Unterhalt nicht auskomme, dürfe er sich zwar als Schneider nebenher etwas dazuverdienen, jedoch sein Handwerk weder im Schulzimmer noch in der Unterrichtszeit ausüben. FELBIGERS Schulplan hob außerdem hervor, daß ein Lehrer auf gar keinen Fall eine

Schänke nebenbei führen dürfe, da eine solche Tätigkeit schon manchen Lehrer ins Unglück gestürzt hätte. Minderbemittelte Eltern, die das Schulgeld nicht bezahlen könnten, sollten den Betrag notfalls aus der Armen- oder der Gemeindekasse bekommen. In den Schulordnungen wurde festgelegt, daß Schulkinder bei Strafe nicht vor dem dreizehnten Lebensjahr von einem Bauern „gemietet" werden durften. FELBIGERS Schulgesetz sah auch eine wöchentliche – in entlegenen Orten vierzehntägige – Schulvisitation des Pfarrers vor. Im Jahre 1774 verließ der verdiente Abt Schlesien. Wegen seiner Verdienste um die Schulen berief ihn KAISERIN MARIA THERESIA nach Österreich, wo er ebenfalls die notwendigen Schulreformen durchführte. Die Kaiserin ernannte ihn später zum Oberdirektor des gesamten österreichischen Schulwesens.

In Bayern beauftragte der Bayerische Kurfürst den Benediktinerpater HEINRICH BRAUN (1732–1792) als Leiter des höheren und des niederen Schulwesens mit der Ausarbeitung neuer Schulgesetze. Er vertrat die Ansicht, daß der Lehrer neben der Erteilung des Unterrichts auch für die Erziehung der Kinder zu sorgen hätte, denn er sah ihn in der Rolle eines Vaters, der dem Staat verpflichtet ist. Der Lehrer sollte nach seiner Ansicht auch Diener des Staates werden und nicht mehr Schuldiener oder Kirchendiener sein. BRAUN kannte durchaus die Grenzen seiner Forderungen und meinte: „Vollkommene Lehrer schafft man freylich nicht aus dem Stegreife. . ."[6]

Ein Vergleich zwischen HECKERS, FELBIGERS UND BRAUNS Reformplänen und den Schulordnungen jener Zeit zeigt weitgehende Parallelen in den Ausführungen über Unterricht, Erziehungsmittel und Dienstleistungen.

Tugendspiegel für Lehrer

Bis zum Ende des 18. Jahrhunderts fanden sich in Schulordnungen, Methodenbüchern und Lehreranweisungen besondere Ausführungen über das optimale Verhalten eines Lehrers. Man erhoffte sich von einem solchen

Sittenkodex nicht nur eine Verbesserung des persönlichen Lehrerverhaltens, sondern auch ein besseres Niveau des Unterrichts. Bestimmte positive Eigenschaften sollten die Voraussetzung für die Ausübung des Lehramtes sein. Dabei wurden einzelne Tugenden immer wieder hervorgehoben, andere gar nicht berücksichtigt. Nach wie vor gehörten Frömmigkeit, Gehorsam, Unterordnung, Fleiß, Geduld und Genügsamkeit zu den unbedingt erwünschten Eigenschaften. Denn ohne sie könnte der Lehrer niemals ein Vorbild sein. Natürlich sollte er auch einen gesunden Menschenverstand haben, seinem Unterricht Erfahrung und fundiertes Wissen zugrunde legen und sich vor allem gewisser „unanständiger Hantierungen" enthalten. Dazu gehörten: Nicht in die Hand schneuzen, die Nase nicht am Ärmel abwischen und tunlichst vermeiden, Läuse und Flöhe in Gegenwart der Kinder oder gar der Schulinspektoren zu fangen! Er sollte ferner „keine sehr merkliche und in die Augen fallenden Gebrechen des Körpers, und besonders kein schwaches Gesicht* oder Gehör und keinen Fehler an der Sprache haben. . ."[7]

Wir erfahren andererseits wenig über die körperliche Konstitution der Schulmeister und über ihre Dienstfähigkeit im Alter. Das Alter bewegte sich, wenn wir Lehrerbiographien berücksichtigen, zwischen achtzehn und achtzig Jahren. Das Lehramt endete meist mit dem Tod des Lehrers, das bedeutete, daß er so lange im Amt blieb, bis seine körperlichen und geistigen Kräfte versagten.

Kommen wir noch einmal auf den Abt Ignaz von Felbiger zurück. Zusätzlich zu seinem Landschulreglement für Schlesien hatte er nämlich auch einen „Tugendspiegel" entworfen und wollte diesen Spiegel jedem Lehrer zur Selbstbesinnung und Selbstbetrachtung symbolisch vorhalten. Auch hier ging es um optimale Vorstellungen, wie ein Lehrer sein sollte und was er tun und lassen durfte. In der Vorrede zu diesen Ausführungen, die er „Eigenschaften, Wissenschaften und Bezeigen rechtschaffener Schulleute" nannte, macht er seinen Standpunkt zum Thema klar: „Niemals wird jemand

* Kurzsichtigkeit

Eine Mahnung der Obrigkeit. Tugendspiegel schreiben dem Lehrer vor, wie er sich verhalten soll, und was ihm untersagt ist.

imstande sein, andere mit Nutzen zu lehren, was er selbst nicht gründlich weiß"[8], und fährt fort: „Niemals machen Lehrer Eindruck, welche selbst das nicht befolgen, was sie vortragen. . ." Als erstrebenswerteste Tugend sah er die Geduld an, meinte aber damit auch, daß eine Geduldsübung zur Genügsamkeit verhelfe; mit anderen Worten, jeder solle zufrieden sein, mit dem, was er bekomme; hier wohl bezogen auf sein Gehalt. Denn, so sagt er weiter, es käme nicht auf den Lohn an, den jemand ausgezahlt bekomme, sondern auf die Pflichtauffassung, mit der er seine Tätigkeit ausübe. Diese strenge moralische Maxime war für FELBIGER selbstverständlich erstes Gebot: „Ein Mensch, der seine Begierden einschränkt und sich mit der Ausgabe nach der Einnahme richtet, kann mit wenigem nicht nur auskommen, sondern sogar bei geringem Einkommen zufrieden sein." Als Vorbild empfahl er den Lehrern den Apostel PAULUS. Von seinem kirchlichen Auftrag her gesehen war es ein weiser Rat. Er fügte angesichts der wahren Lage der Lehrer auf dem Lande verständnisvoll hinzu: „. . .rechtschaffene Schulmeister, die einer Gemeinde so nützlichen Personen, halten wir der größten Hochachtung und einer ihrer wichtigen Dienste gemäßen Belohnung allerdings würdig; wir bedauern aufrichtig, daß man sie in Ansehen ihres Gehaltes an manchen Orten Tagelöhnern gleich und vielleicht noch geringer gemacht hat. . .“[9] FELBIGER sah also die Probleme der Landlehrer durchaus richtig. Er hatte sich viel in kleinen Orten und Dörfern umgesehen und wußte, wovon er sprach.

In der Frage der körperlichen Züchtigung kannte er allerdings keinen Kompromiß. Unmißverständlich machte er klar, daß der Lehrer nach dem Grundsatz: „Wer nicht hören will, muß fühlen“ handeln sollte. Die Rute sei das allerälteste und in der Bibel bereits empfohlene Erziehungsmittel, um böse Jungen zu bestrafen. Ein kleines Stöckchen dürfe man zur Prügelstrafe schon verwenden; natürlich nicht Peitschen oder Ochsenziemer. Prügelrituale waren also weiter landauf, landab bestens bekannt.

Wie andere Pädagogen und Theologen seiner Zeit beschäftigte sich FELBIGER besonders auch mit der „Gesittung“ des Lehrers. Er meinte damit notwendige und erlernbare Verhaltensweisen, die den Schulmeister gesellschaftsfähig machen sollten. In diesem Zusammenhang empfahl er ihm als ersten Schritt die Nachahmung einer „wohlgesitteten Person“ und riet ihm: „Er beobachte deren natürliche, ungezwungene und bescheidene Art sich auszudrücken und sich gegen Hohe, Niedrige und Gleiche zu zeigen. Er bemerke, wie sie gehen, stehen, sitzen; er suche, wo möglich, den Umgang solcher Personen.“[10]

Es war nicht zu erwarten, daß ein solches Maß an Nachahmung und Anpassung dem Lehrer eine größere innere Freiheit und ein ausgeprägteres Selbstverständnis bescheren würde. In seiner sozialen Lage war er gar nicht fähig, auf eine Sittenlehre, die man ihm genau vorschrieb, ungezwungen zu reagieren. Solange er von sich aus nicht dazu bereit war, konnte man keine feine Lebensart von ihm verlangen. Außerdem stellte sich die Frage, wo er solche Vorbilder denn hätte antreffen sollen. Adlige, Geistliche und angesehene Bürger hatten sicher nicht die Absicht, ihm feines Benehmen beizubringen. Und es ist fraglich, ob ein armer Schulmeister das Erziehungsbuch zur praktischen Lebensweisheit mit dem Titel „Über den Umgang mit Menschen" des Freiherrn ADOLF VON KNIGGE (1752–1796) kannte und lesen konnte. Es handelte sich dabei nämlich nicht um einen Sittenkodex, sondern um ein Buch, das dem deutschen Untertan mehr Selbstgefühl anriet, also auch dem Lehrer an vielen Beispielen zeigen konnte, was ihm an innerer Stärke fehlte.

Die zahlreichen Idealforderungen an Lehrer und die negativen Beschreibungen von Lehrerverhaltensweisen standen in krassem Gegensatz zueinander. Dahinter verbarg sich eine erzieherische Absicht. Man hoffte, mit einem provokativ gezeichneten Lehrerbild eine positive Veränderung zu erzielen. Sicherlich gab es „Schulmeister von pöbelhaften Sitten", das heißt, es fehlte vielen Lehrern an Gewandtheit und Sicherheit. Die soziale Herkunft war nicht das einzige Hindernis, das einen Aufstieg und die Entstehung eines spezifischen Berufsstandes verzögerte. Man denke nur an die umstrittenen Winkelschulmeister oder an desertierte Soldaten und Landstreicher, die jede Arbeit, auch bei niedrigstem Lohn, annahmen und sich als Schulhalter bewarben, ohne die geringsten Kenntnisse zu besitzen und ohne an ein gesittetes Benehmen zu denken.

Der Prozeß einer Veränderung, der den Lehrer in der Öffentlichkeit in einem besseren Licht zeigen würde, war äußerst langwierig. Die Bewerber um eine Schulstelle waren sehr verschiedene Personen und hatten in Wirklichkeit mit den Vorstellungen von einem Schulmeister wenig gemein. Die fachlichen Kriterien waren in den Ländern nicht nur sehr unterschiedlich, sondern wurden auch oft willkürlich ausgelegt. Für die entfernten Dörfer war es immer noch wichtiger, einen Lehrer zu engagieren, der etwas von Seidenbau und Obstkultur verstand als von methodischen Fragen im Unterricht.

Lehrer in Stadt und Land im 18. Jahrhundert

Wenn man zeitgenössische Berichte des 18. Jahrhunderts unter Berücksichtigung ihrer Subjektivität zu Rate zieht, lassen sich Rückschlüsse auf die damalige reale Situation des Lehrers und Schulmeisters in Stadt und Land ziehen. Einen anschaulichen Einblick bieten Autobiographien und Jugenderinnerungen von Lehrern und Schülern, die sich auf die alten Zeiten besinnen können oder noch Aufzeichnungen ihrer Ahnen besitzen. Allerdings gibt es nur wenige solcher Zeitdokumente; denn selbst die Lehrer, denen an solchen persönlichen Rückblicken im Interesse ihrer Nachkommen gelegen war, hatten in ihrem anstrengenden Beruf und mit ihren Existenzsorgen keine Zeit und Muße zum Schreiben ihrer Lebensgeschichte. Aber was an Originaltexten aus vergangener Zeit vorhanden ist, kann zum Verständnis historischer Tatsachen beitragen.

Karl Friedrich von Klöden (1786–1856), der Begründer der ersten Gewerbeschule in Preußen, Lehrer in Berlin und Leiter des Potsdamer Lehrerseminars, schildert die ärmlichen Lebensbedingungen, unter denen er aufwuchs und beschreibt die Not der unteren Beamten am Ende des 18. Jahrhunderts, als er selbst Schüler war. Er vermittelt dem heutigen Leser einen Einblick in die Schulverhältnisse der höheren und niederen Schulen in Berlin und in verschiedenen Kleinstädten, die manches gemeinsam haben. Hauptsächlich werden im folgenden diejenigen Passagen in Klödens Autobiographie zitiert, die sich auf Beschreibungen des armen Schulmeisters – wie sie entsprechend in der pädagogischen Literatur zu finden sind – beschränken. Dabei wird deutlich, daß sich die Bilder, ob es sich um berühmte Persönlichkeiten oder unbekannte Existenzen handelt, in den einzelnen Jahrhunderten auffallend gleichen.

„Obgleich ich jetzt schon sieben Jahre alt war, konnte ich doch noch nicht lesen. Meine Mutter erhielt für mich den Eintritt in die Armenschule[11]; ich konnte sie aber nicht regelmäßig besuchen, weil ich meine Geschwister abwarten mußte; auch hatte ich wenig Lust zum Lernen. Es waren zwei

Sadistische Strafen gehörten im 19. Jahrhundert zum festen pädagogischen Programm der Lehrer. Den Kindern wurden beispielsweise schwere Holzklötze um den Hals gehängt oder an den Beinen befestigt. Manchmal wurden Schüler in einem Sack oder einem Korb an der Decke des Schulzimmers vor den Augen aller Schulkinder aufgehängt.

Gebrüder, ich glaube namens Jakob, welche die sehr zahlreich besetzte Schule hielten und von welcher jeder eine Abteilung beschäftigte. Ich habe die Schule innerhalb vier Wochen etwa vierzehn Tage lang besucht. Was darin vorgenommen wurde, begriff ich nicht, und das a, b, ab, b, a, ba langweilte mich unendlich. Die beiden Pädagogen saßen im schlechtesten Anzuge, mit baumwollenen weißen Nachtmützen auf den Köpfen, einen Stecken in der Hand, da, und das einzige, was ich verstand, waren die Prügel, die es häufig regnete. Neu war mir die Strafe des Eseltragens. Auf ein braunes rundes Brett war ein Esel gemalt, der einem nach dem anderen um den Hals gehangen wurde. Ich begriff nur soviel davon, daß es geschah, wenn der Lehrer mit einem unzufrieden war. Gelernt habe ich dabei eigentlich nichts, denn dazu war die Sache nicht angetan."[12]

Die ärmlichen Verhältnisse in der Vorschule einer westpreußischen Kleinstadt, in der eine über siebzig Jahre alte Schulfrau regiert, werden in folgendem Zitat deutlich:

„Sie bewohnte ein kleines schlechtes Häuschen am katholischen Friedhofe, das nur eine Stube und den Hausflur umschloß. Das Zimmer war auf dem Fußboden mit Ziegeln belegt, die kleinen Fenster befanden sich oben nahe der Decke und waren so blind, daß man nicht hinaussehen konnte. Ein großer Ziegelofen stand neben dem Kamine, und vor diesem saß die alte Frau und spann den ganzen Tag, neben sich auf dem Schemel eine hölzerne Kelle und eine Rute, die einzigen und mir schon sehr wohlbekannten Lehrmittel. Drei freistehende, rohe, doch glatt geriebene Bänke ohne Lehnen nahmen die Schuljugend, Knaben und Mädchen, auf, bis sie notdürftig lesen konnten. Die eine Bank trug die ABC-Schützen, die zweite buchstabierte, die dritte fing zu lesen an . . . Die Alte sprach wenig; machte ein Kind Fehler, so schob sie ihr Spinnrad zur Seite, kippte mit einer Hand das Kind über den Schoß, hob mit der anderen den Rock in die Höhe, ergiff die Kelle oder Rute und bearbeitete nach Gutdünken das Sitzfleisch. Dann kam ein anderes Kind an die Reihe, bis man durch war . . . und lange Stunden saß man still und müßig, bis die bestimmte Zeit verflossen war . . . Gesang und Gebet wurden völlig gedankenlos hergeleiert . . . und hätten wir nicht unsere Streiche im Kopfe gehabt, so wären wir völlig gedankenlos gewesen.“[13]

Auch hier kann der junge KLÖDEN keine Lust am Lernen entwickeln und ist der Ansicht, daß er seine Zeit besser hätte nützen können als in dieser Schule. Die Schulfrau beschäftigte ihn aber noch weiter nachhaltig, als er schon die Stadtschule besuchte. Was er erzählt, klingt fast unglaubwürdig:

„Früher war die alte Frau sehr strenge gewesen und hatte viel gehauen; zu der Zeit, als ich ihren Unterricht genoß, war sie nachsichtig. Als ich in die Stadtschule gekommen war, wurde sie krank, und nach ihrer Genesung wurde ihr meine Schwester zugeführt; sie war aber jetzt wieder ganz barbarisch streng geworden und strafte so unvernünftig, daß die Behörde ihr das Handwerk legen mußte, weil sie ein Mädchen zwölf Stunden lang in den heissen Backofen gesperrt und ihrer Gesundheit geschadet hatte.“[14]

Was hier in aller Deutlichkeit ausgesprochen wird, war kein Ausnahmefall und auch nicht auf das 18. Jahrhundert beschränkt. Schule und Lehrer standen immer noch am Anfang einer fortschrittlich geplanten Schulreform, ohne daß sich in der Wirklichkeit Wesentliches geändert hätte. Stadtschulen, besonders die Elementarschulen, waren nicht besser ausgestattet als Dorfschulen, Lehrer in einfachen Lateinschulen nicht besser als Küsterlehrer. Deshalb verstummten auch die Klagen aller Lehrer nicht.

Küsterlehrer und Seminaristen

Inzwischen bemühte man sich, in Preußen und in den anderen Ländern mehr und mehr Lehrerseminare einzurichten, so daß die Zahl der ausgebildeten Lehrer langsam stieg. 1812 gab es sieben selbständige Lehrerseminare. Es konnte nicht ausbleiben, daß zwischen den seminaristisch ausgebildeten Lehrern und den alten Küsterlehrern Spannungen entstanden, und es war offensichtlich, daß bei zunehmenden Gründungen von Seminaren die alten Schulmeister ohne entsprechende Ausbildung langsam verdrängt werden würden. Denn die Seminaristen wurden natürlich bei einer vakanten Stelle vorgezogen, auch wenn sie oft nur wenige Wochen auf einem Lehrerseminar verbracht hatten. Ihr Prestige war in jedem Fall größer. Mißverständnisse und Vorurteile auf beiden Seiten waren die Folge. Manche Pfarrer, besonders höhere Geistliche und Theologen, zeigten Verständnis für dieses Dilemma und versuchten, beiden Seiten gerecht zu werden und, wo es möglich war, die alten Küsterlehrer zu verteidigen. In seinen „Erinnerungen eines Landgeistlichen“ schildert ein solcher verständnisvoller Pfarrer seine Erfahrung mit den Kontrahenten. Über einen Küsterlehrer schreibt er:

„Mein alter Freund hatte auch nie ein Seminar gesehen und liebte auch die in der Nachbarschaft angestellten jüngeren Männer, die im Seminar gebildet waren, gar nicht ... Er pflegte sie die Herren Professoren zu nennen, ärgerte sich, wenn er sie im Leibrock sah, der Hut war ihm verdrießlich, und er meinte, es sei in ihrem Kopf so hohl wie im Hut.“[15]

Diese Seminaristen machten auch manchmal falsche Angaben über ihre soziale Herkunft, gaben sich als Gutsbesitzersöhne aus statt als Kinder der immer noch unfreien Bauern und nannten sich zu allem Überfluß noch „Lehrer des Ortes". Dazu kamen der Generationsunterschied und die Tatsache, daß die Lehrerseminare meistens nur in größeren Städten angesiedelt waren.

„Die Küsterdienste waren ihnen lästig, sie hielten manche Verrichtungen, die den Küstern obliegen, für entehrend und dem Stande ihrer Bildung nicht angemessen. Es entstanden daraus die unangenehmsten Conflicte zwischen ihnen und den Geistlichen, und es bildete sich das Urtheil aus, daß die im Seminar gebildeten Lehrer hochmüthige Herren wären. Die Leute waren oft sehr jung und unerfahren, wenn sie in das Amt kamen, durch die ganze Art von Bildung, die sie erhalten hatten, trat sehr leicht eine Überschätzung ein ... Die Geschäfte des Küsters nannten sie Bedienten-Arbeit."[16]

Durch die fehlende Praxiserfahrung versuchten die jungen Seminaristen natürlich, sich in anderer Weise hervorzutun. Unkenntnis der Lage und ihr verständlicher Wunsch, dem Heeresdienst zu entgehen, wurden vielfach als Lernunwille gedeutet. Die Rektoren beurteilten ihre Fähigkeit meistens negativ und gaben zu bedenken, daß die Kandidaten höchstens das Singen und Orgelspielen beherrschten. Man hatte sich auf dem Land an den alten Zustand gewöhnt und fürchtete, daß durch die jungen Lehrer auch für die alten eine Veränderung der Verhältnisse eintreten könnte. Die Meinung des bereits zitierten Landgeistlichen, der so offen das Problem einer Kontroverse zwischen verschieden ausgebildeten Lehrern darlegte, zeigt aber auch die komplizierten Beziehungen zwischen Pfarrern und Lehrern und welche Anstrengungen nötig waren, um ein einigermaßen erträgliches Klima zwischen ihnen zu schaffen. Die Seminaristen klagten über den mechanisch und gleichgültig abgehaltenen Unterricht der alten Küsterlehrer, die von methodischen Neuerungen nichts wissen wollten und denen „der Schlendrian des bloßen Einbläuens zur andern Natur" geworden sei.[17] Statt den Lehrern fortwährend Verordnungen und Vorschriften vorzulegen und sie in Gegenwart der Schüler zu korrigieren, sollten die Pfarrer lieber echte Hilfen anbieten, damit sie sich gegenseitig Vertrauen entgegenbringen könnten.[18] Natürlich gelte ähnliches – fährt er fort – auch für die jungen

Kandidaten, für deren Snobismus man Verständnis zeigen sollte. Das seien nun mal Schwächen, die sich erst mit zunehmender Sicherheit des Schulehaltens verringern würden. Man müsse ihnen Zeit lassen zur Einarbeitung. Schließlich hätten sie drei Jahre lang in strenger Disziplin und persönlicher Einschränkung in einem Seminar verbracht, und nun seien sie plötzlich die Herren Lehrer.

Von den Bauern und Handwerkern im Dorf wurden die jungen Studierten geachtet und von deren heiratsfähigen Töchtern umworben. Nur der Ortspfarrer, der vermutlich auch um seine Machtposition bangte, begegnete ihnen mit Distanz. Kein Wunder, daß die Junglehrer nicht wußten, wie sie sich gegenüber den verschiedenen Gruppen verhalten sollten. Denn auch die Eltern der Schüler blieben zunächst abwartend. Einerseits erhofften sie sich eine bessere Schulbildung für ihre Söhne und Töchter, andererseits standen sie den neumodischen Methoden skeptisch gegenüber und wurden in dieser Haltung durch den alten Schulmeister bestärkt, der die Neulinge im Amt verketzerte und ihnen mangelnde Praxis vorwarf. Einen ähnlichen Versuch, das Verhalten der jungen Seminarteilnehmer in Schutz zu nehmen oder wenigstens um Verständnis zu werben, unternimmt ein Schulrat Ende des 19. Jahrhunderts:

„Dem jungen Lehrer darf man unzweifelhaft manches zu gute halten, so lange er in dem Alter steht, in welchem wohl jeder von uns in Jugendthorheiten das Seinige geleistet hat. Auch ist es ja nicht der schlechteste Wein, der am längsten gärt. Aber was vielleicht einem Studenten oder anderen jungen Leuten zu verzeihen wäre, die ohne amtliche Stellung und außer Gott nur ihren Vätern verantwortlich sind für ihr Thun und Treiben, das muß doch anders beurteilt werden, als wenn es ein Lehrer sich zu schulden kommen läßt. Der junge Lehrer hat ein Amt, und zwar ein sehr verantwortliches Amt . . . Ein großer Teil der üblen Nachrede, die dem Lehrerstande schadet, wenn sie auch nur von Übelwollenden und Unwissenden ausgehen mag, hat derselbe diesem ausgärenden Übermut junger Amtsgenossen zu verdanken. Ihre Ausschreitungen werden eben nicht ihrer Jugend, sondern dem Stande zur Last gelegt, dem sie bereits angehören in den jungen Jahren, welche andere noch einzig der Berufsvorbildung zu widmen haben . . . In engen, oft ärmlichen Verhältnissen aufgewachsen, dann unter strenger Anstaltszucht gehalten, jetzt auf einmal selbständig und gar Staatsperson, dazu junges Blut von zwanzig bis einundzwanzig Jahren – was wunder, wenn die guten Vorsätze nicht immer vorhalten."[19]

Der alte Schulmeister fürchtete gerade wegen seiner fehlenden Ausbildung nun auch eine Reduzierung des Schulgeldes. Es gab somit verschiedene Ursachen der aufbrechenden Rivalität: Insbesondere waren es Existenzängste und das Gefühl der fachlichen Unterlegenheit, ein Zustand, der sich nicht so schnell beheben ließ. Die Landbevölkerung hatte dem Lehrer immer wieder zu verstehen gegeben, daß sie die Arbeit eines einfachen Küsterlehrers zwar für notwendig, aber nicht für besonders achtenswert hielt. Die Gehaltsfrage war immer noch nicht einheitlich geregelt. Die Einnahmen der Lehrer schwankten viele Jahre zwischen fünfzig und zweihundert Talern, je nachdem, wieviel Schulgeld den Gemeinden beziehungsweise den Eltern der Lehrer wert war.

Auch im Unterricht ließ sich keine Übereinstimmung zwischen jung und alt erzielen. Jeder kehrte seinen Standpunkt heraus; der eine seine seminaristische Fachausbildung, der andere sein handwerkliches Können. Schulehalten war noch nicht identisch mit der Ausübung einer spezifischen pädagogischen Tätigkeit, vom Lehrerberuf konnte man noch nicht sprechen. Somit blieben Berufsethos und Standesbewußtsein vorerst weiter unterentwickelt.

Die Rolle des Schulrektors und des Lateinlehrers

Bei so widerstrebenden Gefühlen und gegensätzlichen Standpunkten konnten auch die Lehrer an den Gelehrten- und Lateinschulen nicht mit den niederen Lehrern übereinstimmen. Zudem hatten sich in den höheren Schulen – das Wort Gymnasium war erst im 19. Jahrhundert gebräuchlich – die Unterrichtsfächer und die pädagogischen Zielsetzungen weitgehend geändert. Auch die Bildungs- und Ausbildungswege hoben sich immer deutlicher von denen der einfachen Schulmeister ab; andererseits war die Besoldung auch für die höheren Lehrer nicht ausreichend. Ihnen kam aber zugute, daß sich der Staat mehr und mehr um die Förderung des höheren Schulwesens bemühte. Die Lehrer an den höheren Lateinschulen in den Städten waren zunächst ausnahmslos Theologen, die als Lehrer amtierten. In den Elementarklassen konnten junge Theologen mit einigem Erfolg unterrichten, in den höheren Klassen wurde es schwieriger, denn es gab noch keine philologische Ausbildung für Präzeptoren und Lateinschullehrer. Entsprechend den Schulordnungen für die Lateinschulen wurden die Unterrichtsfächer vorgeschrieben; das heißt, Form, Inhalt und besondere Methoden wurden von den staatlichen Instanzen bestimmt. Der Lehrstoff glich mehr einem Universitätsfach als einem Schulfach.

Der Ruf einer Lateinschule hing in erster Linie von der Persönlichkeit des Rektors ab. Als „Monarch" und „Diktator" wurde er bezeichnet, wenn er seine Schule mit Strenge und Konsequenz leitete. Andernfalls hielt man nichts von seiner Anstalt, und als Folge davon sank die Schülerzahl rapide ab. In seinen Jugenderinnerungen beschreibt KLÖDEN eine solche Stadtschule und ihren Rektor:

„Der einzige Lehrer oder vielmehr Monarch der Schule – denn gelehrt wurde in derselben nicht – war der Rektor Frank, ein korpulenter Mann von achtunggebietendem Äußeren, mit rundem Gesicht und hängendem Unterkinn, zugleich Nachmittagsprediger an den Festtagen und Organist, von streng orthodox-lutherischen Grundsätzen, zu welchen sich auch sämtliche lutherischen Einwohner bekannten und eifrig auf die Reinheit des Glaubens hielten. Rektor Frank trug, wenn er ausging oder predigte, eine gepuderte Perücke und den damals gewöhnlichen schwarzen Rock; in der Schule erschien er aber nie anders, als den runden kahlen Kopf mit einer weißen Zipfelmütze bedeckt, im weiten, kleingeblümten kattunen Schlafrock, der den starken Spitzbauch weit bedeckte, und mit Pantoffeln an den Füßen. Solange ich ihn gekannt habe, blieb es immer derselbe Schlafrock. Wenn er in die Schulstube trat, geschah es mit Würde. Er riß die Tür weit auf; sofort verstummte jedes Gespräch; alle Schüler standen auf und die Kustoden* reichten ihm das aufgeschlagene Gesangbuch hin, so, daß er es nicht umzudrehen brauchte. Ohne ein

* hier: Schüler als Aufpasser

Wort zu sagen, begann er einen Liedervers zu singen; wir alle sangen mit ... Der Rektor sprach in der Stunde selten mehr als das Wort: ‚Weiter', wenn ein anderer fortfahren sollte. Höchstens berichtigte er ein falsch gelesenes Wort oder rief einen, der nicht gefolgt war, außer der Reihe mit dem Worte: ‚Weiter' auf. Suchte der, so gab es einige Hiebe mit dem Kantschu**. .. Das lebendige Wort war so gut als verbannt; denn der Rektor sprach in einem ganzen Vormittag nicht fünfzig Worte; ein toter Mechanismus herrschte; die Schule ging von selber; der Unterricht, die Belehrung, das Verständnis, die lebendige Überzeugung fehlte."[20]

Diese Schilderung stimmt mit den zeitgenössischen Urteilen über den Schulbetrieb bis weit ins 19. Jahrhundert überein. Ähnlich ist die Beschreibung eines Scholarchen und seines ‚Regiments' an einer Lateinschule im Anhalt. Der Rektor, so berichtet W. VON KÜGELGEN mehr als hundert Jahre später, war „ein Mann, dessen Wert nicht vorschnell in die Augen sprang. Korpulent, von gedrungenem Gliederbau und derbgeschnittenen Gesichtszügen, verriet sein Aussehen wenig vom Gelehrten. Das zurückgekämmte Haar, der grobe Überrock und die hohen rindsledernen Stiefel gaben ihm vielleicht mehr einen bäuerlichen Anstrich, dem auch seine Manieren und seine massive Redeweise ganz entsprachen ..." Aber auch über zwei andere Rektoren, die er während seiner Schulzeit erlebte und verehrte, urteilt er: „Sie genossen ein hohes Ansehen in der Stadt und waren bei den Schülern wegen ihres liebenswürdigen Verhaltens und wegen ihrer würdevollen Persönlichkeit und zwangloser Disziplin beliebt." Einen jungen Gelehrten, der als Lateinlehrer an der höheren Schule unterrichtete, bezeichnet er als „geborenen Magister" mit äußerst guten Manieren, der es verstand, seine Schüler zu motivieren und sie zur Mitarbeit im Unterricht heranzuziehen.[21]

Was die Schüler wohl am meisten auszusetzen hatten, waren die langweilige Unterrichtsmethode, der pedantische Unterrichtsstil und die Einseitigkeit des Lehrstoffes. Die damals im Umlauf befindlichen Bezeichnungen für einen Lateinlehrer sprechen denn auch für sich: ‚höl-

** Riemenpeitsche

zernes Aktenregal', ,Verfügungsständer' und als typische Merkmale der Lehrerpersönlichkeit: „einseitig, kleinkariert, verbohrt, manchmal tyrannisch den Schülern gegenüber, schöntuerisch zu den Vorgesetzten."[22] Es zeigte sich, daß zumindest an den höheren Schulen oft eine Kluft zwischen Schulunterricht und praktischem Leben bestand, die das Schulklima beeinflussen mußte.

Von den Lehrern solcher höheren Schulen aus gesehen muß man konzidieren, daß sie mit einem theologischen Studium allein nicht in der Lage sein konnten, einen Unterricht zu gestalten. Die theologische Ausbildung bedeutete für sie keine pädagogische Hilfe und war für die tägliche Unterrichtspraxis wenig ergiebig, mit Ausnahme des Religionsunterrichts. Nur eine wissenschaftliche und pädagogische Ausbildung konnte ihnen das Rüstzeug bereitstellen. Die Pädagogik aber war damals keine selbständige Wissenschaft, sondern gehörte zur Philosophie. Dem Begründer der klassischen Philologie, FRIEDRICH AUGUST WOLF (1759–1824), ist es zu verdanken, daß der künftige Lehrer an Gymnasien ein philologisches Studium an einer Universität absolvieren konnte. Diese entscheidende Wende trug dazu bei, daß er selbstbewußter wurde und sich, noch unreflektiert, einem eigenen Berufsstand zugehörig zu fühlen begann. Ein weiteres kam hinzu: Der neue berufsmäßige Erzieher sah sich nun in seiner Rolle nicht mehr als frommer Gelehrter, sondern als gebildeter Akademiker. Infolgedessen erwartete er von der Öffentlichkeit mehr Anerkennung und Respekt. Da sich sein neuer Status nicht auf das Gehalt auswirkte, übernahm er zur Aufbesserung seines finanziellen Engpasses Privatstunden in reichen Bürgerhäusern oder bewarb sich als Hauslehrer, ehe er eine Stelle an einer höheren Schule bekam. Die unterschiedliche Lehrerausbildung bewirkte, daß die Distanz zwischen höheren und niederen Lehrern vorgezeichnet war und die beruflichen Laufbahnen sich endgültig trennten. Eine einheitliche, alle Lehrer umfassende Berufsorganisation war nicht zu erwarten.

Die Dreigliederung des Schulsystems

Wegen des Bedürfnisses nach differenzierten Ausbildungsmöglichkeiten entstand neben dem Gymnasium und der Volksschule eine dritte Schulart, die Real- oder Bürgerschule. Sie war gedacht für Kinder des gewerblichen Mittelstandes, die das Gymnasium nicht besuchen wollten, weil sie einen praktischen Beruf ergreifen sollten. HECKER wird als Begründer der Realschule angesehen. 1747 gründete er die „Ökonomisch-Mathematische Realschule" in Berlin, aus der später die Gewerbeschule entstand. Zunächst war die Begeisterung für dieses Schulexperiment groß; die Fülle der Unterrichtsfächer schien jedem Schüler eine Chance zu bieten. Von vielen „nützlichen Dingen", die im Unterricht behandelt werden sollten, blieben schließlich vorrangig – auch im Interesse des Staates – die Seidenraupenzucht und der Anbau von Maulbeerbäumen neben anderen naturkundlichen und geographischen Gebieten übrig. Für die Lehrer der Realschule mußten nun an den Lehrerseminaren besondere Fachkurse eingerichtet werden. Trotzdem war es schwierig für sie, sich auf den neuen Lehrplan umzustellen. Die Lehrer der Gymnasien hielten die Realschulen für einen unverzeihlichen Irrtum und spotteten über die neuen Kollegen. Dabei spielte wohl auch die Angst mit, daß ihre Position eine Minderung erfahren und ihnen in den Realschullehrern eine Konkurrenz entstehen könnte. Sie straften die Kollegen deshalb mit Nichtachtung. Mit dieser Zwischenlösung zeichnete sich nun aber deutlich die Dreigliederung des Schulsystems ab, die noch heute besteht.

Für Lehrer aller Schularten schien es dennoch einen Lichtblick zu geben. Unter der Regierung FRIEDRICH WILHELMS II. von Preußen wurde 1794 ein für das Schulwesen wichtiges Gesetz veröffentlicht, in dem es zum Thema Schule und Lehrer heißt: „Schulen und Universitäten sind Veranstaltungen des Staates, welche den Unterricht der Jugend in nützlichen Kenntnissen und Wissenschaften zur Absicht haben." Damit ist der Lehrer endlich zum Staatsdiener geworden. Trotzdem bestand die kirchliche Aufsicht nach wie vor, weil sie im Auftrag des Staates geschah. Über Rechte und Pflichten der niederen Lehrer hieß es: „Gemeine Schullehrer haben keinen privilegierten Gerichtsstand, sondern sind der ordentlichen Gerichtsobrigkeit des Ortes unterworfen. Dieser gebührt, mit der Zuziehung des geistlichen Schulvorstehers, auch die Aufsicht über die Amtsführung ..." Die Bestimmungen zum Unterhalt der Lehrer wurden sehr allgemein gehalten. Es gab keine Vorschriften für Mindestsätze der Besoldung, sondern nur folgende Anweisung: „Wo keine Stiftungen für die gemeinen Schulen vorhanden sind, liegt die Unterhaltung der Lehrer den sämtlichen Hausvätern jedes Ortes ob, ohne Unterschied, ob sie Kinder haben oder nicht, und ohne Unterschied des Glaubensbekenntnisses."[23] Sinngemäß hieß es weiter: Unabhängig davon, ob dieses Schulgeld für Lehrer in Geld oder Naturalien oder in beiden gezahlt wird, muß die Gerichtsobrigkeit des zuständigen Ortes die Beitragssätze für die Eltern der Schulkinder festsetzen. Sie soll dabei Gerechtigkeit walten lassen und bedürftige Familienväter entweder geldlich unterstützen oder ihnen wenigstens, falls sie zu arm sind und das Geld nicht aufbringen können, die Beiträge stunden.

Den persönlichen Belangen der Lehrer war somit nur formal Genüge getan. Sie waren zwar Diener des Staates, befanden sich aber weiterhin in Abhängigkeit von verschiedenen Obrigkeiten. Es muß dennoch festgehalten werden, daß in diesem Schulgesetz, so vage einzelne Paragraphen auch formuliert waren oder unmißverständlich Einschränkungen für den Lehrer erkennen ließen, die Grundlagen für die „gemeine", nämlich die „Volksschule" geschaffen wurden. Ein Anfang war gemacht.

Wie sich die Bilder gleichen

Trotz vieler größerer oder kleinerer Unterschiede zwischen den Lehrern und der unterschiedlich ausgelegten Gesetze und Erlasse, aus denen wir ein zusammenhängendes historisches Ganzes rekonstruieren können, fällt bei den zeitgenössischen Darstellungen von Lehrer und Schule in Literatur und privaten Aufzeichnungen auf, daß sie sich oft bis ins Detail gleichen. Da tritt die

Eigenart einer Persönlichkeit so plastisch hervor, der äußere Habitus und die Gefühlslage werden so anschaulich wiedergegeben, daß Schule und Lehrer verständlich erscheinen.

Klöden beschreibt einen Lehrer, der ihn als Schüler beeindruckte. Über den zweiten Prediger, Kaplan genannt, der gleichzeitig Schulhalter einer kleinen Privatschule in einer westpreußischen Kleinstadt um 1800 war, berichtet er:

„Er war ein hochbejahrter, kleiner, dicker Mann mit einem Hängebauche, sehr schwerem kahlen Kopfe, dicker Habichtsnase und weit herabhängender Unterlippe. Das stark markierte Gesicht hatte einige grüne Flecke. Die Stelle war außerordentlich dürftig dotiert und reichte kaum hin, ihn und seine Familie zu sättigen. Eben deshalb suchte er sich durch die Schule einen kleinen Nebenverdienst zu schaffen, der jedoch sehr unbedeutend blieb . . . Bekleidet war er mit einer sehr alten Pudelmütze, deren Farbe nicht mehr zu erkennen war, und die er weder in der Hitze noch in der Kälte ablegte, einer alten, weißen Flanelljacke, alten abgeriebenen manchesternen Hosen von unbestimmter Farbe, herabhängenden Strümpfen und Schlorren an den Füßen; in der Rechten trug er einen abgeschälten Haselstock, den er wie ein Gewehr an die Schulter legte. Der Alte war die Gutmütigkeit selber, und es mußte schlimm kommen, wenn er seinen Haselstock gebrauchen sollte. Mit höchst gemütlichem Gesicht pflegte er sich hinter den Schüler zu stellen, der etwas aufsagte, und leise strich seine Linke unaufhörlich die Haare des Schülers, indem er zugleich jedes Wort mitsprach . . . So ging der gute Kaplan von einem zum anderen, und ich darf wohl sagen, er hat keinem das Leben sauer gemacht. Seine Haustracht legte er nur ab, wenn er eine geistliche Amtshandlung verrichten wollte, wozu das Schulehalten nicht gehörte.“[24]

Daß der beschriebene Lehrer auch über Humor verfügte und Spaß verstand, was damals nicht selbstverständlich war, machte ihn sicher besonders beliebt bei seinen Schülern. Klöden erzählt eine kleine alltägliche Begebenheit:

„Vormittags wurden wir eine Viertelstunde lang auf den Hof gelassen, der zu dem Garten führte. Hier ging es bei gutem Wetter ziemlich wild zu, und gewöhnlich bestand das Spiel in einer allgemeinen Prügelei, an welcher die Mädchen tapfer teilnahmen. Nur wenn es zu arg wurde, versuchte Herr Meerkatz zu steuern; in den meisten Fällen ließ er sich mit fortreißen, wippte lachend auf und ab, klatschte mit den Händen auf die Hosen und rief: ‚Jungens, haut zu, Jungens, haut zu!' Sehr ärgerlich aber wurde er, wenn nach Verfluß der Viertelstunde einzelne sich verkrochen hatten, in den Garten gesprungen waren und, wenn er sie ins Haus jagen wollte, um den Kuhstall liefen, ohne daß er sie erreichen konnte. Gewöhnlich wußten sie ihn dann unter einem leicht gefundenen Vorwand solange hinzuhalten, daß seine Hitze verraucht war, bis er das Haus erreicht hatte."[25]

Das Thema nicht ausgebildeter Lehrer beschäftigte nun die kommunalen Behörden, vor allem jene, die in der Ortsgemeinde die Lehrer einstellen sollten. Inzwischen war klar, daß nicht nur eine größere Anzahl von Lehrerseminaren eingerichtet, sondern daß auch den niederen Schulen mehr Aufmerksamkeit gewidmet werden mußte. Wie sah solch eine Anwerbung von Schulmeistern in der Praxis aus? Hinsichtlich der umständlichen Prozeduren hatte sich noch nicht viel geändert. Ein nicht geprüfter, also unvorbereiteter Schneidergeselle etwa meldete sich für eine vakant gewordene oder neu zu schaffende Stelle als Lehrer. Die Gemeinde, in erster Linie auf Kostenersparnis erpicht, mietete den Mann mit den geringsten Ansprüchen. Bevorzugt wurden Bewerber, die unverheiratet waren, denn auf dem Land gab es für den Lehrer oft nur ein Zimmer ohne Kochgelegenheit. Er mußte dann im Dorf beköstigt werden und zwar der Reihe nach wöchentlich oder täglich in einem anderen Haus. Man nannte diese für den Lehrer nicht eben angenehme Sitte den „Freitisch" oder den „Reihentisch" und den Schulmeister einen *Wandel- oder Wanderlehrer* oder auch einen *Gang- oder Laufschulmeister*. Die Zustände auf dem Land hatten sich also seit mehr als hundert Jahren nicht verändert.

Die „Schulmeisterspeisung" oder der „Reihentisch" hatte bereits lange Tradition, ein Beweis dafür, daß die Lehrer noch nie mit materiellen Gütern gesegnet waren. Für die minderbemittelten Studenten seiner Schulen richtete A. H. FRANCKE (1663–1727) einen Freitisch ein. FRANCKE war Theologe und Pädagoge und vom Pietismus geprägt. Er gründete zunächst 1695 eine Armenschule; später entstanden unter seiner Leitung ein Pädagogium, eine Bürgerschule, eine Lateinschule und ein Lehrerseminar. Zu den Anstalten gehörte auch ein Waisenhaus. Als er starb, umfaßten die FRANCKESCHEN STIFTUNGEN zehn verschiedene Anstalten mit über zweitausend Schülern, zweihundert davon waren Internatsschüler. Sein Wirken war für viele Menschen segensreich. Seine Art der Essenspenden betrachtete man damals als eine soziale Wohltat, die besonders die armen Lehrer zu großem Dank verpflichtete, auch wenn das „Reih-um-Essen" für manche keine ideale Lösung darstellte. Der Reihentisch wurde nämlich zuweilen als Repressalie benutzt: Ein Lehrer, der es wagte, bei einem seiner Essenspender um eine Erhöhung seines Lohns zu bitten, mußte wochenlang mittags mit Kohl und Rüben vorliebnehmen. In einer Schulordnung von 1638 wurden die Lehrer sogar ermahnt, sich nicht so lange beim Essen aufzuhalten, damit sie nicht als lästig empfunden würden. Erst Mitte des 19. Jahrhunderts wurde der Reihentisch in Preußen endgültig abgeschafft.

Den Lehrern in kleinen Städten ging es nicht besser; im Gegenteil, ihre Existenzsorgen drückten sie noch mehr. Während der Landlehrer im allgemeinen wenigstens einen Garten hatte und ein kleines Stück Land bearbeiten konnte, wodurch er über ein zusätzliche Nahrungsquelle verfügte, hatten die Stadtschullehrer nichts dergleichen. Deshalb konnten sie es noch weniger riskieren, eine Familie zu gründen. Auch war es als Junggeselle leichter, mit dem Mitleid des Pfarrers oder der Bevölkerung zu rechnen, die ihnen öfter mal eine milde Gabe zukommen ließen. Dies grenzte jedoch schon an Bettelei und war schwer zu ertragen.

Der Lebensweg des Rektors Pax

Der elfjährige Schüler KLÖDEN beschreibt den Lebensweg eines Rektors der Stadtschule, der aufgrund solch widriger Umstände zu einer tragischen Figur wurde. Dieses persönliche Schicksal war sicherlich kein Einzelfall:

„Im Sommer war der greise Kantor Schuster gestorben. Zu Michaelis wurde seine Stelle wiederbesetzt durch einen Kandidaten der Theologie namens Pax, einen Mann, dem ich viel verdanke, und der in meinem Leben eine wichtige Rolle spielte. Es war ein kleiner, korpulenter Mann mit rundem Gesicht und empfehlendem Äusseren. Bis dahin hatte er als Hauslehrer auf einem adligen Gute fungiert und sich dort, wie es so oft geschieht, mit der Kammerjungfer in ein Liebesverhältnis eingelassen. Dies hatte sichtbare Folgen gehabt, und der Mann war dadurch um jede Aussicht gebracht, eine Pfarre zu erhalten, so daß ihm kaum etwas anderes übrigblieb, als die sehr schlechte Rektorstelle in Märkisch-Friedland, mit der zugleich die Organistenstelle verbunden war, zu übernehmen. Sein Kind, ein Mädchen, hatte er bei einem Landprediger untergebracht. Die Mutter war im Wochenbette gestorben und wurde von ihm innig betrauert. Pax war ein Mann von Kenntnissen, die sich freilich meist nur in den Grenzen des theologischen Wissens hielten; er spielte auch ziemlich gut Klavier. . . Die Rektorstelle war überaus dürftig dotiert, daß auch ein einzelner Mann von ihr nicht leben konnte, wie allgemein zugestanden wurde. Deshalb entschlossen sich mehrere Honoratioren der Stadt: Kreisrichter, Bürgermeister, Akziseeinnehmer* und Inspektor, dem Rektor der Reihe nach wöchentlich einen Freitisch zu gewähren; nur so konnte er, ohne zu hungern, existieren. Dies war sehr wohlgemeint, wurde auch von Pax recht dankbar angenommen, führte aber doch für beide Teile so viel Unbequemes mit sich, daß es nach einiger Zeit aufgegeben werden mußte. Eine Aufwartefrau kam morgens eine Stunde lang, um dem Rektor das Frühstück zu bereiten, das Bett zu machen und die Zimmer zu reinigen. Alles übrige, was er sonst noch bedurfte, mußte er sich selber besorgen, oder, was am gewöhnlichsten geschah, darauf verzichten. Gar bald gewann ich das Wohlwollen des Rektors. Schon nach einigen Wochen war ich Primus der Schule und bin es von da ab immer geblieben. Es war doch ein anderes Lernen bei ihm als bei meinen bisherigen Lehrern. Er erklärte, verdeutlichte, ließ Anwendungen machen, wies die Ursachen und Gründe nach, soweit wir sie verstehen konnten, kurz, er weckte das Nachdenken und bildete den Verstand, indem er auf Einsicht drang. Davon war bisher nicht die Rede gewesen."[26]

Zwei Jahre später erlebte KLÖDEN, nun dreizehnjährig, den Rektor in einer hoffnungslosen Situation. Er war nach und nach dem Alkohol verfallen – wie sein Vorgänger im Amt übrigens auch –, so daß man nicht nur

---

* Steuereinnehmer (Zollbeamter)

von einem Einzelfall und persönlicher Instabilität sprechen kann. Ein auslösender Faktor mag freilich der Reihentisch gewesen sein, den er als entwürdigend empfand.

„Es kränkte sein Ehrgefühl, bei den Honoratioren ‚herumzuessen' und sich jederzeit für sein Mittagsmahl bedanken zu müssen. Er kam wohl einmal etwas zu spät und mußte dann hören, daß man schon auf ihn gewartet habe. Ein andermal war er genötigt, aufzubrechen, ehe das Mittagsmahl zu Ende war, weil er in die Schule mußte. Es war dabei erforderlich, daß er sich täglich gut anzog; doch als die Kleidung abgetragen, besaß er nicht die Mittel, sich eine neue anzuschaffen. Hier und da hatte man auch die Sache lästig gefunden und ihn das merken lassen. Schlimmer als alles dies war folgender Umstand. Er hielt sich, wie erzählt, eine Aufwärterin, die täglich kam, ihm den Kaffee zu kochen und die Zimmer zu reinigen. Dies wurde ihm aber bald zu teuer. Er schaffte den Kaffee ab und ließ die Frau nur alle acht Tage kommen. Nun ersetzte er den Kaffee durch Branntwein, den er nicht zu bereiten brauchte, und machte sich's zum Gesetze, nicht mehr als ein Glas zu trinken. Allein vormittags um 10 Uhr frühstückte er zum zweiten Male und kleidete sich dabei an, wobei er abermals ein Glas trank. Um den Branntwein wohlfeiler zu erhalten, kaufte er ihn quartweise, und unter irgendeinem Vorwand gestattete er sich wohl auch ein drittes Glas. Er konnte nicht viel vertragen; dann dauerte das Frühstück gewöhnlich lange; er kam sehr rot und schnaufend in die Schulstube herunter, blickte unstet umher und sprach nicht sowohl unzusammenhängend als viel Unnützes. Als ich diese Erscheinungen die ersten Male bemerkte, bekam ich einen heftigen Schreck; denn ich liebte den Mann, und hatte schon gesehen, wohin die Trunksucht führt. Aber es kehrte öfter wieder; er kam in solchem Zustande auch zu seinen Mittagstischen, und nicht lange währte es, so wurde ihm einer nach dem anderen aufgekündigt. Nun hatte er nichts Warmes mehr zu essen und trank deshalb auch des Mittags zu Hause Branntwein zu einem Stück Brot . . . Das war traurig und das Schicksal des armen Rektors betrübte mich tief."[27]

In einem Gespräch mit seinem Schüler, der ihm helfen wollte, beklagte sich Rektor Pax über die Niederträchtigkeit falscher Freunde, die nur einen Vorwand suchten, um ihm zu schaden.

„Die ganze Schuld trügen jene traurigen Behörden", so erklärte er dem Jungen, „die sich's nicht zur Schande anrechneten, einen Mann, der jahrelang Studien und viele Kosten hätte anwenden müssen, um endlich einzusehen, daß er sie alle übersehe, doch so schmachvoll behandelten, daß sie ihm ein Lumpengeld gäben, bei welchem er als einzelner Mann trotz saurer Arbeit betteln müsse, wenn er nicht hungern wolle, und dann noch um seiner Bettelei willen verhöhnt und von jedem dummen Glückspilz mit Hochmut behandelt werde. Solche Jammerstellen seien ein wahrer Fluch und müßten auch den besten Menschen physisch und moralisch dem langsamen Untergange entgegenführen."[28]

Nach einigen Jahren, als KLÖDEN bereits Goldschmiedelehrling in Berlin war, aber durch den Kontakt mit seiner Familie die Ereignisse in seinem Heimatstädtchen weiter verfolgte, griff er das Thema des Rektors noch einmal auf und rekonstruierte dessen gescheitertes Leben. Nachdem der Schulmann eines Tages in bewußtlosem Zustand auf der Straße gefunden wurde, beriet die Bürgerschaft über seine Entlassung. Im Bürgerrat fiel ein Tischler auf, dessen Meinung von der der anderen Bürger abwich. Er beschämte die Anwesenden mit folgenden Worten:

„›Ich wundere mich sehr, meine Herren, daß Sie alle so einstimmig sind, einen armen Mann unglücklich zu machen. Ist dies recht, ist dies christlich? Sollen wir nicht dem gefallenen Bruder die Hand bieten, um ihm aufzuhelfen? Sollen wir nicht vergeben, nicht sieben, sondern siebzig Mal? Statt dessen höre ich mit Erstaunen, wie unbarmherzig Sie mit einem Manne verfahren wollen, der unsere Kinder unterrichtet und erzogen hat, dem sie viel verdanken und der nichts verbrochen hat, als daß er ein Mensch und darum nicht fehlerfrei ist. Ja, er hat einen Fehler, sogar einen schlimmen; aber wer von uns ist denn in seinem Leben nicht einige Male betrunken gewesen? Sein ganzer Fehler ist, daß er es öfter war als wir, warum sollen wir aber an seiner Besserung verzweifeln? Ich kann ihn nicht verdammen‹. Die Rede wirkte: die Versammlung nahm ihren Beschluß zurück. Der Inspektor sollte den Rektor vermahnen, und man wolle in Hoffnung auf seine Besserung es noch ferner mit ihm versuchen . . ."[29]

Der Rektor wurde, als er nach einiger Zeit wieder rückfällig wurde, doch seines Postens enthoben. Sein Nachfolger war geisteskrank und für die Bürgerschaft, die üble Erfahrungen mit ihm machen mußte, noch unerträglicher als der Rektor Pax, der 1808 starb. KLÖDENS nachstehendes Fazit mag zu denken geben, auch wenn dieser Fall eines unglücklichen Lehrerschicksals nicht überbewertet werden soll:

„Man glaubt nicht, wieviele Kräfte im Lehrerstand untergehen infolge der jämmerlichen Umstände, in welchen man sie schlechthin verkümmern läßt. Vieles ist in neuerer Zeit geschehen, um dies traurige Verhältnis zu ändern, aber viel, viel mehr muß noch geschehen. Wann wird es durchgreifend und genügend darin besser werden?“[30]

Diese Frage wurde aus der Erfahrung und Sorge eines Mannes gestellt, der selbst einen mühevollen Weg zu gehen hatte, bis er zu einem angesehenen Pädagogen wurde. Die Jugenderinnerungen KLÖDENS sind ein zeitgeschichtliches Dokument, das uns Aufklärung über Einzelschicksale von Lehrern gibt, das uns aber auch einen Einblick verschafft in die jeweilige, zeitbedingte Situation der gesamten Lehrerschaft.

Ein Freiherr schreibt Schulbücher

Die niederen Schulen waren immer noch die Stiefkinder des Staates. Während die Gelehrten- und Lateinschulen mehr und mehr gefördert wurden, war für die Bürger- und Landschulen wenig getan worden. Doch es gab Ausnahmen. Der preußische König FRIEDRICH WILHELM II. (1770–1840) hatte die Absicht, für die Schulen seines Landes etwas zu tun und versprach, vor allem mehr Lehrerseminare zu errichten. Er wußte auch, von wem er sich fachliche Hilfe holen konnte. Sein Augenmerk richtete er deshalb auf einen Mann, der mit großer Energie versuchte, das ländliche Schulwesen zu verbessern: Der Domherr und Gutsbesitzer FREIHERR EBERHARD VON ROCHOW (1734–1805), der „preußische Pestalozzi“, bemühte sich vor allem um die Lehrerbildung und um eine bessere Qualifikation des Lehrerberufs. Dazu machte er konkrete Vorschläge und richtete auf seinen Gütern Versuchsschulen ein. Außerdem entwikkelte er ein Modell für Lehrerseminare. Die Versuchsschulen, in denen die Lehrerkandidaten ihre Erfahrungen im Unterricht machen konnten, wurden berühmt und zogen viele Pädagogen an. Einer seiner engsten Mitarbeiter bildete hier allein sechzig Lehrer aus. Als er früh starb, setzte ihm ROCHOW ein Denkmal mit der Inschrift: „Er war ein Lehrer"[31] – das höchste Lob, das er vergeben konnte.

Da es damals kaum geeignete Schulbücher gab, schrieb ROCHOW für die Kinder seiner Versuchsschulen ein Lesebuch, das er „Der Kinderfreund" nannte und das nicht nur in Preußen bis weit ins 19. Jahrhundert benutzt wurde. Schließlich entstand auf seine Anregung hin in Halberstadt ein von ihm konzipiertes Lehrerseminar. Natürlich brauchten die Seminaristen geeignete Lehrbücher – ROCHOW schrieb auch diese.

Vor allem widmete er sich der Besoldung der Lehrer, die noch immer uneinheitlich und unzulänglich war. Er war der Ansicht, daß ein Seminarlehrer und Inspektor mindestens so gut bezahlt werden müßte wie ein guter Opernsänger, also keine Sorge um seine Ernährung haben dürfe. Für die alten und nicht entsprechend ausgebildeten Schulmeister verlangte er ein Gnadengeld, eine Art Rente oder Pension mit dem Hinweis: „Es ist ja in allen anderen Ständen ebenso, und ich sehe nicht ein, wie in einer so wichtigen Angelegenheit, als dies ist, etwa der geistliche Stand füglich vorgeschützt werden und so die Ungeschicklichkeit zu verewigen dienen könnte."[32] ROCHOW sah also genau, wo dem Lehrer nicht die gleichen Rechte und die gleiche Behandlung wie dem Ortsgeistlichen eingeräumt werden sollte.

Der fortschrittliche Gutsherr verwendete in seinen Schriften zum ersten Mal den Begriff *Volksschule* und meinte damit Schulen, in denen „bessere" Menschen durch besseren Unterricht erzogen werden könnten. Für ihn war der Lehrer ein *Volkslehrer,* der die unteren Bevölkerungsschichten aus ihrer Unwissenheit befreite. Seine Kriterien für die Annahme von Lehrerkandidaten waren die eines aufgeklärten und staatstreuen Menschenfreundes, der sich der Verantwortung für Schulen und Lehrer bewußt war. So verlangte er, daß der Kandidat bei einer Prüfung durch die Kirchen- und Schulsachverständigen folgende Eigenschaften und Anlagen erkennen lassen sollte: eine gute Konstitution, geistige Fähigkeiten, Humor, Lerneifer, Aufmerksamkeit, Denkvermögen und einen gesunden Menschenverstand. Selbstverständlich sollte er auch moralisch ohne Tadel sein. Das alles sollte gegebenenfalls durch Zeugnisse bisheriger Lehrer belegt werden.[33]

Nicht alle Minister waren mit diesem Reformer einverstanden. Er ging ihnen in vielen Dingen zu weit. So meinte der Oberkonsistorialrat EDUARD SACK in seinem 1789 erschienenen Buch „Über die Verbesserung des Landschulwesens namentlich in der Kurmark Brandenburg“, er bezweifle den Vorteil, der dem Landmann und vor allem den Mädchen vom Lande aus der Kenntnis des Lesens erwachse, also sei es vergebliche Mühe.

Zum preußischen Staatsminister und Chef der Schulverwaltung, dem FREIHERRN VON ZEDLITZ, hatte ROCHOW jedoch ein langjähriges, wenn auch nicht immer ungetrübtes Freundschaftsverhältnis. Der Minister hatte ihn in seinen Ansichten und Aktivitäten stets unterstützt und seine Erfolge in den Schulen seiner Güter gewürdigt. Der einige Jahre aufrechterhaltene Briefwechsel zwischen beiden enthüllte manche Schwierigkeiten in der Sache und auch in den persönlichen Ansichten. Zur Frage, wie gut ein Lehrer ausgebildet sein müßte, erwiderte ZEDLITZ:

„Wenn der Lehrer fleißig und intelligent ist, wird er nicht aufs Land gehen; hat er aber für das Schulehalten auf dem Land kein Talent, dann ist das traurig für das Dorf.“ Für die Bildung von Bauern aber brauche man Lehrer, die den Schüler „nicht aus seiner Sphäre herausrücken, sondern ihm einen bestimmten Wirkungskreis vielmehr vorzeichnen, wie er darin ein guter, d. i. ein nützlicher Mann werden könne . . .“[34] Andererseits sparte der Minister nicht mit Anerkennung hinsichtlich der bahnbrechenden Versuche und Schulmodelle des Gutsherrn und schrieb in einem Brief an ihn: „Daß ein Domherr für Bauernkinder Lehrbücher schreibt, ist selbst in unserem aufgeklärten Jahrhundert eine Seltenheit, die dadurch noch einen höheren Wert erhält, daß Kühnheit und guter Erfolg bei diesem Unternehmen gleich groß sind.“[35]

Immer wieder machte ROCHOW Vorschläge zur Verbesserung der Lehrerbesoldung und versuchte, den Staatsminister zu einer entsprechenden Intervention beim König zu bewegen. Er wies nachdrücklich auf die großen Unterschiede innerhalb der Lehrerbesoldung hin (Stadt-/Landgefälle). Wegen dieser ungleichen Bezahlung schlug ROCHOW vor, zwei nahe gelegene Dörfer mit zwei Lehrern zu *einer* Schulstelle zusammenzulegen; also einen Lehrer einzusparen, damit der alleinige Stelleninhaber auf etwas höhere Einkünfte kommen konnte. Ein moderner Vorschlag, der jedoch nicht angenommen wurde.

Erst Mitte des 19. Jahrhunderts wurden einheitliche Mindestsätze festgesetzt, ohne praktisch verwirklicht zu werden. Das Jahrhundert mußte erst zu Ende gehen, ehe auch diese dringliche Angelegenheit, von der für die Lehrer soviel abhing, zu ihrer Zufriedenheit gelöst wurde. Solange ihre wirtschaftliche Notlage bestehen blieb, war nicht damit zu rechnen, daß ihr Ansehen in der Gesellschaft wuchs.

Probleme eines Berufsstandes

Mit Beginn des 19. Jahrhunderts bürgerte sich statt der Bezeichnung „niedere" oder „gemeine" Schule der Name „Volksschule" ein, den ROCHOW bereits verwendet hatte. Man verstand nun unter Volksschule eine durch Gesetz errichtete staatliche Anstalt. Allmählich schien auch der in einem Lehrerseminar ausgebildete Lehrer als Staatsdiener stärker in das Bewußtsein der Bevölkerung zu dringen. Man sah ein, daß nicht mehr länger Zufalls- und Nebenbeschäftigungen ehemaliger Küster und Handwerker den Lehrberuf kennzeichnen, ebenso wenig aber stellungslose Theologen ein Lehramt bekleiden durften. Der Beruf des Lehrers sollte anderen Berufen vergleichbar werden; ein Beruf also mit klaren Ausbildungszielen und einer spezifisch pädagogischen Aufgabenstellung würde dann auch den Lehrern, so hoffte man, eine gesellschaftliche Aufwertung bringen und in ihnen allmählich ein Standesbewußtsein entstehen lassen. Alle Lehrer könnten dann in gegenseitiger persönlicher Achtung und Anerkennung ein Solidaritätsgefühl entwickeln und einen eigenen Berufsstand verkörpern. Freilich blieb das vorerst nur ein Postulat, denn die Verwirklichung dieser Idee war nicht nur besonders schwierig, sondern auch langwierig. Der Lehrer fühlte sich immer noch in einer abhängigen Rolle, und die Seminarausbildung war noch nicht die Norm. Die „gelehrten“ Schulmänner, wie man auf dem Dorf die Seminaristen nannte, hatten sich nach wie vor nicht das Vertrauen der Landbevölkerung erworben. Ihr Selbstbewußtsein, das sie gern zur Schau trugen, war keineswegs gefestigt. Sie waren zwar Staatsdiener, hatten aber noch nicht begriffen, welches ihre Rechte und ihre Pflichten waren. Ein Hinderungsgrund lag in ihrer Armut. Die Kandidaten der Lehrerseminare mußten nämlich für ihre Unterkunft und Verpflegung während der Zeit ihres Seminarbesuches selbst aufkommen. Da sie aber in der Regel aus den unteren sozialen Schichten kamen, waren die Kosten der Ausbildung auf einem Seminar für sie kaum erschwinglich. Sie waren angewiesen auf staatliche Unterstützungen, Beihilfen, Spenden und Freistellen. Preußen forderte beispielsweise von jedem Seminarteilnehmer, der auf Staatskosten ausgebildet wurde, als Gegenleistung die Verpflichtung, die erste vakante Schulstelle anzunehmen und wenigstens drei Jahre am Schulort zu bleiben.

Ein großer Teil der Landbevölkerung sah die Notwendigkeit einer besseren Lehrerausbildung für Stadt- und Landschulen immer noch nicht ein. Für viele Dorf- und Kleinstadtbewohner war das Bildungswesen eine unbekannte Größe, und die Ziele des Lehrerstandes waren ihnen fremd. Solange aber in der Bevölkerung Gleichgültigkeit, wenn nicht Widerstand gegen die neuen Lehrer aus dem Seminar herrschte und es ihnen nicht gelang, einen zuverlässigen Rückhalt in ihrer Gemeinde zu finden, war die Frage einer Professionalisierung müßig. Immerhin waren die Probleme der Lehrerschaft allmählich an die Öffentlichkeit gelangt. In Stellungnahmen der standespolitisch interessierten und engagierten Pädagogen in der Presse wurden gezielte Anklagen gegen Staat, Kirche und den eigenen Berufsstand laut. Was zunächst das Wichtigste war, hatte man inzwischen auch höheren Ortes erkannt: Es mußte eine geregelte Zusammenarbeit aller Lehrer mit den kirchlichen und den staatlichen Aufsichtsbehörden angestrebt werden. Endgültig gelang dies jedoch erst 1848, denn seit dieser Zeit bestand der *Ortsschulvorstand* aus Laien *und* Lehrern, in den meisten Ländern im Verhältnis 2:1. Jedes Mitglied hatte das Recht, am Unterricht teilzu-

Die Kandidaten der ersten Seminare mußten für Ausbildung und Verpflegung selbst aufkommen und waren deshalb angewiesen auf Spenden und Staatszuschüsse.

nehmen, um seine Kontrollfunktion auszuüben. Im einzelnen setzte sich der Ortsschulvorstand wie folgt zusammen: ein Lehrer, einige Familienväter, der Ortspfarrer, der Patronatsherr und Gemeindevertreter.

Die Entstehung des Berufsstandes der Gymnasiallehrer ging weit weniger problematisch vor sich. Die Trennung von den Volksschullehrern erfolgte, als die Ausbildung beider Lehrergruppen in verschiedenen Bahnen lief. Die zentrale Landesbehörde für Gymnasiallehrer war in Preußen als Oberschulkollegium im Jahre 1787 gegründet und 1817 als autonomes Kultusministerium etabliert worden. Die Professionalisierung nahm ihren geregelten Verlauf, nachdem sich durch die Verstaatlichung des Schulwesens der Begriff *Gymnasium* – analog zu dem der „Volksschule" – durchgesetzt hatte und das Abitur in Preußen 1788 eingeführt wurde. Seit dem Jahre 1810 gab es in Preußen eine berufsspezifische Ausbildung für Gymnasiallehrer, die mit der staatlichen Lehramtsprüfung abschloß. Die Theologen wurden nun durch die Philologen ersetzt. Sie führten in der Regel den Titel *Oberlehrer.* Um die Titel für Gymnasiallehrer gab es manchen Streit. In der Verordnung über die „Amtsführung und persönlichen Rechte und Pflichten der Lehrer" heißt es, man wolle die bestehenden Titel nicht abschaffen, jedoch dem Mißbrauch des Professorentitels für Gymnasiallehrer, der zu freigiebig verliehen worden sei, Einhalt gebieten. Dadurch wären unter den Kollegen Neid und Rivalitäten entstanden. Wenn es durchaus ein Titel sein müsse, dann sollte sich der Gymnasiallehrer doch „Gymnasiarch" nennen, der Professorentitel müsse den Universitätslehrern vorbehalten bleiben (Stephani). Der Trennungsgraben zwischen Gymnasial- und Volksschullehrern vertiefte sich in dem Maße, wie der Volksschullehrer ein wachsendes Standesbewußtsein entwickelte. Dieses Selbstverständnis empfanden die Gymnasiallehrer als Bedrohung ihres eigenen noch nicht völlig stabilen beruflichen Status. „In der gesonderten Organisation der akademisch gebildeten Lehrer kommt zum Ausdruck, daß es in Deutschland schon seit dem Anfang des 19. Jahrhunderts zwei nach Ausbildung, Besoldung und sozialem Status deutlich voneinander unterschiedene Lehrerkategorien gab . . ."[36] Selbstverständlich wurden die Gymnasiallehrer, die sich als Fachwissenschaftler verstanden, in der Gesellschaft höher bewertet als die Volksschullehrer, die eine volkstümliche Bildung vermittelten. Die Gymnasiallehrer kämpften nur noch um die Gleichstellung mit Richtern, Medizinern und Theologen.

Auf der Suche nach der Identität

Erste Anzeichen eines erwachenden Standesbewußtseins der Lehrer zeigten sich, als sie während der Freiheitskriege (1813–1815) und der politischen Aktivitäten vieler Bürger zum erstenmal an die Öffentlichkeit traten und vereinzelt am politischen Geschehen teilnahmen. Sie hatten sich eine unruhige Zeit ausgesucht: Der Obrigkeitsstaat, dem alle politischen Aktionen suspekt erschienen, sah sich gezwungen, scharfe Kontrollen bei seinen Beamten vorzunehmen. Die Lehrer waren ja Diener des Staates und mußten seine Verordnungen und selbst seine umstrittenen Maßnahmen respektieren, wenn sie sich nicht gefährden wollten.

In Preußen und auch in anderen Ländern wurden deshalb als Zeichen eines staatspolitischen Mißtrauens sogenannte *Konduiten-Listen* eingeführt; Führungslisten, die als Überwachungsmaßnahmen angesehen wurden. Diese Listen enthielten im Jahre 1819 folgende Daten: Vor- und Zuname sowie Titel des Lehrers, Alter, Dienstzeit, Unterrichtsfächer sowie die Anzahl der Klassen und der Unterrichtsstunden. Ferner wurden Pünktlichkeit, Gewissenhaftigkeit und Disziplin des Lehrers beurteilt, sein sittliches Betragen, seine Weiterbildung und (nur bei Gymnasiallehrern und höheren Beamten) die Zahl ihrer Veröffentlichungen überprüft. Man wollte dabei „verderbliche Gesinnungen", aber auch die gebührende Gehorsamspflicht und das Maß der Anhänglichkeit gegenüber dem Landesherrn herausbekommen. Alle Angaben wurden scharf kontrolliert und Verfehlungen ohne vorherige Benachrichtigung geahndet. Zuständig für die Kontrollmaßnahmen war der Minister des Inneren und der Polizei.[37]

Hier gingen Politik und Schule eine unheilvolle Verbindung miteinander ein – eine in der Geschichte immer wieder auftretende Demonstration der Macht des Staates, der im Grunde nicht mächtig ist. Ein selbstbewußter Berufsstand, der sich in der Öffentlichkeit als geschlossene Gruppe darstellen und sich behaupten konnte, hätte solchen Maßnahmen entgegentreten müssen. Der junge Berufsstand der Lehrer war dazu noch nicht in der Lage, ganz abgesehen davon, daß es ja keine einheitliche Berufsgruppe gab. Mancher besorgte Pädagoge stellte sich in diesen Jahren des beginnenden 19. Jahrhunderts die Frage nach der Präsenz der Lehrerschaft. Die Einsicht, daß es notwendig sei, ihren Stand in der Öffentlichkeit zu repräsentieren, war sicher vorhanden. Eine gewisse Unabhängigkeit hinsichtlich der geistlichen Schulaufsicht bahnte sich vor allem in den Städten an. Gemeinsame berufliche Interessen und solidarisches Verhalten bei offensichtlich zu erwartenden weiteren Zensurmaßnahmen des Staates waren kaum zu erkennen; die Lebenswege der Lehrergruppe hatten immer weniger Gemeinsames aufzuweisen.

Das war die Situation in den ersten Jahrzehnten des neuen Jahrhunderts. Die entscheidende Zäsur tritt in der Zeit kurz vor der bürgerlichen Revolution von 1848 ein.

Die Lehrer hatten indes doch beachtenswerte Fortschritte gemacht, um ihre Selbsteinschätzung zu verbessern und ihr politisches Verantwortungsgefühl zu stärken. Sie waren auf der Suche nach ihrer eigenen Identität. Die Resonanz in konservativen Kreisen, deren Stimmen nicht leiser wurden, war natürlich negativ. Sicher, man gab vor, daß der Lehrerschaft eine etwas attraktivere Rolle in der Gesellschaft zustünde; aber zu sehr haftete das Bild von der bescheidenen, ja untertänigen Gestalt des Schulmeisters in der Bevölkerung. In einer Schrift heißt es damals zu diesem Thema: „Einen Schulmeister kennt man unter tausend Menschen heraus. Er hat eine Eigenthümlichkeit in seinem Auftreten, die ihn von allen übrigen Ständen unterscheidet. . ." Es sei schwierig, eine genauere Definition des Erscheinungsbildes zu geben. Mal sei es die „pedantische Haltung des Körpers", mal läge es an dem „gebieterischen Blick", am „Mangel an Lebenskenntnis", an der „Starrköpfigkeit" oder an der „Weitschweifigkeit in der Darlegung von Behauptungen. . ."[38] Hier zeigt sich, wie stereotyp das Bild des Lehrers immer noch gezeichnet wurde. Die Gesellschaft verwies ihn nach wie vor in seine Schulstube als nicht gesellschaftsfähig.

„Als soziale Gestalt ist der Volksschullehrer noch nicht zu Atem gekommen, er ist seiner selbst noch nicht sicher geworden. Aber auch die Gegenfrage muß gestellt werden: ist jemals ein Berufsstand, der sich an Größe der Aufgabe und Verantwortung mit dem des Lehrers vergleichen läßt, so lange sozial und gesellschaftlich zurückgehalten worden?"[39]

Die Beantwortung dieser Frage heißt, die Frage nach dem Prestige des Lehrers, nach seiner beruflichen Eigenständigkeit und nach seiner Identität zu stellen. Würde er in der Auseinandersetzung mit den politischen Kräften in den kommenden Jahren seinen Standpunkt vertreten können und zu eigenen Entscheidungen fähig sein? Würde er genügend Kraft besitzen, um sich von äußeren und inneren Zwängen befreien zu können? Und war der eben erst entstandene Berufsstand in der Lage, die Wünsche und Hoffnungen der einzelnen Lehrer zu berücksichtigen? Sie schwankten, herausgefordert durch die politischen Ereignisse, zwischen Resignation und Beharrung, zwischen Emanzipation und Zurückhaltung. Wie konnte es gelingen, diese inneren Konflikte zu entschärfen oder gar zu lösen?

Versuche einer Emanzipation

Mündigkeit oder Anpassung?

„Das Schulwesen ist ein Wagen, der auf vier Rädern fortrollt. Sie heißen Bildung, Besoldung, Aufsicht und Freiheit. Zertrümmern Sie eines von diesen vier Rädern, so geht der ganze Wagen nicht von der Stelle."[1] Um diese vier Themen kreisten auch die Gedanken und Erwartungen der Lehrer im beginnenden 19. Jahrhundert. Ihre Bestrebungen wurden damals in dem Begriff *Emanzipation* zusammengefaßt. Auch in der Literatur war der Begriff nun erstmals zu finden. Er bedeutete zunächst nur die Loslösung von der kirchlichen Schulaufsicht, die auch eine Kontrolle der Lebensführung des Lehrers mit einbezog. Oder anders ausgedrückt ging es um die Forderung: dem Schulmeister die Schule, dem Pfarrer die Kirche, d. h. jeder sollte in seinem Tätigkeitsbereich bleiben und dort wirken.

Später wurde der Begriff „Emanzipation" des Lehrers erweitert und gewann mehr und mehr an Gewicht. Nun verstand man die Befreiung von jeglichen Abhängigkeiten darunter, also auch von beruflichen und persönlichen Einschränkungen, die der Staat anordnete. Die Lehrer wollten endlich – wie andere Stände längst vor ihnen – die Bürgerrechte besitzen. Auch die Einführung einer staatlichen Zensur und die restriktiven Maßnahmen gegen „revolutionäre Umtriebe" und „Demagogen" führten dazu, daß sie wachgerüttelt wurden und immer offener die Frage nach ihrer eigenen Freiheit aufwarfen. Sie begannen, wenn auch nur zögernd und vereinzelt, sich mit den politischen und gesellschaftlichen Mächten auseinanderzusetzen und verfolgten die Spannungen zwischen Konservatismus und Liberalismus. Schließlich wirkten die politischen Ereignisse auch auf den eigenen Emanzipationsprozeß ein.

Jedoch sollte man die Mündigkeit und Entscheidungsfreiheit der Lehrerschaft nicht überschätzen. Noch waren ihnen ja die Hände gebunden, und nur wenige führende Schulmänner, die ihre Sache vertraten, wagten es, den Kampf um die Emanzipation der Lehrer aufzunehmen. Ein engerer Kontakt zu anderen Ständen, die diesen Kampf solidarisch hätten unterstützen können, war noch nicht geknüpft. Auch die Beziehungen zu den Gymnasiallehrern waren lose und unverbindlich. Das änderte sich erst, als im Gefolge der Biedermeier-Geselligkeiten die Initiativen von Lehrervereinigungen, zunächst in Form privater Zusammenkünfte, einer breiteren Öffentlichkeit bekannt wurden und sich daraus nach und nach eine standespolitisch motivierte Berufsorganisation entwickelte. Anfangs waren diese Zusammenschlüsse der Lehrer hauptsächlich in größeren Städten angesiedelt. Man hatte Aussprache-Abende und Lesezirkel ins Leben gerufen, an denen Gymnasial- und Volksschullehrer noch gemeinsam teilnahmen, nicht ohne daß die akademisch gebildeten Lehrer die Wortführer waren.[2]

Einzelne Vereinigungen dieser Art hatten sich schon Ende des 19. Jahrhunderts in Sachsen, Schlesien und Hessen auf freiwilliger Basis etabliert. Auch hier waren alle Lehrer gemeinsam dabei. Es handelte sich jedoch noch nicht um Fach- oder Interessenverbände, sondern um zwanglose, lokale Treffen. Den Lehrern war der Wunsch nach einem Gedankenaustausch und nach beruflichen Erfahrungen zunächst das Wichtigste. Später drehten sich die Gespräche gezielt um die Versorgung der Lehrerfamilie bei Invalidität oder Tod des Ernährers, für die es bislang keinerlei Sicherheit gab; weiter natürlich auch um die eigene Fort- und Weiterbildung, die allen am Herzen lag. Die Gründung von Lehrergesangvereinen, die später vereinzelt Berühmtheit erlangten, sowie gemeinsame Lehrerfeste verstärkten die Kontakte unter den Mitgliedern.

Zu den Schulmännern, die sich bemühten, besonders die jungen Lehrer zu fördern, gehört GUSTAV FRIEDRICH DINTER (1760–1831). Er hat sich große Verdienste um den jungen Volksschullehrerstand erworben. Nach einem Theologiestudium war er zunächst Hauslehrer, dann Pfarrer und darauf Seminardirektor in Dresden, schließlich Schulrat in Königsberg; eine Laufbahn, die ihn wie kaum einen anderen befähigte, sich aus eigner Erfahrung und Kenntnis für die Lehrer einzusetzen. In seinem Haus nahm er stets junge Seminaristen auf, denen er pädagogische Ratschläge und Hilfen gab, die später bekannt wurden als „Predigten für Schulmeister". Er wußte nur zu gut, daß die Geistlichen den Schulmeistern überlegen waren und hielt mit seiner Meinung nicht hinter dem Berg: „Wir verlangen nicht, als Brüder von den Predigern angesehen zu werden. Dazu stehen wir, im ganzen genommen, noch zu tief unter ihnen" – eine deutliche Identifizierung mit den Lehrern also. Aber, so sagt er weiter: „Wir müssen dahin arbeiten, daß die Schulmeister trotz ihres Rockes von minder feinem Tuche doch einen Geist von feinerem Gewebe bekommen, um allenthalben zu den gebildeten Ständen gezählt werden zu können."[3] Dabei sparte er nicht an kritischen Bemerkungen über die alten, unausgebildeten Schullehrer, die er selbst in seiner Position als Schulrat erlebt hatte. Unter ihnen gab es seiner Meinung nach: „Popularitätsübertreiber", „Pestalozzianismus-Mechanisierer" und „Sinnlose Lesemeister und Zergliederer" und deutlicher: „Es gab Schullehrer (und gibt ihrer noch mehr als zu wünschen ist), die zur Absetzung, zu welcher viel gehört, noch nicht schlecht genug, zur Emeritierung noch zu jung und zum Besserwerden entweder ohne Willen, oder ohne Kraft, oder ohne beides sind. Bei ihnen verdirbt Verstand und Herz der Kinder."[4] Sein verständliches Bemühen ging darum, die jungen Seminaristen fachlich anzuleiten, damit sie später nicht die gleichen Fehler wie die alten Lehrer machten.

Dinter nahm den jungen Lehrern in seinen „Predigten" auch die Illusionen über ihr künftiges Lehramt und über den Bildungswillen der ländlichen Bevölkerung: Solange der Bauer nicht aus seiner Leibeigenschaft befreit sei und die Gutsherren an einer Bildung ihrer Landarbeiter nicht im geringsten interessiert seien, könne man von den Landleuten nicht verlangen, daß sie bessere Schulen und besser ausgebildete Lehrer haben wollten. Noch weniger Interesse zeigten die meisten Grundherren. Das bewies ein Gespräch, das ein Gutsherr mit Dinter führte, und das er als Beispiel für die Ablehnung schulischer Reformen zitierte: „Herr Schulrat, Sie handeln gegen die Absichten Gottes und des Vaterlandes. Gott, Natur und Vaterland haben den gemeinen Mann zu den bloß mechanischen Geschäften bestimmt. Wenn er nun durch Ihre Schuld mehr denken lernt, als für diese

Bestimmung nötig ist, so versündigen Sie sich an Gott und Vaterland."[5] Derart konservatives Denken war typisch für die einflußreichen politischen und gesellschaftlichen Kreise. Der preußische König FRIEDRICH WILHELM III. äußerte sich ähnlich: „Das Wissen über die Grenzen des Standes und Berufes hinaus macht vorlaut, anmaßend, raisonirsüchtig."[6]

Es ist erstaunlich, daß ein großer Teil der Lehrerschaft trotz der immer noch bestehenden Mängel in der Besoldung, trotz ihrer sozialen Situation und der physischen Belastungen und trotz der unerfüllten Bildungserwartungen sich doch zunehmend emanzipierte. Und noch eins: Ihre beruflichen Leistungen blieben konstant, ihre Pflichterfüllung im Lehramt verstand sich von selbst, auch wenn sie persönlich durch die zunehmende „Demagogenfurcht" der Regierungen immer wieder Einschränkungen ihrer persönlichen Rechte hinnehmen mußten. Staatliche Machtansprüche waren in Gesetzen und Erlassen politischer Art nicht zu übersehen.

Wie weit diese Maßnahmen gingen, zeigt eine königliche Order aus dem Jahre 1820, die nicht nur für Studenten, sondern auch für Seminaristen und Lehrer die „Altdeutsche Tracht" – Kniehosen und Schnallenschuhe – mit der Begründung verbot, sie sei unschicklich. Ein weiterer Eingriff in den persönlichen Lebensstil war das Verbot des Bart-Tragens, das eben nicht nur eine ungern gesehene Modeerscheinung war, sondern, wie die altdeutsche Tracht, Ausdruck einer freiheitlichen Gesinnung. Andere Länder übernahmen dieses Kleider-Verbot, ebenfalls aus Furcht vor unliebsamen Umtrieben liberalgesinnter Bürger. Das Mißtrauen des Staates gegenüber jeder Art freiheitlicher Regung war groß.

Das Mittel der Satire wurde oft benutzt, um bei eingeschränkter Pressefreiheit und ständigen staatlichen Kontrollen die Öffentlichkeit indirekt über staatliche Versäumnisse im kulturellen Leben zu informieren. Im „Allgemeinen Anzeiger der Deutschen" wurde in einer Ausgabe des Jahres 1819 die Frage gestellt: „Welche Eigenschaften muß ein guter Schullehrer haben?" Die Antwort war eine humoristisch-ironische Spöttelei, deren beste Pointen waren:

„Ein Schullehrer muß keine Sinne haben, er muß nicht hören, wie lieblos man ihn beurtheilt; nicht sehen, wie mancher Andere sein Geld mit Sünden verdient, während er im Schweiße seines Angesichts sein kärglich Brot isst; nicht fühlen, wie gering man ihn achtet; nicht schmäcken wollen die Freuden des Lebens; auch ist's sehr gut für ihn, wenn er nicht riechen kann. Ebenso muß er kein Gewissen haben, um auch von Kindern, die nicht zur Schule kommen, das Schulgeld ohne Scham nehmen zu können. Dagegen ist ihm ein gutes Gedächtniß höchst notwendig, um behalten zu können, aus welchen Kassen und wie lange er seinen rückständigen Gehalt zu fordern hat; item ein guter Magen, um alles verdauen zu können ... Ein guter Schullehrer muß heißes Blut haben, um in der Schule keines Holzes zum Einheizen zu bedürfen ... Ein Schullehrer muß sein wie ein Kameel, das lange hungern und viel tragen, auch viel auf einmal zu sich nehmen kann, wenn er einmal irgendwo zu Gast sein sollte ... Ein guter Schullehrer muß immer in zerlumpten Kleidern gehen, damit die Jugend nicht verführt werde – ebenfalls Schullehrer zu werden. Ein guter Schullehrer muß sein ein Tausendkünstler, der den Kindern viel beibringt, auch – wenn sie nicht zur Schule gehen ... Wer diese Eigenschaften hat, der kann ohne weitere Umstände zum Schullehrer befördert werden; jedoch muß man ihm für's Erste nur eine ganz schlechte Stelle geben, weil er sonst leicht zu üppig wird. Auch braucht man sich mit seiner weiteren Beförderung nicht zu beeilen, indem die Geduld die Haupteigenschaft jedes guten Schullehrers ist."[7]

Licht- und Schattenseiten der Emanzipation

Der Lehrer hoffte trotz allem auf eine Besserung seiner gesellschaftlichen Position. J. W. SÜVERN (1775–1829), Gymnasialdirektor, Professor und Geheimer Staatsrat im preußischen Innenministerium entwarf 1817/1819 ein allgemeines Gesetz über die Verfassung des Schulwesens im preußischen Staat, das nie in Kraft trat. Für die Lehrer hätte es möglicherweise Erleichterung gebracht, da die allgemeine Menschenbildung Grundlage jeder Erziehung sein sollte. Vor allem plädierte SÜVERN dafür, daß den Lehrern und Lehrerinnen mehr Achtung und Anerkennung entgegengebracht werden sollte, da sie ein mühevolles, aber verdienstvolles Geschäft betrieben.[8]

Obwohl der SÜVERNsche Entwurf niemals Gesetz wurde und keine Ausführung erlebte, rief er einflußreiche Gegner auf den Plan, die eine Änderung des Gesetzes verlangten oder es ganz ablehnten. Eine Aufbesserung der Lehrergehälter sei zwar notwendig, jedoch nicht durchführbar, meinten die verantwortlichen Finanzräte. Auch die adligen Gutsherren weigerten sich, die Landschulen zu finanzieren, da sie ihre Kinder meistens durch Hofmeister, Hauslehrer oder in Privatschulen erziehen ließen. Der Landadel gehörte durch seine Verpflichtungen zu einer standesgemäßen Lebensweise nicht gerade zu den wohlhabendsten seines Standes, nachdem ein Teil seiner Privilegien durch staatliche Verfügung aufgehoben worden war. Die Weigerung, Schulen seines Patronats zu unterstützen, hatte jedoch andere Gründe. Die „Überbildung" und die „Vielwisserei" der Lehrer waren immer noch hartnäckig vorgebrachte Argumente für die Ablehnung finanzieller Verpflichtungen. Alle möglichen Gründe wurden von den Obrigkeiten angeführt, die gegen eine bessere Besoldung der Lehrer, aber auch gegen andere „Freiheiten" sprachen. Die katholischen Bischöfe begründeten ihre ablehnende Haltung damit, daß Schulangelegenheiten in die kirchliche und nicht in die staatliche Kompetenz fielen. Deshalb stehe ihnen auch das Recht zu, die Schulbücher selbst auszuwählen und für die Gymnasien solche Lehrer zu bevorzugen, die Theologen seien. Auch müßten die Lehrerseminare der Kirche unterstellt werden. In den zuständigen Ministerien erhob sich ebenfalls Protest gegen SÜVERNs Entwurf. Man fragte, wo denn christliche Volksbildung und geistliche Schulaufsicht blieben? So gingen Pro- und Contra-Argumente hin und her. Einige Male erlebte SÜVERNs Entwurf noch eine Wiedervorlage in den Amtsstuben des Ministeriums; 1823 wurde er endgültig zu den Akten gelegt. SÜVERN war tief enttäuscht und trat erbittert von seinem Amt zurück. Bereits 1819 hatte WILHELM VON HUMBOLDT das Ministerium verlassen, der ihn seinerseits in die Unterrichtsabteilung des Innenministeriums berufen hatte.[9]

Die politische Lage blieb gespannt. Inzwischen dehnten sich jedoch die Emanzipationsbestrebungen auch auf weite Kreise des Bürgertums aus, was zur Folge hatte, daß sich konservative Gegner mit allen Kräften dagegen zur Wehr setzten. Die Lehrer standen nun zwischen allen Kontrahenten. Ihnen wurde, wie schon so oft zu Unrecht, vorgeworfen, daß sie undankbar und anmaßend seien. Politische Repressionen gegen sie, vor allem auch gegen die Seminare, waren an der Tagesordnung und verursachten Unsicherheit und Angst. In Bayern wurden die Lehrervereinigungen verboten, in Schlesien die Lehrergeselligkeiten; auch in anderen Ländern bezweifelte man die Daseinsberechtigung von Lehrerorganisationen und warnte vor politischen Aktivitäten der Lehrer. Kein Wunder, daß sich das politische Klima verschlechterte.

Wie sollte es nun weitergehen? An eine Entflechtung geistlicher und staatlicher Einflüsse im Schulwesen war vorerst nicht zu denken. Wo blieb dann die Emanzipation? Es kam soweit, daß die Schulen als „Brutstätten des unruhigen Geistes“ bezeichnet , die Lehrer, besonders die „nach PESTALOZZIschen Lehren gebildeten“, verdächtigt wurden, aufgrund ihrer Halbbildung „die Sendboten der Revolution ...“[10] zu sein.

Die neuen Lehrerseminare wurden verstärkt zur Zielscheibe der Angriffe und gern negativ als *Schulmeister-Universitäten*[11] betitelt. Sie bedeuteten im Vergleich zu den früheren, meist handwerklichen Zufallsausbildungen und den äußerst dilettantischen Kenntnissen der niederen Lehrer jedoch einen großen Fortschritt. 1826 hatte man überall mit neuen Gründungen von Seminaren begonnen und im gleichen Jahr auch Lehrerprüfungen festgelegt. 1840 gab es in Preußen 46 Seminare mit 2721 Seminarteilnehmern. Die Entstehung weiterer Anstalten und die Empfehlung fortschrittlicher Beamten in den zuständigen Ministerien, nach Möglichkeit nur Seminaristen als Lehrer einzustellen, ließ darauf schließen, daß man sich hier darüber im klaren war, wie notwendig eine gediegene Ausbildung auf Seminarebene für Volksschullehrer war. Wenn auch reaktionäre Kräfte diese Ausbildung für eine Gefahr hielten, so konnten sie doch nicht verhindern, daß mehr und mehr Lehrer ein stärkeres Selbstbewußtsein entwickelten und sich auch in der Öffentlichkeit unbefangener zu ihren Zielen äußerten.

Das mühsam gewonnene Selbstwertgefühl wurde jedoch ständigen Zerreißproben ausgesetzt. FRIEDRICH WILHELM IV. (1795–1861) ließ manches böse Wort gegenüber den Lehrern fallen. Im Jahre 1849 wandte sich der König während einer Konferenz von Seminardirektoren und Seminarlehrern erregt mit einer kurzen Ansprache an die Anwesenden, in der er die Lehrer und ihre Ausbilder für die gefährlichsten Feinde von Thron und Altar bezeichnete. Ihr neues Freiheitsbedürfnis sei eine Folge des auf den Seminaren erworbenen unverdauten Wissens und einer damit zusammenhängenden Religionsferne. Die Pädagogik überhaupt sei schuld, wenn Autorität und Religiosität im Schwinden begriffen seien. Das über Preußen hereingebrochene Elend – gemeint war die Revolution von 1848 – sei allein die Schuld liberaler Lehrer und ihrer Pseudobildung, mit der sie seine Untertanen verdorben hätten. Er würde daraus seine Konsequenzen ziehen und alle Seminare aus den größeren Städten aufs Land verlegen, damit sie von diesem unheilvollen Zeitgeist nicht infiziert würden. Außerdem würde man die Seminare einer strengen Kontrolle unterziehen, damit sie nicht weiter falsche Lehren verbreiten könnten.[12]

Ähnliche Thesen wurden auch von anderen Politikern, Staatsmännern und Theologen verbreitet. Sie sollten beweisen, daß sich auf allen Gebieten politisch extreme Fronten bildeten. Betroffen von solchen Anschuldigungen waren vor allem die PESTALOZZI-Anhänger, die neue Lehrinhalte und neue Unterrichtsmethoden kennengelernt hatten und angeleitet worden waren, sich im selbständigen Denken und Handeln zu üben und eigene Wege in ihrer Schularbeit zu gehen.

Emanzipation – was ist das?

Wie sah nun die Emanzipation, vom Schulmeister aus gesehen, konkret aus? Was erhoffte er sich persönlich, und was befürchtete er? Bei allen Angriffen auf die emanzipatorischen Forderungen befand sich der einzelne Lehrer, wo immer er Schule hielt, in einer prekären Situation. Wieviel wußte er denn von den auf einer höheren Ebene erklärten Zielen? Das neue Wort *Emanzipation* begriff er aus seiner ganz persönlichen Betroffenheit zunächst als Befreiung von ihm unangenehmen, manchmal entwürdigenden Dienstverpflichtungen; das hieß für Dorf- und Kleinstadtlehrer: Entlassung aus den niederen Küster- und Kantordiensten oder, noch genauer: entbunden werden vom Dienst des Glockenläutens, vom Aufziehen der Kirchturmuhr, vom Einsammeln der Kollekte während des Gottesdienstes, vom Reinigen des Kircheninneren. Das alles gehörte immer noch zu seinen Obliegenheiten, auch wenn verschiedene Erlasse darauf hinwiesen, daß für diese Arbeiten nicht der Stadt- und der Landschullehrer zuständig seien.

Der nächste Schritt einer Lösung von geistlicher Schulaufsicht sollte dann die Aufhebung der Unterordnung unter den Ortsgeistlichen sein. Das hieß konkret: keine Bevormundung durch den Pfarrer des Ortes, keine Dienste privater Art für ihn, ihn nicht mehr auf außerkirchlichen Veranstaltungen begleiten zu müssen oder zu privaten Feierlichkeiten und Festen mitgenommen zu werden, zu denen der Pfarrer geladen wurde, aber der Lehrer nicht.

Der dritte Schritt zur Emanzipation der Lehrer war der wichtigste: die Forderung nach Aufhebung der geistlichen Schulaufsicht, also der Wegfall der ständigen Inspektionen, Visitationen und Kontrollen, auch der Lebensführung des Lehrers.

Auch wenn sich die Informationen über emanzipatorische Bemühungen inzwischen bis ins kleinste Dorf verbreitet hatten, zögerten viele Lehrer noch, sich zu exponieren. „Befangen in den herkömmlichen Ansichten über die Zusammengehörigkeit zwischen Schule und Kirche vermag sich ein großer Theil nicht zu einer freieren Ansicht erheben und das Bessere der Emanzipation einzusehen, zumal dann, wenn das Verhältnis zum Geistlichen ein erträgliches und freundliches ist.“[13] Andere Lehrer lehnten zwar die immer noch bestehenden Kirchendienste ab, fürchteten aber um die ihnen zustehenden Abgaben des Kirchensprengels, die sie dringend brauchten. Sie wußten, würden sie opponieren, könnte auch die Geld- und Naturalbesoldung der Ortsgemeinden gestrichen oder gekürzt werden.

Das alte Lied von der Besoldung

Die Besoldung, wie immer sie in den verschiedenen Ländern gehandhabt wurde, war immer noch nicht einheitlich und gesetzlich geregelt, die Diskrepanz zwischen den einzelnen Beträgen, die ein Lehrer erhielt, ungeheuer groß. Wie schon vor fünfzig Jahren variierten die Gehälter zwischen Stadt- und Landlehrer sehr. Die unterschiedliche Besoldung entrüstete die Lehrer, weil sie nach ihrer Meinung nicht ihren Leistungen entsprach. Mit einem so dürftigen Lohn konnten sie beispielsweise nichts für ihre kümmerlich ausgestatteten Wohnungen tun, weder in der Stadt noch auf dem Lande. Die Schulstuben waren kleine, düstere und niedrige Räume; die Lehrerwohnungen bestanden oft nur aus einem einzigen Zimmer für die ganze Familie, in dem ein Bett, ein Ofen und ein Tisch standen.

Nach einer Aufstellung für Preußen verfügten die Lehrer an Stadtschulen jährlich über 212 Taler, Lehrer auf dem Lande hingegen nur über knapp 90 Taler. Diese Beträge blieben bis 1852 unverändert. Daß solche Angaben nicht repräsentativ sein können und mehr oder weniger ein Zahlenspiel sind, zeigt ein kurioses Beispiel, das versucht, eine Relation zwischen Lehrergehalt und Lebenshaltungswünschen des Jahres 1821 herzustellen. Der Lehrer eines mittelgroßen Dorfes im Bezirk Köln verdiente etwa 16 Taler monatlich. Ein einfaches Reitpferd – billigstes Fortbewegungsmittel der damaligen Zeit und notwendig für weite Strecken – kostete 65 Taler, also vier Monatsgehälter eines Lehrers.[14]

Bei den Jahreseinkünften der Dorfschulmeister kamen in der Regel Naturalien hinzu, eine bis ins 20. Jahrhundert reichende Entlohnungsart, die Vor- und Nachteile hatte. Der Vorteil lag insbesondere in einer Bereicherung des Speisezettels; der Nachteil war, daß sich der Lehrer die betreffenden Lebensmittel selbst abholen, sich also in eine bittende und unwürdige Position bringen mußte. Eine der dringendsten Forderungen mußte deshalb eine Schulgesetzgebung sein, die den Lehrern ein Fixum an Lohn garantierte. „Das wirtschaftliche Ziel der Lehrer war die Erringung einer beamtenähnlichen Stellung. Damit war auch die Richtung ihrer Einkommensforderungen gegeben: Zahlung eines

F. A. W. Diesterweg, ein großer Pädagoge und Repräsentant der Lehrer-Emanzipation.

festen Gehalts, dessen Anspruch sich auf die Verwaltung eines Amtes und eine bestimmte Qualifikation gründet und allen persönlichen Zufälligkeiten entzogen ist. Anspruch auf eine angemessene Pension bei Dienstunfähigkeit und Alter. Witwen- und Waisenversorgung."[15]

Repräsentanten der Emanzipation – F. A. W. Diesterweg

Die Emanzipationsidee befand sich in den zwanziger und dreißiger Jahren des 19. Jahrhunderts erst im Anfangsstadium, wurde jedoch sogleich von Angriffen und Anfeindungen begleitet. Unter den Lehrern waren zunächst nur wenige, die mehr als nur Interesse zeigten und sich engagierten. In dieser Situation zwischen dem Versuch einer Selbstfindung und dem Druck von Vorgesetzten brauchte die Lehrerschaft eine aus ihren Reihen kommende Persönlichkeit, die für alle ihre Belange eintrat. Es mußte ein Mann sein, der in der Öffentlichkeit unbeirrt für ihre Rechte und für soziale Gerechtigkeit kämpfte. Dieser Mann war FRIEDRICH ADOLPH WILHELM DIESTERWEG (1790–1866).

Die Stationen seines Lebens sind ungewöhnlich. Er studierte in Herborn und Tübingen Philosophie, Geschichte, Mathematik und Naturwissenschaften, war kurze Zeit als Hauslehrer in Mannheim tätig, wurde dann Lehrer in Worms und in Frankfurt und Rektor an der Lateinschule in Elberfeld. Dreißigjährig wurde er zum Seminardirektor in Mörs berufen. 1827 gründete er die Zeitschrift „Rheinische Blätter für Erziehung und Unterricht", deren Herausgeber er bis zu seinem Lebensende war. 1832 wurde er Seminarleiter in Berlin, 1847 aber auf eigenen Antrag bei vollem Gehalt beurlaubt und 1850 zwangsweise in den Ruhestand versetzt.

Die thematische Eingrenzung macht eine detaillierte Darstellung des großen Pädagogen und seines Werkes nicht möglich. Seine führende Stellung in der Emanzipationsbewegung, vor allem aber seine Bedeutung für die Lehrerbildung, die Lehrerorganisation und den Aufbau eines Berufsstandes der Lehrer sowie sein ganz persönliches Interesse für den Lehrer als Kollegen und als Mensch sollen hier Berücksichtigung finden.

DIESTERWEG ist Initiator und Repräsentant der Emanzipation, unter der die Lösung der Schule und des Lehrers von der geistlichen Schulaufsicht verstanden wird. Seine zahlreichen Veröffentlichungen und seine „Blätter für Erziehung" spiegeln seine Ideen und Ansichten konkret wider. In einer Fülle von Beiträgen legte er seine schulpolitischen Ziele dar und kritisierte sowohl die Zustände in der Lehrerschaft als auch in Staat und Kirche. Seine Ermutigungen und sein Ansporn für seine Kollegen, die resignierten oder zögerten, blieben nicht ohne Wirkung. Er wußte aber auch, daß es darum ging, sie zu überzeugen, nicht sie zu überreden: „Das einzig wahre, rechte Mittel ist die Bildung der Lehrer selbst . . . Sie müssen erst etwas Tüchtiges aus sich selbst machen; dann werden sie etwas Tüchtiges leisten; dann wird die Welt es anerkennen . . ."[16] Dummköpfe, so fährt er fort, könnte der erst im Entstehen begriffene

Lehrerstand nicht gebrauchen. Die seit Jahrhunderten von Kirche und Staat geforderte „Lehrerdemut" bezeichnet er als „Geschwätz", bejaht hingegen die Bescheidenheit.[17] Er sah in der Anmaßung das unerwünschte Gegenteil und stellt fest: „Die Rang- und Titelsucht ist zu allen Zeiten dem Deutschen vorgeworfen worden; und nun scheint es auch den Schullehrerstand zu ergreifen."[18] Einbildung und Selbstgefälligkeit seien kein geeignetes Mittel, um in der Öffentlichkeit Anerkennung zu bekommen, im Gegenteil, sonst reputierliche Lehrer müßten dann mit Nachteilen rechnen.[19] Zur Gründung von Lehrervereinen drängte DIESTERWEG besonders deshalb, weil sie ein Forum für Weiterbildung und für einen zwanglosen, vom Schulalltag distanzierten Gedankenaustausch sein konnten. DIESTERWEG war sich bewußt, daß nur eine starke Berufsorganisation die Lehrerschaft dazu bewegen konnte, sich aus ihrem Zustand der Abhängigkeit und des Konformismus zu befreien und sich schulpolitisch zu engagieren. Er verstand sich gut darauf, das soziale Gewissen der Lehrer wachzurütteln und sich ihrer Bedürfnisse anzunehmen. Er erinnerte sie immer wieder an ihre erniedrigende Stellung im öffentlichen Leben. Die periphere Position, die dem Lehrer bisher von der Gesellschaft zugedacht worden war, die Geringschätzung seiner Arbeit als Lehrer und Erzieher, die Interesselosigkeit an seinen Lebensverhältnissen, das alles waren Fakten, deren Ursache zum einen in der unzulänglichen Besoldung lag, zum anderen in der immer noch nicht einheitlichen Ausbildung. Das wußte auch DIESTERWEG und setzte hier mit seinem Argument an, daß eine Verbesserung des sozialen Schicksals des Lehrers nur dann erreicht werden könne, wenn er – und mit ihm alle – energisch, tatkräftig und entschlossen ans Werk gingen. Bedauerlich sei – so DIESTERWEG –, daß viele junge und unerfahrene Lehrer sich lieber anpaßten und um die Gunst der Öffentlichkeit buhlten, als persönliche Risiken auf sich zu nehmen und sich mit berechtigten Forderungen durchzusetzen. Daß Menschlichkeit als Lebensprinzip oft nur durch lange Durststrecken erreichbar sei und sie auch Lehrern nicht ohne Kampf in den Schoß fiele, vermochte er nur wenigen seiner Zeitgenossen bewußt zu machen. Denn er gaukelte ihnen keine schönen Zukunftsvisionen vor; vielmehr versuchte er, sie zu ernüchtern, indem er erklärte, daß auf die Dauer niemand Zwang und Unterdrückung durchstehen könne, ohne physisch und psychisch dabei zugrunde zu gehen.

Seine Mahnungen glichen Vorahnungen. Denn die ersten Regungen eines Freiheitsgefühls und eines Selbstverständnisses der einzelnen Lehrer waren nach kurzer Zeit wieder verflogen. Die Lehrer wurden zum Sündenbock für alles, was nach Rebellion gegenüber der Obrigkeit aussah. Die Furcht vor dem erwachenden liberalen Geist war groß. Viele Lehrer wurden der Religionsfeindlichkeit und der Irreligiosität bezichtigt. Am liebsten hätte man sie sofort aus dem Schuldienst entfernt. „Wenn ein untergeordneter Stand in Bewegung gerät, gilt er den Herrschenden als revolutionär."[20] Die Anhänger der Krone hofften auf durchgreifende Maßnahmen – und sie hofften nicht vergebens.

Inzwischen war unter FRIEDRICH WILHELM IV. der Staatsminister VON EICHHORN als typischer Vertreter der politischen Reaktion ins preußische Unterrichtsministerium berufen worden. Sein Name fehlte damals im Zusammenhang mit der Lehreremanzipation in keiner zeitgenössischen Veröffentlichung. Er galt als Symbol der Gegenkraft, als ein Mann, der nicht bereit war, irgendwelche Zugeständnisse zu machen, wenn es um Emanzipationsversuche oder liberale Forderungen im Bildungswesen ging. Selbstverständlich lehnte er die Lösung der Schule von der geistlichen Aufsicht ab und sah in der Kirche die allein maßgebende ordnende Macht. 1842 verbot EICHHORN dann auch die Lehrervereine. „Vollends hatte Minister EICHHORN seit 1840 eine nicht mehr nur politisch neutralisierende, sondern antihumanistische und in mancher Hinsicht geradezu bildungsfeindliche Tendenz verfolgt. Er konnte dabei auf die Zustimmung seines Königs rechnen ..."[21] Anstatt die Lehrerbildung zu fördern, wollte der Minister sie reduziert wissen. Statt des Denkens in politischen Kategorien sollten die Lehrer zur passiven Frömmigkeit und zur Demut zurückkehren.

Die Lehrer waren angesichts dieser staatlichen Restriktionen erschüttert. Der preußische Schulrat OTTO SCHULZ schrieb wenig später im „Brandenburger Schulblatt": „Es ist Pflicht der Menschlichkeit, sich des gedrückten Lehrerstandes zu erbarmen. Haben wir doch Vereine gegen Tierquälerei, und wir sollten es als gleichgültig ansehen, wie ein großer Teil eines achtungswerten Standes, von dem wir die Heranbildung eines besseren Geschlechtes erwarten, in Arbeit, Mühe und Entbehrung zugrundegeht?"[22]

DIESTERWEG bemühte sich ferner um die Stärkung des Selbstwertgefühls der Lehrer, weil dadurch auch ihr Standesbewußtsein gefestigt werden würde. Er kämpfte für die „intellektuelle, moralische und soziale Emanzipation gegen Privilegien und Unglück ..." und nutzte die damals zu diesem Zweck ihm zur Verfügung stehenden publizistischen Medien voll aus. Er selbst mußte harte Kämpfe durchstehen und bittere Erfahrungen machen, eine Flut von Verleumdungen abwehren, Mißdeutungen seiner Gedanken klarstellen, Polemiken entschärfen und immer wieder deutlich machen, welche Bedeutung die Emanzipation für die Lehrer hatte. Er gab den Kampf auch nicht auf, als er aus seinem Amt entlassen wurde. Sein unermüdliches Drängen nach einem Zusammenschluß aller Lehrer in einer einheitlichen Berufsorganisation war übrigens einer der Gründe für seine Entlassung. Nachdem er mehrmals wegen „demagogischer Tendenzen" verwarnt worden war und eine Kontrolle seines Seminarunterrichts politisch negativ ausfiel, stellte er einen Antrag auf Entlassung. Sie wurde ihm 1847 gewährt. EICHHORNS Begründung für die Trennung von diesem verdienstvollen Pädagogen drückte eindeutig aus, was schon König FRIEDRICH WILHELM IV. an ihm mißfallen hatte: DIESTERWEGS Tätigkeit als Seminardirektor sei „mit den wesentlichen Interessen der Staatsverwaltung unvereinbar".[23]

Für viele Lehrer war diese Maßregelung DIESTERWEGS ein Schock. Sie unternahmen regelrechte Pressekampagnen, die sich gegen EICHHORN richteten. DIESTERWEG gab keineswegs auf, sondern verstärkte seine publizistische Tätigkeit und versuchte, auf diesem Wege weiterzuwirken. Ernüchtert und enttäuscht mußte er allerdings feststellen, daß ein Teil der Lehrerschaft seine „Rheinischen Blätter" offiziell nicht mehr zur Kenntnis nahm, teils aus Furcht vor Repressalien, teils aus Resignation. Die Hoffnung auf Emanzipation wurde geringer, je mehr sich die politischen Gegensätze zuspitzten:

auf der einen Seite eine staatliche Bevormundung, auf der anderen Seite ein Beharren auf Emanzipationsforderungen. Unter dem Eindruck dieser Fronten zeichnete DIESTERWEG ein Bild jener Tage: „In keiner Zeit war für den Lehrerstand eignes Denken – nur eigne Gedanken befreien – nötiger denn jetzt, in dieser aufgeregten, auflösenden, bewegenden Zeit. Von allen Seiten dringt man auf uns ein. Wir Lehrer sitzen nicht mehr in dem Schatten ... Da nun in unseren Tagen die Parteien die entgegengesetzten Ziele anstreben, so werden wir nach den verschiedensten Richtungen hin und her gezerrt und getrieben – oft mit Gewalt."[24] Er beschwor die Lehrer: „Emanzipiert euch von der Unwissenheit. Man wird nicht emanzipiert, man emanzipiert sich selbst ... Emanzipiert euch von verstandlosen Verfahrensweisen, von Mechanismus, Schlendrianismus, geistlosem Treiben ... Emanzipiert euch von schofelen Gesinnungen ..."[25]

Über Jahre hinweg sahen sich DIESTERWEG und seine Mitstreiter Angriffen, auch persönlicher Art, ausgesetzt. Einen besonderen Höhepunkt bildeten dabei stets die Diskussionen über die Frage der Emanzipation als Lösung von der kirchlichen Schulaufsicht. Die „Rheinischen Blätter für Erziehung und Unterricht" wurden jahrelang zum Forum der heftigsten Auseinandersetzungen. Einige negative und einige positive Reaktionen mögen die Kontroversen und strittigen Argumentationen deutlich machen und zugleich das politische Klima jener vierziger Jahre erhellen. Es sind Stimmen und Stimmungen, die auf die Revolution hindeuten: „Denn die Gegenwart ist die Zeit des Zwiespalts, die entgegengesetzesten Prinzipien stehen in offener Fehde; was gestern noch unangefochten und in ruhigem, verjährtem Besitz fortvegetierte, dessen Dasein und Recht des Daseins wird, ehe der Tag zu Ende geht, in Frage gestellt."[26] Worum ging es? Ein polemisch abgefaßter Artikel eines anonymen Verfassers erregte die Gemüter der Leser besonders. Eine Fülle von Leserzuschriften, teils sympathisierende, teils ablehnende, teils moderate, wurden dazu in der Zeitschrift veröffentlicht. Der betreffende Beitrag trug den Titel: „Schulwesen, Küsterordnung, Emanzipation und dergleichen." Er besagte, die Lehrer hätten kein Recht, sich gegen die Küsterordnung aufzulehnen und sich über ihr Schicksal zu beklagen. Denn das Küsteramt sei äußerst lukrativ, der Küster hätte außerdem dabei kaum etwas zu tun. Der Verfasser schreibt weiter: „Sollte aber die Zeit der Emanzipation eintreten und die Schullehrer in Zukunft nicht mehr den Pfarrern, sondern etwa den Bürgermeistern übergeben werden, so werden sie dieses in der Folge bitter bereuen und von ganzem Herzen wünschen, daß sie wieder in die alten Verhältnisse zurücktreten könnten." In der weiteren Auseinandersetzung um die Schulaufsicht durch die Pfarrer und um die Küsterdienste des Lehrers fielen dann Ausdrücke wie „Emanzipationssucht" und „Emanzipationsgeschrei". Der anonyme Verfasser sah in diesen emanzipatorischen Tendenzen allein die Schuld der Lehrer, es gebe unter ihnen „traurige Subjekte", „Gecken" und „Subalterne".[27]

In einer anderen Zuschrift wurde DIESTERWEG als „berühmter Erziehungskünstler" bezeichnet, der ausfallend und aggressiv sei und das Ganze zu einem „Mordsspektakel" hochstilisiert habe. Es häuften sich Zuschriften und Beiträge auch aus anderen Ländern. Aus Hessen schickte ein Leser ein „Testament für die Lehrer" und riet dringend zu einer Zusammenarbeit zwischen Pfarrern und Lehrern und zur Besinnung: „Warum gehen Geistliche und Lehrer nicht Hand in Hand? Warum machen sie sich gegenseitig das Leben schwer? Warum wird der Lehrer immer noch verachtet und zurückgesetzt? Warum müssen die materiellen Interessen vorherrschen?"[28] Die Suche nach einem fairen Kompromiß und der gütlichen Beilegung eines Streits tauchte immer wieder auf. Manche Autoren versuchten, die inhaltliche Bedeutung von Emanzipation so zu interpretieren, daß sie eindeutig auf den Bereich der Schule beschränkt blieb. Da hieß es: „Der eigentliche Begriff des Wortes Emanzipation findet nur insofern auf die Schule Anwendung, als man darunter, in bezug auf die Erfüllung des hohen Schulzwecks, die Befreiung von äußerm, nachteiligem Einfluß versteht."[29] Neben diesem wenig Angriffsflächen bietenden Beitrag stand ein anderer, in dem es um so deutlicher hieß: „Da gibt's nun eine äußerste rechte und eine äußerste linke Seite. Während einige Lehrer sich unter dem Krummstab oder unter dem Schutz der Kirche recht behaglich fühlen und keinen lieber zum Oberhaupt haben möchten als ihren Pastor, wollen andere sich von der Kirche durchaus losreißen und frei machen und einen eigenen, selbständigen und unabhängigen Stand bilden."[30]

DIESTERWEG hat niemals verschwiegen, daß es auch unter den Lehrern kirchentreue, beharrende Elemente gab. Die Gründe dafür wurden bereits dargelegt. Aber es handelte sich bei diesen Diskussionen, die auch in den Lehrervereinen fortgesetzt wurden, weniger um religiöse Gegensätze als um parteipolitische Fronten. Leider betrachtete man die Lehrer noch immer als unmündige Bürger, die nicht fähig seien, eigene Entscheidungen zu treffen und ihre Meinung zu artikulieren. Am 6. April 1848 glaubt DIESTERWEG, daß eine neue Zeit hereinbrechen würde und ermahnt die Lehrer: „Aus Untertanen sind wir freie Bürger geworden ...", aber so sagt er weiter: „Wir müssen uns an die Freiheit gewöhnen". Darunter versteht er auch das Recht der freien Meinungsäußerung, das nun ohne „Menschenfurcht" jedermann wahrnehmen könne.[31]

Karl Friedrich Wander

K. F. WANDER (1803–1879) stammte aus dem Riesengebirge, wurde von einem Kantor auf das Lehrerseminar vorbereitet, besuchte danach das Seminar in Bunzlau und bekam seine erste Stelle als Hilfslehrer. Später wurde er Lehrer in Hirschberg, geriet jedoch bald in Konflikt mit der Bürokratie der Schulbehörde und hatte unter Denunziationen und Demütigungen zu leiden. Nach der Gründung des ersten Lehrervereins wurde er von der Regierung verwarnt, nach Veröffentlichung seiner Schrift „Die Volksschule als Staatsanstalt" ein Disziplinarverfahren gegen ihn angestrengt. Man warf ihm „Aufregung in politischer Beziehung" vor. Er wurde strafversetzt und nach einer zweijährigen Suspension vom Schuldienst im Unterricht verhaftet, aber wieder freigesprochen. Seine Zeitschrift „Pädagogischer Wächter" konnte sich nur von 1848 bis 1852 behaupten und stellte danach ihr Erscheinen ein. Seinem politischen Engagement verdankt er den Namen „roter Wander"[32], der ihn für Freund und Feind ausweist. WANDER war ein unbequemer Schulpolitiker der damaligen Zeit und – wie DIESTERWEG – ein Kämpfer für die Emanzipation der Lehrer und für den Aufbau der Lehrervereine.

In der Lehrerschaft gilt er heute „als Repräsentant einer demokratischen Tradition deutscher Lehrer".[33] Im Gegensatz zu DIESTERWEG, der stärker rational argumentierte, war WANDER emotionsgeladen und trat mit großer Leidenschaft für die Idee der Emanzipation ein, mußte sich aber letzten Endes eingestehen, daß er hinsichtlich der Bereitschaft seiner Lehrerkollegen, mit aller Kraft die geplanten Ziele zu erreichen, zuviel verlangt hatte. Er hatte, wie DIESTERWEG, die Gabe, den einzelnen Lehrer direkt anzusprechen und eine große Zuhörerschaft durch seine mitreißenden Reden in seinen Bann zu ziehen. Am 10. 2. 1837 schreibt DIESTERWEG an WANDER: „Aber legen Sie es auf eine erregende Ansprache unsrer schläfrig pedantischen Lehrerwelt an! Es ist entsetzlich, daß die meisten im deutschen Phlegma untergehen."[34] In einem persönlich gehaltenen Brief beklagt sich DIESTERWEG, der vom Rhein nach Berlin übersiedelte und sich wohl nur schwer an Großstadtverhältnisse und preußische Atmosphäre gewöhnen konnte, an WANDER: „Hier in der Hauptstadt ist es mit den Lehrern gar nichts. Die Residenzen sind zu allen Zeiten die schlechtesten Städte gewesen. Bei Ihnen und am Rhein haben die Lehrer doch Lehrergefühl. Hier rauchen sie Cigarren und trinken Weißbier und sind – ‚Berliner'."[35]

In ihren liberalen und demokratischen Zielsetzungen und in der Unermüdlichkeit ihres Wirkens für die Lehrer waren sich beide ähnlich. Es ging ihnen vor allem um die Lehrerbildung, um die Fortbildung der Lehrer, um die Gründung von Lehrervereinen und auch um Lehrerfeste und gesellige Zusammenkünfte, damit sich die Mitglieder fester zusammenschließen konnten. Diese Ziele waren vorrangig und nach ihrer Meinung Voraussetzung für einen unabhängigen und freien Berufsstand. Beide Männer waren jahrelang freundschaftlich verbunden. Auch wenn sich später ihre Wege trennten, blieben die gegenseitige Achtung und die Anerkennung vor den Leistungen des anderen bestehen. DIESTERWEG gab zwar zu, daß er nicht in allem mit WANDER übereinstimmte, lobte aber dessen Überzeugungskraft und seine Zivilcourage. WANDER kannte keine Resignation und fürchtete keine staatlichen Verwarnungen, veröffentlichte aber viele seiner Gedanken unter einem Pseudonym, eine Schutzmaßnahme wegen der immer heftiger werdenden Angriffe seiner Widersacher. Er sah die Emanzipation, wie kaum ein anderer seiner Zeit, auch noch in einem anderen Zusammenhang – für uns heute längst ein aktuelles Thema: die „weibliche" Emanzipation. Dazu äußerte WANDER für die damalige Zeit ganz moderne Ansichten. Die emanzipierte Ehefrau des Lehrers sollte lernen, sich in der Gesellschaft gebildeter Menschen zwanglos zu bewegen und ihm dadurch helfen. Auch sollte sie soviel Bildung besitzen, daß ihr Mann sich mit ihr über Tagesereignisse und allgemeine Lebensfragen unterhalten könnte. Keinesfalls dürfte sich ihre Tätigkeit nur auf den Haushalt beschränken; sie sollte „keine verschrobene Putznärrin" sein, deren Pflichten sich „im Suppekochen", „Stube waschen" und „Wäsche plätten" erschöpften.[36] WANDERS Forderungen überschätzten sicher den sozialen und individuellen Spielraum, der den Lehrern überhaupt erst die Möglichkeit eines persönlichen Lebensstils und einer Lebensqualität gab. Seine Vorstellungen waren utopisch und mußten den Lehrern, besonders auf dem Land, wie Märchen vorkommen.

Was ihn immer wieder pädagogisch und politisch in Harnisch versetzte und was seine Gegner als Renitenz und Aufruhr interpretierten, waren die Methoden der „patriarchalischen Gängelung" in einem „System der Bevormundung". Er machte keinen Hehl daraus, daß er jegliche Art von „Gesinnungsdressur" verabscheute, deren sich der Staat bediente. Er wußte aber auch, daß eine solche Repression nur dann ihre Wirkung auf den Lehrer ausüben konnte, wenn ihm eine gesunde Selbsteinschätzung fehlte.

Diesen Teufelskreis aufzubrechen, hatten sich DIESTERWEG und WANDER unentwegt bemüht, ohne jedoch schnelle Erfolge zu erzielen. Wann würde die Zeit kommen, in der jeder einzelne Lehrer eine gesicherte Existenz nachweisen konnte und sich über die gesellschaftliche und rechtliche Anerkennung als Bürger freuen durfte?

Die große Hoffnung: 1848

Die Revolution von 1848 brachte auch für die Lehrer eine Wende: ihre Emanzipationsbemühungen schienen nicht umsonst gewesen zu sein. Trotz des angespannten Verhältnisses zu Staat und Kirche hatten die Lehrer ihre Ziele nicht aus den Augen verloren. Unter dem Gebot der Pflichterfüllung verbarg sich immer stärker ein wachsendes Interesse an den Dingen, die eine Veränderung im politischen Leben anzuzeigen schienen: „... und es ist rührend, zu beobachten, wie der arme, gedrückte und verachtete Schulmeister der vormärzlichen Zeit in jenen Tagen des Aufschwungs eifrig mitarbeitet am stolzen Schulbau der Zukunft und kaum einen Seitenblick tut auf die Löcher im Strohdach des eigenen Schulhauses."[37]

Von seiten der Regierung wurde behauptet, daß es den Lehrern vorrangig um die Verbesserung ihrer Besoldung gehe. Das stimmte jedoch nur teilweise, da die soziale Emanzipation mehr umfaßte als das Streben nach materiellen Gütern: z. B. die Anhebung ihres Bildungsniveaus, das Wahlrecht und eine einheitliche Berufsorganisation. Auch dafür war wenig Verständnis bei den Vorgesetzten zu erhoffen. Wieder tauchte das Wort von den „verderbten" Schulmeistern auf, das besonders auf DIESTERWEG und WANDER gemünzt war. Beide wandten sich in zahlreichen Aufrufen, Reden und Veröffentlichungen an die Lehrer, um ihnen bewußt zu machen, daß sie nun nicht mehr übersehen werden könnten.

Die Beteiligung der Lehrer an der Revolution von 1848 war beachtlich. Auch die Frankfurter Nationalversammlung zählte viele Lehrer als Abgeordnete – ein erster Beweis für das auch nach außen hin sichtbare Standesbewußtsein. Die Gewöhnung an die Freiheit, wie immer sie aussah und dazu in einer bisher für Lehrer unbekannten Dimension, konnte natürlich nicht sofort eintreten, Ängste und Druck nicht sofort verschwinden. Aber die Einheit des Lehrerstandes mußte verwirklicht werden, das hatte jeder begriffen. Der von WANDER gegründete *Allgemeine Deutsche Lehrerverein* sollte diese Einheit und Einheitlichkeit repräsentieren; ein neuer Geist die Lehrer beseelen und der Zusammenschluß aller Lehrergruppen möglichst bald erreicht werden. Ging es nun voran? Gab es außer der Lehrerschaft und ihren Repräsentanten noch andere Männer, die der Emanzipation der Lehrer positiv gegenüberstanden?

Ein Industrieller für die Emanzipation

Für die Lehrerschaft ermutigend und für die Politiker beeindruckend war das Engagement eines westfälischen Industriellen und Preußischen Abgeordneten des Deutschen Reichstages, FRIEDRICH HARKORT (1793–1880), der sich, von vielen angefeindet, jahrelang öffentlich für die Belange der Volksschulen und für die soziale Anerkennung der Volksschullehrer in Wort und Schrift einsetzte. Er war objektiv genug, einzuräumen, daß die Aufgabe der Kirche in den Anfängen des niederen Schulwesens wichtig und richtig war. Aus historischer Sicht hielt HARKORT auch die Rolle des Lehrers als Kirchendiener für selbstverständlich. Unter den gegenwärtigen Verhältnissen habe jeder Bürger jedoch das Recht zur Entfaltung seiner Persönlichkeit. Sie sei ein Teil der Emanzipation, die der Selbstverwirklichung des Menschen diene. Ohne Anerkennung in der Gesellschaft sei das aber nicht möglich. Diejenigen benachteiligten Bevölkerungsschichten, die keine Berufsvertreter als Lobbyisten hätten, könnten ihre Forderungen meistens gar nicht durchsetzen. Zu diesen benachteiligten Gruppen gehörten immer noch die Volksschullehrer. HARKORT appellierte deshalb an die am Hebel der Macht sitzenden Vertreter der Öffentlichkeit und der Regierungen, den Lehrerstand und seine Forderungen zu unterstützen. Denn bei Lehrergehältern zwischen zwanzig und hundert Talern jährlich habe auch die Öffentlichkeit versagt und sich wegen dieses Zustands nicht gerührt.

HARKORT monierte ferner die Chancenlosigkeit der minderbemittelten Schüler. Zu den höheren Schulen könnten nur jene Kinder Zugang finden, deren Eltern über die nötigen finanziellen Mittel verfügten. Wie wolle aber ein Volk einen angemessenen Bildungsstand erreichen, wenn 99 % aller Kinder noch immer die Elementarschule besuchten und keine Chance, auf ein Gymnasium zu gehen, hätten? HARKORT lastete diese

Versäumnisse dem Staat an und spielte auf die für andere Zwecke ausgegebenen Staatsgelder an: „Welche Ehren ruhen z. B. auf der Landesvertheidigung, die vierhunderttausend Köpfe umfaßt, und welche Auszeichnung wird dagegen jenen zu Theil, die für zwei und eine halbe Million aufwachsender Bürger die Geisteswaffen rüsten? Ist hier die Belohnung der Arbeit gleich?"[38]

Auch WANDER hatte diese These vertreten und kritisch bemerkt: „Während für das Heer sechsundzwanzig Millionen Thaler verwandt wurden, mußte sich das gesammte Schulwesen mit 200 000 Thalern begnügen."[39] Es fanden sich genug Argumente, die man als Minuspunkte staatlicher Politik werten konnte. Die Vertreter der Lehrerschaft hatten inzwischen eine gewisse Publizität erlangt, die sie geschickt nutzten. Denn in konservativen Kreisen war wenig Bereitschaft zu erkennen, den neu gewonnenen Standpunkt der Volksschullehrer zur Kenntnis zu nehmen. Das bewiesen Äußerungen von Abgeordneten des Reichstages und des Preußischen Landtages. Wenn eine Resonanz erfolgte, dann war sie negativ.

In der allgemeinen Kultusdebatte über die Grundrechte, die in der Paulskirche in Frankfurt am Main behandelt wurden, gingen die Ansichten über die pädagogische Freiheit und die Emanzipation der Volksschullehrer weit auseinander. Die Emanzipation schien das Schreckgespenst par excellence zu sein, so, wie sie von einigen Abgeordneten entworfen wurde. In deren Sprachgebrauch waren die Begriffe „Demokrat" und „Freigeist", auf Lehrer gemünzt, zu Schimpfwörtern herabgesunken. Der Abgeordnete des Preußischen Landtages VON BETHMANN-HOLLWEG befand im Hinblick auf die beantragten Rechte eines Staatsdieners: „Der Lehrerstand ist überhaupt ein bescheidener, demüthiger Stand, der in der Welt auf Rang und Ehre keinen Anspruch zu machen hat."[40]

Die Gegenposition nahmen hauptsächlich bürgerliche Abgeordnete ein. Sie versuchten, zu einer verständnisvolleren Darstellung der Lehrermisere zu kommen und meinten, außer der Verbesserung schulischer Leistungen in einer freien Schule müßte dem Lehrer eine Befreiung von jeglicher Bevormundung zugestanden werden.

Enttäuschte Hoffnungen

Im breiten Spektrum widerstreitender politischer Interessen sah sich der Lehrer zwischen Ablehnung und Anerkennung und hoffte auf eine bessere Zukunft. Im Rückblick auf die historische Szene von 1848 wurden keinerlei radikale oder staatsfeindliche Aktivitäten der Lehrerschaft als Berufsgruppe festgestellt; ihre Beteiligung an politischen Emanzipationskämpfen machte nur einen ganz geringen Prozentsatz aus. Dennoch herrschten bei den Konservativen Verblüffung und Befremden über das ungewohnte Engagement der Lehrer, die sich bisher niemals in dieser Weise exponiert hatten. Der unzweifelhafte Erfolg der Emanzipation lag offensichtlich in der Arbeit der Lehrervereine begründet. Der „Allgemeine Deutsche Lehrerverein" verstand sich zunächst als Vereinigung aller Lehrergruppen und hoffte hier die von vielen ersehnte Solidarität verwirklichen zu können. WANDER hatte dazu wieder seine Stimme erhoben und in einem Aufruf gemahnt: „Alles sammle sich unter der Fahne der Einheit. Deutsche Lehrer, reißet auch ihr die euch trennenden Schranken nieder. Lasset uns als Brüder arbeiten an dem großen Werke, das uns anvertraut ist: an der Bildung des deutschen Volkes!"[41]

Es hat in der Tat für kurze Zeit eine Zusammenarbeit aller Lehrergruppen gegeben, aber sie blieb nur eine Episode; eine große Chance wurde vertan: Die höheren Schulen gingen ihren eignen Weg – ohne die Volksschule. Die Gymnasiallehrer vertraten ihre Forderungen zusammen mit anderen akademischen Berufen. Es gab keine gemeinsamen Berufsinteressen mit den Volksschullehrern mehr; fachbezogene Gespräche waren ohnehin kaum je zustande gekommen, und eine gemeinsame Erziehungsaufgabe sah man damals auf beiden Seiten nicht. Man glaubte auch nicht, daß „ . . . die Anfänge des Unterrichtens in niedriger Dorfschule zumindest ebenso interessant und jedenfalls schwieriger als der Unterricht in den untersten Klassen höherer Anstalten seien"[42], wie ein Lehrer 1846 behauptete. So entfiel die gemeinsame Aktionsbasis zur Durchsetzung eines schulpolitischen Programms, das von den Lehrervereinen konzipiert worden war. Dabei hätten die Ereignisse der Revolutionsjahre das verbindende Element sein können.

Die Philologen hatten inzwischen ihre eignen Lehrergesellschaften und Lehrerversammlungen ins Leben gerufen, die aber nicht an die Öffentlichkeit traten. Ihre Interessen lagen entsprechend ihrer Ausbildung als Fachkräfte nicht direkt auf pädagogisch-politischem Gebiet. Sie fühlten sich als loyale Staatsbürger und königstreue Beamte; ihre Schüler kamen hauptsächlich aus dem gehobenen Bürgertum und bildeten den Nachwuchs für die höhere Beamtenhierarchie. Der akademisch gebildete Lehrer sollte sich nach der Vorstellung der höheren Stände, die ihn schon immer favorisiert hatten, vom niedrigen Tagesgeschehen möglichst fernhalten und sich statt dessen lieber in wissenschaftliche Studien vertiefen, um sich seinem anstrengenden Beruf intensiv widmen zu können. Das bedeutete politische Abstinenz, die dem Staat nur recht sein konnte. Ein Kulturhistoriker der damaligen Zeit drückte die Diskrepanz zwischen den Bildungsvorstellungen so aus: „Eine Art Freimaurerei verband die studierten Leute zu einer unsichtbaren Loge, und der ärmste Teufel, der mit einem Loch im Rockärmel einherging, legitimierte sich als ein Gentleman, wenn er eine Strophe des Horaz oder etliche homerische Verse in der Ursprache zitieren konnte."[43] Damit mag zusammenhängen, daß um die Mitte des 19. Jahrhunderts vereinzelt Forderungen nach einer vollakademischen Ausbildung aller Lehrer laut wurden. Schon DIESTERWEG hatte dieses Thema aufgegriffen und die Ansicht kritisiert, daß man als Volksschullehrer keine studierten Leute brauche.

Der Vorsprung, den die Lehrer an höheren Schulen seit der Zeit ihres Aufstiegs vom theologisch gebildeten Präzeptor bis zum Philologen gegenüber den Volksschullehrern hatten, ließ sich nicht mehr wettmachen, und die Frage war, ob eine Angleichung der Ausbildung überhaupt gewünscht wurde. Manche Philologen begrüßten nämlich eine solche Entwicklung nicht und meinten, die Tatsachen eines solchen Schrittes wären nicht ernsthaft genug ins Auge gefaßt worden. Diese Tatsachen, mit denen die Volksschullehrer noch immer konfrontiert wurden, konnten eigentlich nicht übersehen worden sein, seit der Ruf der Vorkämpfer der

Emanzipation unablässig auch an die Öffentlichkeit gedrungen war, und seit die Gründung zahlreicher Lehrervereine in allen deutschen Ländern weithin bekannt wurde. Daß Fakten also ignoriert wurden, lag weniger an der fehlenden Information als an der inneren Einstellung konservativer Politiker zu den Emanzipationsbestrebungen der Lehrerschaft. Ein Beispiel: In der Akademie der Wissenschaften zu Berlin hielt JAKOB GRIMM am 8. November 1848 eine Vorlesung, die später als Flugblatt gedruckt und verbreitet wurde. Hier treten deutlich Standesunterschiede und die bekannten politischen Gegensätze zwischen den Lehrergruppen auf. GRIMM ist der Auffassung, daß fünfzig Kinder im Unterricht einen Volksschullehrer nicht auslasten, daß fünfzigtausend bis sechzigtausend neue Lehrerstellen den Staatshaushalt aber erheblich belasten würden. Der Dorfschullehrer täte gut daran, mit seinem Los zufrieden zu sein, so wie es sich nach alter Tradition gehöre. GRIMM fährt fort: „Eines Schulmeisters Leben, wenn er genügsam sich bescheidet, nicht über seinen Stand hinausstrebt, könne das friedlichste und glücklichste von der Welt sein."[44] GRIMM berichtet ferner, was er bisher über die neugegründeten Lehrerseminare gehört hätte, sei sehr zweifelhaft im Hinblick auf ihren realen Nutzen. Denn dort würden Kenntnisse vermittelt, die dem Volksschullehrer in seinem Lehramt später keineswegs dienlich sein könnten. Was er vor allem brauche, das seien „Milch und Brot des Glaubens und die Vaterlandsliebe".[45] Die Gegenstimmen zu dieser öffentlich bekundeten Ansicht ließen nicht auf sich warten. Ein Abgeordneter rügte bei der Kultusdebatte in der Paulskirche die Äußerungen und ergriff Partei für den Volksschullehrer. Er merkte an, daß ein Vergleich zwischen Professoren und Schullehrern sich von vornherein verbiete, denn jedermann wisse, daß dem Professor im bürgerlichen Leben höchste Achtung und Anerkennung gewiß sei, während sich, was den Lehrer betreffe, jeder Kommentar erübrige. DIESTERWEG reagierte entsprechend. Er warnte seine Kollegen vor der Illusion zu glauben, daß alle höheren Beamten fortan den Volksschullehrer respektieren würden.

Die Gegensätze blieben also unverändert bestehen. Der Graben, der sich schon lange vorher zwischen den bei-

Lehrerkollegium einer höheren Schule: Die Philologen hatten ihre eigenen Lehrerorganisationen und sollten sich nach Meinung des Staates hauptsächlich ihren Studien widmen.

den Lehrergruppen aufgetan hatte, konnte in der kurzen Zeit der revolutionären Aufbruchstimmung nicht mehr überbrückt werden. Ressentiments auf beiden Seiten waren vorerst nicht aus der Welt zu schaffen. Alle Hoffnungen der Volksschullehrer hatten sich zerschlagen: die Hoffnung auf eine Verbesserung ihrer Lage, die Hoffnung auf eine Vereinigung aller Lehrer in einem Lehrerverein und die Hoffnung auf Gleichberechtigung und Gleichstellung als Staatsbürger. Die Philologen blieben den Zusammenkünften in den Vereinen nun fern und gründeten ihre eignen Fachverbände. Die Lehrervereine waren wegen bürokratischer Maßnahmen und ständiger Verbotsandrohungen nur noch Berufsorganisationen ohne politische Bedeutung. „Das Scheitern der Revolution von 1848/49 bedeutete für lange Zeit das Ende einer politischen Lehrerbewegung in Deutschland.“[46]

War die Emanzipation nun endgültig gescheitert? Waren alle guten Absichten fortschrittlicher Kräfte vereitelt worden? Unter den Lehrern, die wegen ihres schulpolitischen Engagements immer wieder Zielscheibe heftiger Angriffe gewesen waren, war es still geworden. Sie verhielten sich vorsichtig und blieben distanziert, um möglichst nicht weiteren Anfeindungen ausgesetzt zu sein. Sie warteten erst einmal ab, wie sich die Dinge entwickeln würden. Das war wohl richtig. Aber die Sorge führender Schulpolitiker war groß; fürchteten sie doch, daß die Lehrerschaft wieder in den alten Zustand der Apathie und Resignation zurückfallen könnte. Es war ja vorauszusehen, daß neue Restriktionen, Verbote und Kontrollen auf sie zukommen würden. Die Ermutigungen, die DIESTERWEG und andere ständig aussprachen, waren durchaus notwendig. Denn es lag nahe, daß sich die Staatsmacht beeilen würde, die Lehrer auf ihre Amtspflichten und ihre Amtstreue energisch hinzuweisen. Auch unter den Berufskollegen gab es Differenzen über die weitere Strategie. Hier zeigte sich, daß es an einer solidarischen Gesinnung fehlte.

Inzwischen hatte die Ära EICHHORN ein jähes Ende gefunden. Der Minister, der die Entlassung DIESTERWEGS betrieben hatte, wurde selbst entlassen. Viele Lehrer atmeten auf. EICHHORN war einer der umstrittensten Minister gewesen, sein Mitarbeiter EILERS nicht weniger. Denn er war mitverantwortlich für die Maßnahmen des Ressorts für kirchliche und pädagogische Belange, unter anderem auch für die Zensur. Man machte keinen Hehl daraus, daß beide Beamte das Vertrauen der Lehrerschaft verloren hatten. EILERS hatte sich auch öffentlich zu persönlichen Animositäten gegenüber DIESTERWEG hinreißen lassen und ihm die Schuld für die aufrührerischen Tendenzen in der Lehrerschaft gegeben. Die Genugtuung, daß EICHHORN der Lehrerschaft nicht mehr schaden konnte, war aber bald einer allgemeinen Interesselosigkeit für öffentliche Angelegenheiten und für die eigenen Forderungen gewichen. Politisch unerfahren, hatten es die Lehrer nicht verstanden, sich zu behaupten, obwohl Männer wie DIESTERWEG und andere gleichgesinnte Liberale versucht hatten, ihnen klarzumachen, daß sie die Durchsetzung ihrer Forderungen nach einer besseren Besoldung, nach dem Bürgerrecht und nach einer befriedigenden Berufsausbildung erreichen müßten. In ihrer Naivität hatten sie geglaubt, sie würden nun als Stützen der Gesellschaft gelten und aktiv teilhaben am Aufbau eines Volksschulwesens. Ehe sie ihres Irrtums gewahr wurden, überraschte sie die politische Wende. Die konservativen Kräfte in der Regierung beeilten sich, ihre Positionen schnellstens zurückzuerobern. Das war angesichts der Mutlosigkeit und Enttäuschung der Lehrer nicht schwer. Man konnte zu den alten erfolgversprechenden disziplinären Methoden und Maßnahmen ohne weiteres zurückkehren und alte Schuldzuweisungen wieder hervorholen.

Das sah so aus: Der Volksschullehrer, besonders der junge Seminarist, wurde der „geistigen Vergiftung“ der Erziehung bezichtigt. Eine ministerielle Verfügung veranlaßte die Behörden zu einer Überwachung der Volksschullehrer; der deutsche Lehrerverein wurde verboten. Die Zeit der Abhängigkeit und Unsicherheit, die man hinter sich geglaubt hatte, kehrte wieder.

Kein Wunder, daß die Vorkämpfer der Emanzipation sich Sorgen machten und fürchteten, daß die alte Unterwürfigkeitshaltung der Lehrer gegenüber den Obrigkeiten wieder aufleben würde. Am härtesten traf der Druck von oben die Lehrerseminare. Die Frage, ob ein Lehrer sich politisch betätigen sollte, wurde in diesen Jahren oft diskutiert und unterschiedlich beantwortet. DIESTERWEG hatte seinen Standpunkt immer wieder deutlich artikuliert. So sah er zumindest in der Parteilichkeit des Lehrers ein Problem. Ein Schullehrer, so meinte er, dürfe nicht Mitglied einer Partei sein. Man müsse auch erwarten können, daß er gegenüber allen Konfessionen Toleranz zeige und die religiösen Standpunkte respektiere. Nach 1849 ist ein Streitfall Anlaß zu einer noch präziseren Stellungnahme DIESTERWEGS zu diesem Thema. In Berlin hatte ein Lehrer seinen Schülern im Unterricht das Lied „Gegen Demokraten helfen nur Soldaten“ von WILHELM V. MERCKEL diktiert. Der Wortlaut ist folgender:

Als der Herr nach seinem Plan
Alles hat erschaffen,

Deucht ihm alles wohlgetan:
Engel-Menschen-Affen.

Aber dabei blieb es nicht!
Wer das denkt, der irrt sich:
Eine Spielart kam ans Licht
Anno acht und vierzig.

Die Natur hielt Niederkunft
Und gebar die fünfte Zunft,
Obwohl sehr mißraten:
Die der Demokraten!

Etwas haben sie an sich
Von jedweder Rasse:
Menschen sind sie äußerlich
Nach Gewicht und Masse,
Affen je nach Tracht und Bart,
Innerlich ist's Teufelsart,
Und mit Engelszungen
Kommen sie gesungen

‚Freiheit' ist das Feldgeschrei!

Putsche und Krawalle
Sind die Mausefalle.
‚Alles für das Heil der Welt'
Volk von Gottes Gnaden!
Jeder Gauner wird ein Held
Auf den Barrikaden!

Also hausen durch das Land
Die unsaubern Geister,
Bis das Kreuz mit fester Hand
Drüber schlägt der Meister.

Gegen Demokraten
Helfen nur Soldaten.[47]

DIESTERWEG wandte sich mit aller Schärfe gegen dieses Vorgehen des Lehrers und differenzierte noch einmal deutlich seine Meinung: „Der Lehrer darf als Lehrer und um des Erziehungszwecks willen keine entschieden ausgesprochene politische Parteistellung einnehmen, er darf nicht Führer einer politischen Partei sein ... Es gibt eine andere Weise als diese, für die Freiheit zu wirken ... Sie liegt in all seinem Tun als Lehrer ... Damit sage ich nicht, ... daß er keine politische Gesinnung haben solle ..."[48]

Manifeste und Gegenmanifeste erregten die Gemüter. In einem Aufruf des „Königlich-Evangelischen Consistoriums in Württemberg“ (1849) nimmt auch die Kirche Stellung zur Beteiligung der Volksschullehrer an „unruhigen Bewegungen“, in dem es u. a. heißt: „Nach vielfältigen Nachrichten haben sich bei den unruhigen Bewegungen und politischen Ausschweifungen der letzten Monate besonders auch Angehörige des Volksschullehrerstandes betheiligt, wie denn auch einzelne Lehrer deshalb zur gerichtlichen Untersuchung gezogen worden sind ... So gewiß den Lehrern ebenso wie allen Staatsbürgern das Recht freier Meinungsäußerung über Zustände des öffentlichen Lebens zusteht, so entschieden kann und muß von ihnen verlangt werden, daß sie in ihren politischen Urtheilen und Handlungen innerhalb derjenigen Grenzen der Besonnenheit und Mäßigung, der Sitte und des Anstandes sich halten, welcher ihr nächster Beruf der Jugendbildung und die bei ihrem Amtsantritt übernommene heilige Verpflichtung in sich schließt. Sie sollen pflanzen und bauen, nicht zerstören und niederreißen ...“[49]

Dieser Verwarnung hatte sich, wie unterstrichen wird, auch der katholische Kirchenrat angeschlossen. Der anklagende Ton solcher Manifeste blieb sich stets gleich. Dünkel, Anmaßung, Verblendung und Respektlosigkeit waren die Vorwürfe gegen jene Lehrer, die als Gefahr für den Staat und die Kirche angesehen wurden. Man vermutete in der Forderung nach Emanzipation einen Angriff auf die Religion und damit gegen die Kirche. Die Lösung der Schule von der geistlichen Schulaufsicht bedeutete aber, wie immer wieder betont wird, keineswegs eine Religionsfeindlichkeit oder eine atheistische Haltung. Die Lehrerschaft versuchte natürlich sich zu verteidigen. Auf der zweiten Versammlung des Allgemeinen Deutschen Lehrervereins in Nürnberg 1849 wurde ein „Verteidigungsmanifest deutscher Lehrer an das deutsche Volk“ veröffentlicht, in dem es u. a. heißt: „Der deutsche Lehrerstand ist in seinem teuersten Gute, dem Vertrauen des Volkes, bedroht und seine Ehre gefährdet. Seine Gesinnung, seine Treue, seine Liebe zum Volk wird beargwöhnt und verdächtigt. Verdeckt und offen beschuldigt man ihn, daß durch ihn hauptsächlich das Volk irre geleitet sei und irre geleitet werde, daß er vornehmlich das Herz der Menge den Regierungen abgewendet, das gewaltige Ringen nach Freiheit und Einheit in falsche Bahnen gelenkt und den Widerstand gegen den alten Druck und die alte Not überstürzt habe; daß er somit einen großen Teil der Schuld an der kläglichen Gegenwart des hoffnungsreichen Anfangs deutscher Freiheit und Ehre trage."[50] Dieses Manifest blieb ohne Widerhall in der Lehrerschaft.

Die ganze Unerbittlichkeit und Härte konservativer Schulpolitik, die auf die Unterbindung jeglichen Emanzipationsverlangens abzielte, wird dokumentiert durch die im Auftrag des preußischen Ministers RAUMER von dem Geheimrat FERDINAND STIEHL (1812–1878) entworfenen drei Regulative, die 1854 in Kraft traten und bis 1872 ihre Gültigkeit behielten. STIEHL war Seminarlehrer und Seminardirektor in Neuwied und ab 1844 im preußischen Kultusministerium in der Volksschulverwaltung beschäftigt, von 1848–1850 Mitglied der konservativen Fraktion in der Kammer.[51] Die Regulative waren die ersten verbindlichen Lehrpläne für den Unterricht der evangelischen Lehrerseminare, der Präparandenanstalten und der Volksschulen. Die einzelnen Schwerpunkte können hier nur insoweit hervorgehoben werden, als sie sich auf die Lehrerkandidaten und Lehrer unmittelbar auswirkten, ihre erzieherische Aufgabe und ihren Unterricht nicht nur neu bestimmten, sondern besonders sie selbst auch zurückwarfen in ihrem Kampf um innere Unabhängigkeit und Eigenständigkeit. Sie mußten sich zum ausführenden Organ ministerieller Erlasse herabgewürdigt sehen. Für den einzelnen Lehrer stellten sich die Regulative also als eine umfangreiche Liste von Vorschriften, Verboten und Einschränkungen auf allen Gebieten dar – seien es Lerninhalte, Unterrichtsfächer oder Methoden. Emanzipation war ein Reizwort, das dazu diente, eine Rückwärtsbewegung einzuleiten, die durch STIEHL personifiziert wurde. Die Uhren des Volksschulwesens gingen nun rückwärts. Damit war der Weg vorgezeichnet, den die Lehrer zu gehen hatten. Die Regulative ließen denn auch an Deutlichkeit nichts zu wünschen übrig. Außerdem verfügte Minister RAUMER, „daß nur solchen Lehrern Unterstützung gewährt werden dürfe, die sich durch tadellose politische Haltung auszeichneten."[52] Der Ungeist sollte ein für allemal aus den Schulen vertrieben und die jungen Lehramtskandidaten von Anfang an in einem Geist gebildet werden, der Zucht und Ordnung garantierte. STIEHL setzte alles daran, die Warnungen und Drohungen seines Königs FRIEDRICH WILHELM IV. auf der Seminarleiter-Konferenz in Berlin zu verwirklichen. Das bewies die Konzeption der Seminarausbildung.

Die Ausführungsbestimmungen waren unmißverständlich formuliert: Ziel war es, die Lehrer „zum einfachen und fruchtbringenden Unterricht in der Religion, im Lesen und in der Muttersprache, im Schreiben, Rechnen, Singen, in der Vaterlands- und Naturkunde . . ." zu befähigen. Die Jugend sollte erzogen werden „in christlicher, vaterländischer Gesinnung und in häuslicher Tugend . . . Das ganze Leben im Seminar soll sich unter die Zucht des Wortes und des Geistes stellen", so daß sich „eine evangelisch-christliche Lebensgemeinschaft" bilde.[53] Das waren die tradierten Maximen. Wie sehr STIEHL in den Augen der Reaktion als die geeignete Persönlichkeit erscheinen mußte, zeigt eine Episode. Als er als Seminardirektor bei einer Zusammenkunft eine Rede hielt, brachte er auf die Schulen einen Toast auf ‚fünfzig Jahre rückwärts' aus – ‚wenn sie gut werden sollten' und bemerkte weiter, „daß er den Seminaristen für ihr Lehrerleben nichts angelegentlicher einzuschärfen wüßte, als Demut bei harter Kost und leerer Wand".[54]

Auch in den Zeitungen und in öffentlichen Ansprachen fanden sich nicht nur Beifallsäußerungen für STIEHLS Regulative, sondern auch Zornesausbrüche und unkontrollierte Attacken gegen die Lehrer. In der „Schlesischen Zeitung" drückte 1850 VALERIAN GRAF PFEIL seine Meinung über die Lehrer so aus: „Die Schullehrer, die christliche Demut lehren sollen, die aber aufgeblasen sind wie die Feuerkröten und aus frevelhaftem Hochmut die Kirche nicht mehr über sich dulden wollen, müssen von ihrem Amte gejaget werden, daß sie die Schuhe verlieren, und wie Galgenvögel muß man sie aus dem Lande peitschen."[55] Es ist die Frage, ob dieser streitbare Graf nicht gerade das Gegenteil erreichte, weil nämlich viele junge Lehrer sich derart brüskiert fühlten, daß sie sich um so eher den liberalen und demokratischen Parteien zuwandten. Sie hatten bisher auf den Seminaren einen angemessenen Spielraum für ihre Entwicklung gehabt und waren als Individuen ernst genommen worden. Nun wurden sie „Zöglinge" genannt und erfuhren sich als Erziehungsobjekt jener vorgesetzten Seminarlehrer, die unvorbereitet aus dem Pfarrer- und Lehrerstand geholt wurden, um dieses Amt freiwillig zu übernehmen. Die Folgen der Regulative STIEHLS waren vorauszusehen. Die Zahl der Lehramtskandidaten ging auffällig zurück. DIESTERWEG formulierte die Gefühle seiner Lehrerkollegen wohl richtig, wenn er äußerte: „Nichts ist niederschlagender als die Niedergeschlagenheit."[56] Seine Seminarkollegen, die Verfechter liberaler Schulpolitik, mußten damit rechnen, daß sie ihres Amtes als Seminarleiter enthoben wurden oder keine Chance auf eine führende Position bekamen. Unter dem Druck der beruflichen und fachlichen Einschränkungen und Kehrtwendungen wurde die Mehrheit der Lehrer immer schweigsamer und zurückhaltender. Es half auch nichts, daß HARKORT die Zurückziehung der Regulative verlangte, weil sie statt Lehrer nun „Schulknechte" forderten. Er hatte keinen Erfolg. Mit den verderblichen Einflüssen, „die eine Emancipation der Schule von der Kirche, eine Emancipation des Lehrerstandes von der Autorität ..." zum Ziel hatten, mußte es nach Ansicht STIEHLS ein Ende haben. „Die Schule ist die Tochter der Kirche und die Gehülfin der Familie, sie muß wie jede dem geistigen Volksleben gewidmete Institution, dienen; mit je größerer Selbstverleugnung sie dieses thut, um so größer ist ihre Ehre, ihr Erfolg."[57]

Die Schule als Tochter der Kirche, der Lehrer als ihr Diener – dieser Weg führt weit zurück in die Vergangenheit. Was die Regulative bestimmen, hat nichts mehr mit emanzipatorischen Bildungszielen und Wünschen der Lehrer zu tun. Statt dessen wird vor allem für die einklassigen Elementarschulen auf dem Lande eine strikte Begrenzung der Lehrinhalte und eine Einschränkung jeglicher Freiräume für den Lehramtskandidaten der Seminare festgeschrieben. Gerade sie hatten besonders unter den rigiden Vorschriften zu leiden; meinte man doch, daß an ihren Bildungsstätten „all das Elend", wie der König es ausdrückte, seinen Ursprung hatte.

Das ging so weit, daß die Seminarleiter die Privatlektüre der jungen Seminaristen kontrollieren sollten, daß ihnen von der klassischen Literatur abgeraten wurde und selbständiges Denken ebenso unerwünscht war wie schulpolitisches Interesse. Die Gefahr einer Verbildung, also eines übertriebenen Wissensdranges, war nach Ansicht der Verfechter der STIEHLschen Regulative nicht von der Hand zu weisen. Man hatte ja 1848 erlebt, wohin das führte.

Von der Verwendbarkeit der Lehrer hatte STIEHL ganz andere Vorstellungen als die Lehrerschaft selbst. Die Schule sollte wieder unter kirchliche Aufsicht gestellt und die staatliche Autorität anerkannt werden. Was unter diesem Aspekt im einzelnen von dem Lehrer verlangt wurde, war eine Überforderung und mußte seinen Unterricht und vor allem seine erzieherische Aufgabe auf mechanischen Drill reduzieren. Als Maximum der Schülerzahl sollten hundert Kinder gleichzeitig in einem Raum unterrichtet werden. Diese Zahl wurde aber oft überschritten. Die Lehrer, die durch das Aufblühen des Lehrervereinswesens allmählich ein soziales Verhalten entwickelt hatten, mußten nun erleben, daß ihnen auch in ihren persönlichen Beziehungen Grenzen gesetzt wurden, denn die Lehrervereinsarbeit wurde besonders argwöhnisch beobachtet. So blieb es nicht aus, daß sich gerade der Lehrer auf dem Lande und in kleineren Ortschaften vereinsamt fühlte und eine geistige und gesellschaftliche Anregung vermißte. Auch an eine Weiterbildung war nun nicht mehr zu denken. Die Chancen für Seminaristen, sich aus eigener Initiative privat weiterzubilden oder sich durch neue Eindrücke anregen zu lassen, waren gleich null. Denn nach dem Willen des Königs FRIEDRICH WILHELM IV. waren die Seminare aus den größeren Städten in kleine unbedeutende Orte verlegt, teilweise auch aufgelöst worden. Man begründete das damit, daß die jungen Leute nicht durch weltliche Genüsse abgelenkt werden dürften; gemeint war beispielsweise die Teilnahme an musikalischen Veranstaltungen und literarischen Lesungen, die meistens innerhalb des Seminars oder in Anwesenheit der Seminarlehrer arrangiert wurden und bei denen es sich vorwiegend um geistliche Musik oder Choräle handelte.

Klöden berichtet aus der ersten Hälfte des 19. Jahrhunderts bereits von solchen Gelegenheiten. Er war damals als erster Lehrer an das Lehrerseminar in Potsdam berufen worden, deren späterer Direktor er wurde. Bei Antritt seines Dienstes wurde er sogleich mit diesen Vorschriften konfrontiert. Er billigte sie keineswegs, weil er bei verbandsinternen Veranstaltungen für die jungen Seminaristen keine Gefährdung sehen konnte. Er erklärte deshalb offen, es gebe wohl „beschränkte Köpfe", die glaubten, je weniger Kenntnisse ein junger Mensch sich aneignete, desto einfacher und bescheidener würde er bleiben. Diese kurzsichtigen Leute, so meinte er, vergäßen aber, daß es einen großen Lehrmeister gebe, nämlich die Welt, die das Lernen aus Erfahrung bereitstelle. Es sei daher ein Irrtum, wenn man Seminaristen „in klösterlicher Weise" absperre; „als wenn nicht die Erfahrung aller Zeiten unwiderleglich dargetan hätte, daß die Erfahrungen der Welt ihren Weg über jede Klostermauer finden ..." Wie es jedoch aussehe, seien Erfahrungen für die Verantwortlichen nicht maßgebend, „sondern nur ihre Einbildungen".[58] Er ließ sich jedenfalls durch solch engstirnige Begrenzungsvorschriften nicht irremachen, auch wenn ihm seine offenen Bemerkungen zum Thema bald einen Verweis einbrachten.

Nachdem er sich das Seminar in Potsdam genauer angesehen hatte, beschwerte er sich bei der zuständigen Behörde auch über die unhaltbaren Zustände, die er hinsichtlich der Unterkunftsverhältnisse der Seminaristen vorfand. Das Gebäude war früher eine Tabakfabrik gewesen. Für die sechzig Kandidaten standen nur fünf niedrige Stuben mit kleinen dunklen Fenstern zur Verfügung. In einer etwas größeren Stube hausten zwanzig junge Leute. Das Mobiliar bestand aus fünf Tischen, zwanzig Schemeln, zehn Kommoden und zwanzig Koffern, außerdem noch aus zwei Klavieren, an denen Geigen und restliche Kleider hingen, die in den überquellenden Koffern keinen Platz mehr hatten. Die Zimmer waren ungemütlich und wenig einladend, denn im Winter mußten sich die Zimmergenossen auch in ihren Stuben waschen. Bei der Enge der Räume kippten Wasserkrüge oft um, und das Wasser floß über den ungepflegten Fußboden. Es war fast unmöglich, Ordnung zu halten. Überall lagen Lehrbücher, Noten und Zeichnungen herum, weil die Schubladen schon voll waren.[59] Und dabei handelte es sich um ein Seminar in einer repräsentativen Stadt!

Einengungen und Beschränkungen gab es überall. Die Seminaristen hatten besonders darunter zu leiden. So wurde ihnen, wenn sie in die Stadt gehen wollten, nur erlaubt, in einer vorgeschriebenen Straße spazierenzugehen; was HARKORT zu der Bemerkung veranlaßte, daß sich selbst ein Soldat außerhalb seines Dienstes frei bewegen könne. Er wertete diese Maßnahme als Zeichen von Unsicherheit und Angst der Behörden gegenüber den immer noch spürbaren emanzipatorischen Regungen unter den Lehrern und stellte die Frage, wie ein an seiner persönlichen Freiheit dermaßen gehinderter unmündiger Lehrer denn Kinder erziehen könne, die mündige Menschen werden sollten.[60] Auf diese Frage reagierte DIESTERWEG in einem Brief an WANDER: „Die armen Kerle werden ganz ruiniert."[61] Die Lehrer waren wirklich arme Teufel. Einerseits sollten sie gehorsame Untertanen erziehen und sich selbst mit allem, was die Regulative forderten, zufriedengeben; andererseits hatten sie doch die Emanzipation begrüßt, weil sie sich von ihr größere Bewegungsfreiheit in der Schule und im privaten Leben erhofften.

Welches Fazit ließ sich aus diesem Dilemma ziehen? Was war übriggeblieben von dem Wunsch nach Emanzipation? Wie sah es mit dem sozialen Prestige aus? Hatten die Lehrer nun mehr Möglichkeiten, sich in gesellschaftlich anerkannten Wirkungsbereichen zu betätigen? Hatte sich ihr rechtlicher Status geändert? Im wesentlichen war nach dem Scheitern der Revolution keinerlei Fortschritt für die Lehrerschaft festzustellen. Die Lehrer in größeren Städten konnten zwar gelegentlich auf karitativen, kirchlichen und in bescheidenem Rahmen auch auf publizistischem Gebiet wirken, wußten aber, daß für diese Betätigung kein repräsentatives Auftreten erforderlich war. Die Teilnahme an patriotischen Feiern vaterländischer Vereine wurde ihnen allerdings erlaubt. Vielleicht hoffte man auf eine Gesinnungsänderung. Man ließ sie aber nicht im Zweifel, was erlaubt war und was nicht. Aus hoffnungsvollen Anfängen der Emanzipation wurde der Lehrer wieder zurückgeworfen in seine sozialen Niederungen. Dennoch war er sich nach diesen bitteren Erfahrungen mehr denn je bewußt geworden, daß er sich behaupten und kämpfen mußte. „Weder in Preußen noch in den anderen Bundesstaaten ist es der Unterrichtsverwaltung gelungen, die Lehrerschaft vollständig unter Kontrolle zu halten und zu verhindern, daß sie sich regional, im Revolutionsjahr 1848 sogar national zu einem bildungspolitisch selbstbewußten Berufsstand zu formieren begann."[62]

Hineinwachsen in die Gesellschaft

Ein bißchen Streik ...?

In Deutschland hatten sich durch die anwachsende Industrialisierung die sozialen Strukturen verändert. Handwerker und Bauern bestimmten nicht mehr überwiegend das soziale Bild. Wirtschaftlicher und technischer Fortschritt führten zu einem allgemeinen Aufschwung, aber auch zu einer Abwanderung ländlicher Bevölkerungsteile in die Städte, die ungeheuer wuchsen. Die Einwohnerzahl von Berlin stieg von 41 900 im Jahre 1850 auf 1 222 000 im Jahre 1880 und auf 3 730 000 im Jahre 1910. In der Zeit von 1875 bis 1913 verdoppelte sich die Zahl der Gesamtbevölkerung des deutschen Reiches. Die Bevölkerung Preußens betrug 1846 16,1 Millionen und 1864 bereits 19,3 Millionen. Bei der Reichsgründung 1870/71 war die Bevölkerung Preußens auf 41 Millionen angewachsen.

Im Wissenschaftsbereich wurden die Naturwissenschaften als allgemeingültige Wissenschaft anerkannt und beeinflußten das geistige Leben nachhaltig. Ausbau und Umstrukturierung waren die Folge. Die vom naturwissenschaftlichen Denken beeinflußten Pädagogen sahen sich in ihrer Einstellung zur Bildung nun in einer Konfrontation mit den humanistisch gebildeten Kollegen; von den Schulformen her ausgedrückt: Realschulen und höhere Bürgerschulen traten neben die humanistischen Gymnasien. Die Realgymnasien und Oberrealschulen waren Weiterentwicklungen dieses Trends und gewissermaßen Zugeständnisse der damaligen Gesetzgeber. Im Bereich der Volksschulen und des allgemeinen Bildungswesens zeigten sich ebenfalls Veränderungen. Geheimrat STIEHL konnte sich wegen seiner rigiden Regulative nicht mehr lange im Amt halten, auch wenn die monarchistisch-christliche Regierungsform in Preußen noch lange unangefochten bestehen blieb. Thron und Altar fühlten sich angesichts stärkerer Liberalisierungstendenzen enger denn je verbunden.

Die STIEHLschen Regulative hatten dem Volksschullehrer unendlich geschadet; nicht nur, weil sie ihn in seiner Unterrichtsarbeit und in seiner Weiterbildung einengten, sondern auch, weil sein Selbstbewußtsein gelitten hatte. Die Seminarbildung der Lehrer hatte ebenfalls einen Rückschritt zu verzeichnen. Die Seminaristen hatten immer noch unter den strengen Geboten einer Seminarleitung, die im Sinne der Regulative arbeitete, zu leiden. Wenn ein Seminarist aus einem Seminar ausgewiesen wurde, konnte er an einem anderen nicht mehr aufgenommen werden. Die ihm gewährten finanziellen Unterstützungen mußten auf Heller und Pfennig zurückgezahlt werden. Auch ein ganz normaler Wechsel des Seminars war suspekt. Man forschte intensiv nach den Gründen. Dabei ging es in erster Linie um die spätere Amtsführung und um den Lebenswandel. Der Vorbildcharakter war und blieb eine der konsequentesten Forderungen und schloß Unterordnung und Anpassung mit ein. Wenn der Besuch des Gottesdienstes nicht regelmäßig erfolgte, sah man in diesem Verhalten eine Bejahung der Trennung von Kirche und Schule, also der Emanzipationsidee. Sie brachte dem Seminaristen mindestens eine Mahnung des Vorgesetzten ein. Daß eine absolute moralische Integrität von einem zukünftigen Lehrer verlangt wurde, war selbstverständlich. Ein Aufbegehren der Lehrer war in der Öffentlichkeit kaum mehr wahrzunehmen.

Im Jahre 1872 ersetzte der liberale Kultusminister ADALBERT FALK (1827–1900) die STIEHLschen Regulative durch die *Allgemeinen Bestimmungen betr. des Volksschul-, Präparanden- und Seminarwesens.* Sie prägten die Volksschulen, Präparandenanstalten und Lehrerseminare bis zum Beginn des 20. Jahrhunderts und brachten für Volksschullehrer einige wesentliche Veränderungen. Der Minister kümmerte sich zunächst um die Anhebung der Lehrergehälter. Bei seinem Amtsantritt hatten mehr als 1 500 Lehrer an städtischen Schulen und etwa 15 000 Lehrer auf dem Lande ein Einkommen von unter zweihundert Talern, und nur 28 % Prozent aller Lehrer hatten mehr als 300 Taler. FALK versprach Hilfe und äußerte sich gegenüber den Lehrervereinen: „Es ist für mich keine Frage, daß ein Notstand vorhanden ist. Seien Sie versichert, daß ich ein Herz für die Schule und ihre Lehrer habe.“[1] Er hielt Wort und ließ Taten folgen, so daß die Lehrer aufatmen konnten.

Fürst Otto von Bismarck (1815–1898) hatte 1872 den Kulturkampf begonnen, der in erster Linie gegen die katholische Kirche und ihre Bildungseinrichtungen gerichtet war, der aber auch die evangelische Kirche in Mitleidenschaft zog. Es ging darum, daß der Staat sich die Schulhoheit sichern wollte und damit die Aufsicht über seine Schulen beanspruchte. Im „Schulaufsichtsgesetz für Preußen 1872" hieß es dazu: „§1. Unter Aufhebung aller in einzelnen Landestheilen entgegenstehenden Bestimmungen steht die Aufsicht über alle öffentlichen und Privat-Unterrichts- und Erziehungsanstalten dem Staate zu. Demgemäß handeln alle mit dieser Aufsicht betrauten Behörden und Beamten im Auftrag des Staates. § 2. Die Ernennung der Local- und Kreisschulinspectoren und die Abgrenzung ihrer Aufsichtsbezirke gebührt dem Staat allein. Der allein vom Staat den Inspectoren der Volksschule ertheilte Auftrag ist, sofern sie dies Amt als Neben- oder Ehrenamt verwalten, jedoch jederzeit widerruflich."[2] Hier wurde also deutlich unterschieden zwischen den Höheren Schulen und der Volksschule, wobei sich das Ehren- oder Nebenamt auf den Ortsgeistlichen bezog. Die Bestimmungen hätten die Volksschullehrer zu den trügerischen Hoffnungen verleiten können, nun habe die Schulaufsicht der Ortspfarrer ein Ende. In der Praxis sah das jedoch anders aus. In den kleinen Ortschaften ließ es sich der Ortsgeistliche nicht nehmen, seinem christlichen Gewissen zu folgen und die Schule als Tochter der Kirche nach wie vor zu betreuen und natürlich auch den Lehrer zu inspizieren.

Den Volksschullehrern fiel es schwer, sich von dem Gefühl der Abhängigkeit zu befreien. Zu oft waren besonders die Lehrer auf dem Dorf und in kleinen Städten durch die häufigen Inspektionen der geistlichen Schulinspektoren in Bedrängnis geraten, denn es ging ja immer auch um den persönlichen Lebenswandel. „Es ist sicherlich nicht verwunderlich, daß sich im Volksschullehrer ein Theologiekomplex ausbildete."[3] Bei einer Auflistung von Diskussionsthemen, die von den deutschen Lehrervereinssektionen veröffentlicht wurden, finden wir noch 1886 das Thema: „Die Befreiung des Lehrers vom niederen Küsterdienst" als aktuellen Gesprächsstoff akzentuiert, also nicht aus historischer

Sicht betrachtet.[4] Zwei Jahre später stand dieses Thema noch einmal auf dem 8. Deutschen Lehrertag in Berlin zur Debatte. Die Versammlung erneuerte ihre Forderung, den niederen Lehrern nicht mehr die Küsterdienste zu übertragen; sie seien entwürdigend für ihn und seine berufliche Position und würden ihm die Erfüllung seiner erzieherischen Pflichten erschweren.[5]

Die Diskussionen um das Thema wurden auch in den Lehrerzeitungen weitergeführt. Im „Schulboten für Hessen", dem Organ des Hessischen Landlehrervereins, hieß es 1872 auf die Frage, wem denn die Schule gehöre, der Kirche, der Gemeinde oder dem Staat: die Schule sei nicht die Tochter der Kirche, wie behauptet würde, denn sie sei inzwischen erwachsen und selbständig. Wenn die Kirche allerdings für die Küsterdienste ein entsprechendes Gehalt festsetzen würde, dann kämen die „verlorenen Schafe" gewiß „wieder alle in ihren früheren Stall" zurück. Zum Verständnis dieses Textes muß man wissen, daß die Kirche aus ihrem Vermögensschatz für unterbezahlte Lehrer Unterstützungen bereithielt. Das bestätigen auch die Schulordnungen dieser Zeit.

Bis zum Ende des 19. Jahrhunderts ließ sich also in der Besoldungsfrage keine einheitlich positive Bilanz ziehen. Es gab immer noch große Besoldungsunterschiede, wie die folgenden Beispiele zeigen.

Im Jahre 1817 bekam der Volksschullehrer im Herzogtum Nassau jährlich 200 bis 500 Gulden. Für Wohnung und Garten wurden ihm 15 bis 20 Gulden berechnet. 1858 erhöhte sich sein Gehalt auf 250 bis 800 Gulden jährlich, abzüglich der Wohnungskosten. Die Konrektoren an Pädagogien hatten im Jahre 1859 jährlich zunächst 850 und nach einer Gehaltserhöhung 1 000 bis 1 500 Gulden.[6]

In Sachsen wurde besoldungsmäßig unterschieden zwischen dem Lehrer ohne oder mit Küsterdienst. Der Lehrer ohne Küsteramt erhielt 120 Taler jährlich, der Küsterlehrer 200 Taler.[7] Im Fürstentum Waldeck-Arolsen wurde von 1849 bis 1855 das Gehalt nach der beruflichen Qualifikation des Lehrers gestaffelt. Der 1. Lehrer bekam als Rektor einer Volksschule jährlich 400 Taler, der 2. Lehrer 275 Taler, der 3. 225 Taler, der 4. 175 Taler und alle übrigen 150 Taler. Auch die Elementarlehrer an einer unteren Volksschule wurden, je nach Einwohnerzahl der Landgemeinden, unterschiedlich bezahlt. Bei Schulgemeinden von weniger als 200 Einwohnern zahlte die Gemeinde 100 Taler, in Schulgemeinden mit 200 bis 300 Einwohnern betrug das Gehalt des Elementarlehrers 125 Taler, in Schulgemeinden mit über 400 bis 500 Einwohnern gab es in gleicher Position 190 Taler, und bei über 500 Einwohnern zahlte die Gemeinde 250 Taler.[8] Die unterschiedlichen Geldsorten machen es schwierig, sich die Währungen und deren Kaufkraft vorzustellen. Ein Reichstaler oder Taler hatte in Preußen vierundzwanzig Groschen, ein Groschen waren zwölf Pfennige. Ein Taler war damals gleichwertig mit ca. 60 Mark, ein Groschen mit ca. 2,50 Mark. Der Gulden war bis ins 19. Jahrhundert die gültige Münzeinheit in Deutschland und in den angrenzenden Ländern, die Mark bis 1857 eine deutsche Münzeinheit.

Im Jahre 1848 hatte DIESTERWEG ein Fixum an Gehalt mit einem festgesetzten Minimum und ansteigendem Einkommen, je nach Tüchtigkeit und Dauer der Amtsverwaltung, gefordert; ebenso eine Gleichstellung der Lehrer mit den anderen Beamten verlangt, soweit es die Alters- und Witwenversorgung betraf.[9] HARKORT hatte in einer seiner schulpolitischen Reden im Preußischen Abgeordnetenhaus 1852 festgestellt, daß der Staat für das Unterrichtswesen nur 183 000 Reichstaler ausgebe, für die Pferdezucht aber 400 000 Reichstaler zur Verfügung stünden.[10] Erst 1885 gab es eine gesicherte Altersversorgung, die ein Lehrerpensionsgesetz festsetzte. Nach dem Diensteinkommensgesetz Kaiser WILHELMS II. von 1897 wurden die Volksschullehrer hinsichtlich ihrer Besoldung als ‚mittelbare Beamte' eingestuft. Dieses Gesetz vereinheitlichte Mindesteinkommen, Wohngeld und Altersversorgung. Damit entfiel endlich die immer wieder bemängelte Abhängigkeit vom Steueraufkommen der Gemeinden.[11] Das Gesetz regelte die Besoldung für Lehrer und Lehrerinnen einheitlich wie folgt:

Grundgehalt: Mindestsumme für Lehrer: M. 900,– jährlich, für Lehrerinnen: M. 700,– jährlich.

Es ging nicht nur um das Geld, sondern auch darum, sich von der oft als demütigend empfundenen Zahlungsweise endlich lösen zu können. In vielen kleinen Ortsgemeinden wurden den Lehrern nicht einmal die Mindestgehälter bezahlt; die Leute wollten und konnten die dauernden Klagen und Beschwerden weder hören noch ernstnehmen. Es gab jedoch nur wenige in der Bevölkerung, die sich eine Schulmeisterwohnung einmal genauer betrachtet hatten. Vermutlich hätten sie dann ihre Meinung geändert. In Hessen waren um diese Zeit Tausende von Bürgern, die kaum über das Existenzminimum verfügten, ausgewandert; unter ihnen viele, die sich für den Lehrerberuf entschieden hatten, aber mit der ganzen Familie von der kargen Besoldung nicht leben konnten. Im „Schulboten" versucht ein Lehrer, die Gründe für eine Auswanderung zu erklären: „Ich kenne genug Collegen, die in ihrer Jugend Feuer und Flamme waren für ihren Beruf. Die Feuer sind ausgebrannt und ihre Wärme hat sich ins Gegenteil verkehrt. Die Verhältnisse sind Schuld. Erhalte deine geistige Spannung und Frische, wenn bei harter Arbeit täglich, stündlich der Gedanke dich plagt, der Lohn für deine Mühe reicht nicht aus, deine Familie vor Hunger zu schützen; erhalte deine Begeisterung für eine Sache, die trotz vielseitiger Anerkennung doch von fast Allen im Stich gelassen, und nur von Wenigen unterstützt wird; erhalte dich in der deprimierenden und depravierenden Stellung, welche du als Lehrer einnimmst. Nur ein Riese an Geistes- und Körperkraft ist dazu imstande."[12] Die Lehrerpresse widmete sich nun schon jahrelang intensiv diesem leidigen Thema. Im Zusammenhang damit wurde auch über entsprechende Kampfmethoden diskutiert. HARKORT hatte bei einem Vergleich zwischen dem Gehalt des Lehrers und dem Lohn des Arbeiters die Möglichkeit eines Streiks in die Debatte geworfen. Diese Idee wurde allgemein verworfen, weil man sich trotz aller Nichtachtung seinen bürgerlichen Status bewahren wollte. Auch ein „bißchen Streik" – meinte der „Schulbote" – sei nicht empfehlenswert.

Ein Jahr zuvor, 1871, war der Deutsche Lehrerverein in Berlin als Nachfolge des traditionellen 1844 gegründeten Allgemeinen Deutschen Lehrervereins ins Leben gerufen worden, gefolgt von weiteren Vereinsgründungen auf Länder- und Provinzebene. Ein Anfang war gemacht. Die Lehrervereine hatten ja viel dazu beigetragen, die Selbsteinschätzung der Lehrer zu stärken. Aber ihnen waren dort Grenzen gesetzt, wo die Fremdeinschätzung von der Bildung und Ausbildung der Lehrer abhing, die, immer noch unzureichend, ihren Status nicht verbesserte. Was nützte es dem einzelnen Volksschullehrer, wenn ihm nachgesagt wurde, er hätte die Schlacht bei Königgrätz (1866) gewonnen? Nach der verlorenen Schlacht bei Königgrätz (Sadowa), 1866, sollen die Österreicher den Ausspruch getan haben, der „preußische Schulmeister“ habe die Schlacht gewonnen.

„Ruhe ist die erste Bürgerpflicht“

Seitdem die Emanzipationsbewegung stagnierte und keinerlei Fortschritte zu erwarten waren, hatten es die Befürworter der Emanzipation unter den Lehrern schwer. Die Diffamierungen waren im Gegensatz zu früher eine Mischung aus moralischen Schuldzuweisungen und politischen Verdächtigungen. Es blieb nicht nur bei allgemeinen Mißfallensäußerungen in der konservativen Presse, sondern es gab auch von kaisertreuen und nationalgesinnten Vorgesetzten gezielte Anspielungen auf die politische Parteinahme der Lehrer; gemeint war die Vermutung, daß liberale Lehrer mit der Sozialdemokratie sympathisierten. Dieser Verdacht wog um so schwerer, wenn man bedenkt, daß der Lehrer, von dem man eine monarchistisch-christliche Gesinnung erwartete, zu den „vaterlandslosen Gesellen“ überlief. In diesem Zusammenhang fehlte auch nicht der Vorwurf, die Emanzipation führe zum Atheismus, der wiederum gleichgesetzt wurde mit dem Sozialismus – eine simple Rechnung. Aus all diesen Gründen forderte das preußische Kultusministerium eine absolute politische Neutralität.

Der „Hannoversche Volksschulbote“, der die Stimme der Evangelischen Kirche wiedergibt, schreibt dazu: „Die Parteien unserer Tage kennzeichnen sich vorzüglich auch dadurch, daß sie schroff, ohne Vermittlung einander gegenüber stehen, es ist nicht ein Ringen auf verschiedenen Meinungswegen nach einem Ziele, sondern der Vernichtungskampf einer Partei gegen die andere; man vergißt, daß auch die Gegenpartei Menschen sind, die uns Gottes Gebot vorschreibt, zu lieben, man trägt den Bruderhaß im Herzen und läßt sich zu unedlen Handlungen und gröblichsten Schmähungen hinreißen ... Welche Stellung soll nun der Lehrer dazu einnehmen? – Obgleich überzeugt, daß der Lehrer keine so wichtige Person ist, um hemmend oder fördernd in das Rad der Weltgeschichte eingreifen zu können, so ist er doch auch in seinen Beziehungen zu Kirche, Staat und Familie nicht so unwichtig, daß wir nicht eine Antwort auf obige Frage suchen sollten. Dazu ist seine Person von allen Seiten so antastbar, daß seine Ruhe wesentlich nur zu seinem eigenen Schaden ohne jeglichen Gewinn durch seine politische Stellung getrübt werden kann. Wie leicht wird sein gutes Einvernehmen mit seinen Vorgesetzten gestört, wie leicht verliert er die Achtung und Liebe der Eltern seiner Schüler durch Politik ... Wer möchte nicht jene ächten Perlen dem Scheingold der Anerkennung, ein tüchtiger politischer Agitator zu sein, ohne Bedenken vorziehen? ... Gewiß, das Amt läßt sich treu verwalten, aber bei den heutigen Eigenschaften der Parteien möchte dem Lehrer leicht von ihrem Schmutze etwas anfliegen, welches wir ihm nicht gönnen."[13] Ein Lehrer, so heißt es weiter, solle sich lieber um seine Kinder kümmern als um fragwürdige Parteiphrasen. Natürlich stehe die Tugend über allem. Man kennt diese Ratschläge und auch die Parole „Ruhe ist die erste Bürgerpflicht" als Beschwichtigungsformel.

Nach Meinung des Kultusministers VICTOR VON PUTTKAMER, des Amtsnachfolgers von FALK, 1880, dränge sich die Volksschullehrerschaft zu sehr in den Vordergrund. Er halte dies für undankbar, weil der Staat gerade in letzter Zeit für die Verbesserung ihres Lebensstandards gesorgt hätte. Ihre Sucht nach Anerkennung und Prestige war nach seiner Meinung übertrieben und ihre Ablehnung weltlicher und kirchlicher Autoritäten typisch für sie. VON PUTTKAMER betonte dabei aber ausdrücklich, daß er selbstverständlich nur vom Volksschullehrerstand und nicht von den Philologen spreche. Immer wieder folgte im gleichen Atemzuge der Angriff auf die neugegründeten Lehrervereine, die an allem schuld seien. Sie waren indes schul- und standespolitisch nicht untätig. Auf den Deutschen Lehrertagen und den regionalen Lehrerversammlungen wurden die Forderungen der Lehrerschaft diskutiert, Resolutionen formuliert und Beschlüsse gefaßt, in denen man eindeutig zu den aktuellen Mißständen im Schulwesen sowie zu den sozialen Benachteiligungen der Lehrer Stellung nahm. Die Gremien verlangten u. a. für ihre Mitglieder die Stimmberechtigung in den Schulausschüssen der Ortsgemeinden.

Seminar oder Hochschule?

Die größere Sorge galt aber der Ausbildung und Weiterbildung der Lehrer. Sie wußten, wie dringend dieses Problem gelöst werden mußte und konnten sich daher nicht mehr mit dem Niveau der bestehenden Lehrerseminare zufriedengeben. Die Frage der Qualifikation der Lehrerausbildung stand ja in engem Zusammenhang mit der Anerkennung der Lehrer in der Öffentlichkeit. Ein hochgestecktes Ziel der Lehrervereine war, die seminaristisch vorgebildeten Lehrer durch Fachkurse an Hochschulen wissenschaftlich und pädagogisch in die Lage zu versetzen, später zum Seminardirektor aufsteigen zu können. Die Frage eines Zugangs zur Universität für Volksschullehrer war bereits 1848 diskutiert worden. DIESTERWEG gehörte nicht zu den Befürwortern. Seine Vorstellungen gingen mehr in Richtung eines qualifizierten Seminars als Fachschule und einer Neuordnung der Präparandenausbildung. „Insbesondere wollte man im Studium ein Verhältnis von Theorie und Praxis realisiert sehen, das es im herkömmlichen Studium der Lehrer an höheren Schulen nicht gab.“[14] Schon die damaligen Universitäten konnten den notwendigen Praxisbezug nicht bieten. Die Philosophischen Fakultäten erkannten die Pädagogik als Wissenschaft noch nicht an. 1897 wurden in Berlin und Halle, wenig später in Bonn die ersten Lehraufträge für praktische Pädagogik vergeben, die man nach Möglichkeit Pädagogen anvertraute, die sich sowohl in der Schulpraxis bewährt als auch sich durch wissenschaftliche Veröffentlichungen einen Namen gemacht hatten.

Hier soll im Vorgriff auf weitere Einzelheiten der Name REMIGIUS STÖLZLE (1856–1921) erwähnt werden, der seiner Zeit vorauseilte. Er war zunächst im bayerischen Höheren Schuldienst tätig, wurde dann Professor für Philosophie und wenig später auch für Pädagogik in Würzburg und vertrat, unabhängig von den preußischen Modellen, die Einheitsschule auf sozialer und christlicher Basis. Er befürwortete eine sechssemestrige Volksschullehrerausbildung an der Universität mit gleichzeitiger Absolvierung eines schulpraktischen Jahres für Lehrerstudenten. Außerdem trat er für die Einheit des Lehrerstandes ein. STÖLZLE wußte, daß er mit dieser Konzeption auf Widerstand stoßen würde. Er hatte fast alle Akademiker und auch die Studentenvertretungen gegen sich. Außerdem wurden organisatorische, finanzielle und technische Einwände hervorgebracht, beispielsweise die Überfüllung der Hörsäle, erhöhte Verwaltungskosten und die Gefährdung der Autonomie der Universitäten. Man gab ferner zu bedenken, daß sich nicht jeder angehende Volksschullehrer für ein akademisches Studium eigne und man hier eine Auslese treffen müsse. STÖLZLE versuchte, alle Gegenargumente zu entkräften.

Schließlich bestanden auch Widerstände in den Reihen der Volksschullehrer, die fürchteten, die Universität vermittle zuviel Spezialwissen, der Volksschullehrer benötige aber eher „enzyklopädisches" Wissen. Außerdem wurde die Frage erhoben, ob es auf der Universität eine Garantie für eine religiöse Bildung gebe, da weder ein Fach Religion noch ein konfessionell aufgebautes Studium möglich sei. Argumente und Gegenargumente gingen hin und her. STÖLZLE war fest davon überzeugt, daß die Zeit zeigen würde, was notwendig sei. Er nahm ernstzunehmende Erwägungen vorweg, deren Einlösung noch lange auf sich warten ließ. Angeregt durch STÖLZLE gingen die Diskussionen über eine akademische Lehrerbildung der Volksschullehrer auf allen Ebenen weiter. Als Ergebnis kann man die Forderungen der Lehrerversammlungen stichwortartig zusammenfassen: eine breitere Allgemeinbildung, Abschaffung der Präparandenausbildung, statt der Lehrerseminare pädagogische Fachschulen, Lehrstühle für Pädagogik mit pädagogischen Seminaren an den Universitäten, um auch eine akademische Lehrerfortbildung zu ermöglichen.

Seitens der Regierungen konnte man hinsichtlich einer Universitätsausbildung nicht mit besonderem Entgegenkommen rechnen, und Parteimeinungen standen gegen Parteimeinungen im Chor der schulpolitischen Auseinandersetzungen. Die Konservative Partei forderte 1892: „Wir verlangen für das christliche Volk eine christliche Obrigkeit und christliche Lehrer für christliche Schulen.“[15] Die Sozialdemokratische Partei fühlte sich von ihrem Programm her verpflichtet, den Volksschullehrern beizustehen; insbesondere war sie für eine bessere Qualifikation der Ausbildung und für eine Anhebung des sozialen Status. In den sogenannten „Mannheimer Thesen“ ihres Parteitages forderte die SPD 1906 u. a. die Universitätsausbildung für Volksschullehrer und -lehrerinnen.[16] Anstelle der bisherigen Lehrerseminare sollten Pädagogische Fakultäten an den Universitäten eingerichtet werden. Es ginge nicht an, daß die derzeitigen Lehrerseminare als „Hinterhäuser der Wissenschaft“ (TEWS) bestehen blieben. Die gleiche Meinung vertraten auch die liberalen und demokratischen Schulpolitiker seit Jahren. „Ein Lehrerstand, der in abgesonderten, als minderwertig geltenden Anstalten, mögen diese auch an sich ganz gut sein, seine Ausbildung erhält, wird in der gebildeten Welt niemals zur vollen Anerkennung kommen.“[17]

Die politische Situation der Jahrhundertwende war gekennzeichnet durch die Kämpfe der Parteien um die Schule. Dabei wurde dem Lehrer wieder einmal die Rolle des Sündenbocks zugewiesen. Er konnte sich aber trotz ungünstiger Voraussetzungen behaupten und von den Emanzipationsversuchen lernen. Eine Annäherung zwischen den Lehrern der Höheren Schulen und den Volksschullehrern ließ sich jedoch nicht erreichen. Die unterschiedlichen Bildungs- und Ausbildungswege, die schon seit geraumer Zeit eine Trennung vorgezeichnet hatten, blockierten alle Entspannungsversuche und gefühlsmäßigen Annäherungen. Die eingeschliffenen Verhaltensmuster auf beiden Seiten waren zu gravierend. Die unterschiedliche soziale Herkunft, die anfangs nicht so bedeutend war, und die konträren politischen Einstellungen trugen zur weiteren Vertiefung der bestehenden Kluft bei. Während der BISMARCK-Ära erhielten die Philologen den Titel „Oberlehrer" und wurden beamtenrechtlich den Juristen gleichgestellt, eine Position, auf die sie lange hatten warten müssen. Im Jahre 1903 wurde der *Vereinsverband akademisch gebildeter Lehrer Deutschlands,* der spätere Philologenverband, gegründet. Auch bei dieser Lehrervereinigung war es nicht anders als bei den anderen: Sie mußte lange um eine einheitliche Besoldung und um den gleichen beamtenrechtlichen Status, wie ihn die anderen akademischen Berufe (z. B. Ärzte und Richter) bereits besaßen, kämpfen. Ihre endlich erfüllte Forderung hatten die Philologen mit dem Hinweis begründet, daß „die Qualität des pädagogischen Handelns abhängig sei vom gesellschaftlichen Status des Höheren Lehrstandes . . ." Es erging ihnen aber vorher nicht viel anders als den Volksschullehrern, denn: „Seit der Mitte des 19. Jahrhunderts waren diese Forderungen der Philologen von den preußischen Kultusministern als berechtigt anerkannt, niemals aber eingelöst worden."[18]

Störfaktor: Lehrerinnen

Der berufliche Weg der Lehrerin verläuft von Anfang an ganz anders als der des Lehrers. Wir haben erwähnt, daß die Geschichte ihres Berufes in den Frauenklöstern begann, so, wie der Mönch als Gelehrter der Vorläufer der Philologen war. Die Nonnen unterrichteten junge adlige Mädchen, hauptsächlich in der Christenlehre. Nach Auflösung der Klöster in der Reformationszeit traten an die Stelle der Nonnen Lehr- und Schulfrauen, die hauptsächlich als Hilfskräfte eingestellt wurden. Bekannt sind im 16. und 17. Jahrhundert Schulgründungen von Ordensschwestern, in denen auch Laienlehrerinnen unterrichteten.

In den damaligen Volksschulen waren weibliche Lehrkäfte noch nicht zu finden. Sie führten als Privatlehrerinnen, Erzieherinnen und Gouvernanten in gutsituierten Häusern ein bescheidenes und zurückgezogenes Leben, blieben aber nicht ohne Einfluß auf die gewünschte höhere Bildung der Kinder; denn sie kamen selbst aus einem ähnlichen Milieu und verfügten über eine gute Allgemeinbildung, die für ihre Tätigkeit genügte. Nebenbei betrieben sie private Studien. Eine fachliche Ausbildung wurde nicht verlangt. Wenn die Männer kleinerer selbständiger Handwerksbetriebe infolge der Industrialisierung arbeitslos wurden, mußten oft die Frauen Fabrikarbeit leisten oder durch Heimarbeit den Unterhalt für die Familie aufbessern. Sie bekamen jedoch als Frauen nur sehr wenig Lohn. Ihr Nachteil war, daß sie über keinerlei Ausbildung verfügten und mit jeder Art von Arbeit zufrieden sein mußten. Zu Beginn des 19. Jahrhunderts gab es vereinzelt Seminare, die den Lehrerinnen offenstanden. Hier sind als erste die in Münster und in Paderborn zu nennen. Mitte des 19. Jahrhunderts werden erste Prüfungsordnungen für Lehrerinnen auf privater Ebene festgesetzt. Sie durften aber nur im ersten und zweiten Schuljahr unterrichten und wurden hauptsächlich als Handarbeitslehrerinnen eingestellt. Aber sie standen schon jetzt im Gegensatz zu ihren männlichen Kollegen. Auf der einen Seite handelte es sich um Töchter aus den gebildeten Bürgerfamilien, die eine angemessene Beschäftigung in einer gesicherten Position suchten; auf der anderen Seite hatten sie es im allgemeinen nicht nötig, einen Beruf zu ergreifen und Geld zu verdienen. Sie hatten in der Regel ein Lyzeum, eine höhere Mädchenschule, besucht und konnten mit einem solchen Schulabschluß in ein privates Seminar aufgenommen werden. Die höheren Töchterschulen wurden auch von Frauen geleitet. Es waren zunächst Privatinstitute. Erst in den sechziger und siebziger Jahren wurde der Zugang zum Lehramt für Lehrerinnen staatlich genehmigt und damit die Ernennung zur Beamtin möglich. 1869 wurde in Berlin ein erster überregionaler *Lehrerinnen-Verein* gegründet. Hinsichtlich der Besoldung mußte aber auch die Lehrerin erfahren, daß es zwischen ihr und dem männlichen Kollegen keine Gleichberechtigung gab: Sie bekam weniger Geld. Während ein Lehrer Anfang des 19. Jahrhunderts im Rheinland z. B. über ein Jahresgehalt von 361 Talern verfügen konnte, erhielt eine Lehrerin dort an einer Mädchenschule 241 Taler und „eine neue anständige Wohnung nebst schönem Garten“.[19] Sie konnte allerdings durch Strick- und Nähunterricht außerhalb der Schule ihren Verdienst aufbessern.

Gegen Ende des Jahrhunderts trat die Frau als Lehrerin in der Volksschule ins Blickfeld der Öffentlichkeit und erregte zunächst heftig die Gemüter, auch die der männlichen Kollegen. Eine berufstätige Frau löste damals größtes Befremden aus. Eine Konkurrenz war die Lehrerin aber zunächst nicht, weil ein Mangel an Lehrkräften bestand. 1845 und 1853 erließ Preußen die ersten Prüfungsordnungen, nachdem andere Länder schon früher diesen Schritt vollzogen hatten. Ende des Jahrhunderts betrug der Anteil der Lehrerinnen in Preußen aber bereits 15 %; 1874 gab es 5 Lehrerinnen-Seminare und 1894 10 in Preußen. Man holte Versäumtes nach; denn schon DIESTERWEG hatte das Fehlen staatlicher Seminare für Lehrerinnen gerügt. In den Schuldienst wurden nur unverheiratete Frauen aufgenommen. Eine Heirat bedeutete unweigerlich ihre Entlassung – nicht nur in Preußen. Waren sie anfangs nur Handarbeitslehrerinnen und im Elementarbereich tätig, so durften sie später auch Turnen und in Ausnahmefällen Deutsch und Religionsunterricht in höheren Schulen erteilen. Wegen dieser Einschränkungen ihres Tätigkeitsfeldes lag es nahe, daß viele sich der Frauenbewegung anschlossen, weil sie sich unter der Führung von HELENE LANGE (1848–1930) und GERTRUD BÄUMER (1873–1954) in ihren Zielen bestätigt fühlten (die übrigens beide auch Lehrerinnen waren). Auch hier ging es um die Emanzipation. Ihre Ziele lagen jedoch auf einer anderen Ebene und wurden anders verstanden als die der Lehrer, die über die Aufhebung der geistlichen Schulaufsicht hinaus für sich persönlich mehr Freiheit und soziale Gleichberechtigung erstrebten. Es ging ihnen in erster Linie um gesellschaftliche und berufliche Aufstiegsmöglichkeiten und um ein größeres Sozialprestige. Die Lehrerin versuchte vor allem, sich einen größeren geistigen Horizont und eine unabhängige berufliche Position zu verschaffen. „Die vertikale Emanzipation der Lehrerschaft wird durch die horizontale Emanzipation der Lehrerinnen beeinträchtigt", und es zeigte sich, daß die Lehrerin nicht nur den „Widerstand der gebildeten Männerwelt, die in der Sphäre des Geistes ihre eigene Domäne erblickt"[20], erfahren mußte, sondern daß sie auch bei ihren männlichen Kollegen auf Ablehnung stieß. Sie war für ihn nicht nur beruflich eine

Konkurrentin, sondern er mußte auch fürchten, daß sie ihm überlegen war. Diese Besorgnis wird verständlich, wenn man weiß, wie schwer dem männlichen Kollegen der Aufstieg bis zur damaligen Position gemacht worden war. Eine Fülle von angeblich stichhaltigen Argumenten gegen Frauen in der Schule wurde nun von allen Seiten zusammengetragen, die uns heute geradezu absurd vorkommen:

Als Einzelperson brauche die Lehrerin nicht soviel Gehalt wie ein Familienvater, also sei die geringere Bezahlung gerechtfertigt. Diese Maßnahme nannte der Staat die Regelung nach dem „Bedürfnisprinzip".[21] Ein zweiter Grund für die Ablehnung einer Lehrerin war der, daß sie die anstrengende Unterrichtsarbeit in der Volksschule nicht bewältigen könne, weil sie wegen ihrer physischen und psychischen Konstitution dafür gar nicht geschaffen sei. Deswegen verfüge sie auch nicht über die nötige Leistungsfähigkeit, die sie ja jeden Tag im Unterricht unter Beweis stellen müsse. Man gab natürlich vor, daß man mit diesem Urteil nur ihr Bestes wolle, indem man sie vor gesundheitlichen Schäden bewahrt wissen und ihre vorzeitige Invalidität verhindern möchte. Das Image des schwachen, hilfsbedürftigen Weibes, das sich zwar emotional engagiert, aber rational überfordert wird, weil der Verstand eben minimal ist, wird in diesen Ansichten deutlich. Aus derartigen Gründen konnte natürlich auch die Berufsarbeit der Lehrerin nicht als vollwertig angesehen werden. Gegenüber der geistigen Kraft und dem Beharrungsvermögen des männlichen Kollegen mußte also die Lehrerin in jedem Fall unterlegen sein. „Die der Frau zugeschriebenen Qualitäten von Gefühl und Gemüt gelten als nicht männlich; . . ." Ja, man ging so weit zu behaupten, daß die Lehrerin durch ihre ihr eigenen Wesensmerkmale den Lehrerstand diskreditiere. „Verweiblichung der Schule wird mit Verweichlichung gleichgesetzt."[22] Es lag auch in der Luft, daß man die unterschiedliche soziale Herkunft immer wieder im Zusammenhang mit der Berufstätigkeit sah und meinte, der Befähigungsnachweis der Lehrerin für ihre Anstellung in der Volksschule sei nicht gerechtfertigt. Sie sei von ihrer Herkunft und ihren nicht amtlicherseits bestätigten Studien in der Volksschule fehl am Platz. Zu alledem kam noch ein

Vorwurf, der den Lehrern eigentlich zu denken gegeben haben müßte. Nun wurden nämlich die Lehrerinnen mit dem gleichen Vorurteil konfrontiert wie früher die Lehrer: sie wurden von Vorgesetzten und von der Öffentlichkeit als hochmütig und eingebildet charakterisiert. Dieser Angriff auf die Person der Lehrerin zielte deutlich auf die mit ihrer Herkunft zusammenhängenden Verhaltensweisen als „Schul-Dame" und zeigte Unsicherheit auf beiden Seiten. Die „Damen" beklagten sich über den Mangel an guten Umgangsformen bei den männlichen Kollegen und beanstandeten deren Ungeschliffenheit. „Man kann erfreut oder entsetzt oder amüsiert feststellen, wie die jungen Damen solcher Herkunft in den Lehrerzimmern zäh und energisch ihren männlichen Kollegen die Umgangsformen beizubringen versuchten, die ihnen selbst aus ihrem Elternhaus selbstverständlich sind."[23]

Der Widerstand der männlichen Kollegen und die Statusprobleme, die der Lehrerin den Einstieg in den Beruf erschwerten, werden auch durch Erinnerungen damaliger Schülerinnen bestätigt. Eine um die Jahrhundertwende eingeschulte Kölnerin berichtet: „Ich besuchte eine katholische Mädchenschule im Zentrum der Stadt, eine Volksschule. Im zweiten Schuljahr waren wir vierzig Kinder. Wir saßen auf harten Holzbänken zu viert in einer Bank. Unter unseren Mitschülerinnen war eine Jüdin und eine Protestantin. Wenn die ihre Feiertage hatten, kamen sie nicht zur Schule, und wenn wir Religionsunterricht hatten, bekamen sie meistens frei. Da waren wir neidisch. Unsere Lehrerin fand ich zuerst ganz nett, bis einmal etwas passierte, was mich heute noch manchmal im Traum erschreckt. Als ein Mädchen einmal den Zorn der Lehrerin erregte – ich weiß heute nicht mehr, warum – griff die Lehrerin kurzerhand zum Rohrstock, ging mit dem Mädchen hinter die letzte Bank und gab ihr ein paar ordentliche Hiebe auf ihr Hinterteil. Ich war entsetzt und konnte das nicht verstehen, denn die Lehrerin hatte selbst zwei Kinder in unserer Schule. Ich hatte sowas noch nie erlebt. Die anderen Mädchen hatten nachher auch Angst. Meinen Eltern habe ich das nicht erzählt. Ich schämte mich zu sehr. Im nächsten Schuljahr bekamen wir eine andere Lehrerin. Sie war sehr freundlich mit uns und nicht

Mädchenklasse in der Stadt, 1915.

verheiratet. Wir haben gut bei ihr gelernt, und sie hat uns nicht geschlagen. Es war kein Stock da. Bei jeder Pfarrprozession mußten wir unter ihrer Leitung mitgehen. Später wurde sie sogar Rektorin und unterrichtete nur noch in der Oberstufe. Sie war eine elegante Erscheinung, na ja, eben eine Dame. Manchmal lud sie einige von uns zu sich nach Hause ein, jedesmal wieder andere Mädchen; wir bekamen Kuchen zu essen. Natürlich hat uns das allen sehr gefallen. Sie hat immer alle gleich behandelt, ob arm oder reich. Ich habe sogar bis heute ihren Namen nicht vergessen."[24]

Die Lehrer waren sicherlich enttäuscht, daß sie in den Lehrerinnen keine verständnisvolleren Partnerinnen fanden, sondern nach ihrer Meinung eher Gouvernanten vor sich hatten. Auch die Verbandsarbeit ging getrennte Wege. Die Lehrerin war an sozialen und wirtschaftlichen Problemen persönlich nicht in gleichem Maße interessiert wie der Lehrer. Dessen soziale Lage und die des gesamten Volksschullehrerstandes ist ihr zunächst nicht bewußt geworden, da sie auch schulpolitisch nicht genügend informiert war. Noch war sie auch für einen Kampf um gleiche Besoldung nicht vorbereitet. So mutet es nicht seltsam an, daß eine Lehrerverbandsorganisation noch 1886 vermerkt, die Anstel-

Schulunterricht in höheren Schulen. Die weiblichen Kollegen wurden noch mit Mißtrauen beobachtet. Sie gehörten besser in die Familie, notfalls in die Grundschule.

lung weiblicher Lehrkräfte im Volksschuldienst sei nicht zu unterstützen. Sie könnten höchstens als Aushilfskräfte fungieren, und nur, wenn es gar nicht anders ginge. Erst 1906 wurde auf der Allgemeinen Lehrerversammlung in München eine Resolution verabschiedet, in der man die Lehrerin für berechtigt hielt, an der Volkserziehung mitzuwirken. Sie könnte aber einen Lehrer nicht ersetzen, sondern ihn höchstens ergänzen. Eine Verweiblichung des Lehrkörpers würde der Schule und damit der Volkserziehung schaden.[25] Diese Resolution wurde jedoch nicht von der Versammlung angenommen, läßt also erkennen, wie lange Fehleinschätzungen über Volksschullehrerinnen andauerten. Immer noch warf man ihnen vor, sie könnten nicht logisch denken und seien von ihrer natürlichen Bestimmung her Ehefrau und Mutter und sollten nicht ihre Lebensaufgabe in einem Beruf suchen. Dahinter verbarg sich der Ärger, daß die Lehrerinnen als Konkurrentinnen des Lehrers nun auch alle Schüler und Schülerinnen unterrichten durften, und daß sie oft auch die bevorzugten

Stellen in der Stadt erhielten. Außerdem waren sie von Hause aus konservativ eingestellt und hatten keine Berufsprobleme, solange sie unverheiratet waren. Erst im Ersten Weltkrieg, 1915, durften verheiratete Lehrerinnen ausnahmsweise in Vertretung der Lehrer, die am Krieg teilnahmen, unterrichten.

Eine ungewollte Nebenwirkung dieser Spannungen zwischen Lehrer und Lehrerin trat dadurch ein, daß sich Volksschullehrer und Gymnasiallehrer in der Ablehnung der Lehrerin einig waren und damit die Kluft zwischen ihnen beiden unter dem Aspekt weiblicher Emanzipation für kurze Zeit wenigstens indirekt überbrückt wurde. Die Lehrtätigkeit der Lehrerin erschwerte nach der Meinung der Lehrer ihre eigne berufliche Situation und gefährdete ihre Rolle in der Schule. Denn die Schule war das männliche Reservat, das Heim und die Familie das der Frau. Das galt weiterhin. Ob Lehrer oder Lehrerin – ihre berufsspezifische Position war um die Jahrhundertwende noch keineswegs stabil.

Lehrer, wie sie waren

Es ist bedauerlich, daß wir heute nur über wenige Erlebnisschilderungen und autobiographische Skizzen von Lehrern verfügen, soweit sie nicht in die Literatur eingegangen und einer breiten Öffentlichkeit bekanntgeworden sind. Solche „Hintergrundberichte" und „Trivialdokumente" von Lehrern sind deswegen selten, weil nur wenige Lehrer sich entschlossen, ihre Erinnerungen aufzuschreiben und die Nachwelt über ihr Lehrerdasein zu informieren. Außer im Ruhestand hätten sie dazu auch gar keine Zeit gehabt. Lehrer L.[26] entschloß sich in hohem Alter zu einem solchen Rückblick auf sein Schulleben. In seiner Autobiographie „Meine Gedanken wandern zurück" erfährt der heutige Leser einiges über die Höhen und Tiefen eines jungen Lehrerlebens und gewinnt einen anschaulichen Einblick in die ländlichen Schulverhältnisse der Provinz Posen, die seit der Zweiten Teilung Polens 1793 bis zum Ende des Ersten Weltkrieges zu Preußen gehörte.

Im März tritt L. nach erfolgreichem Abschluß des

Lehrerseminars seine erste Stelle als Schulamtsanwärter in einem kleinen Ort im damaligen Regierungsbezirk Bromberg an. Die in der Literatur und in diesem Buch geschilderten Spannungen, Kontroversen und Rivalitäten zwischen dem Lehrer und dem Ortsgeistlichen, zwischen der Institution Schule und der Kirche, zwischen Schulmeister und Schulaufsicht werden hier vollauf bestätigt und müssen von solcher Intensität gewesen sein, daß Lehrer L. sie noch – nach über sechzig Jahren – in der Erinnerung als tiefgehendes Erlebnis bezeichnet. Seine Schilderung läßt die emotionalen Spannungen spürbar werden, zeigt aber auch die je individuelle Lage eines jungen Lehrers und dessen Bemühen, seine Pflicht zu tun: „Zu groß waren meine Erwartungen und meine Aufregung, wohin mich mein Schicksal führen würde. Stadt oder Dorf? – Eisenbahn oder weite Entfernung zum Bahnhof? – Und die Kinder? Waren sie deutsch oder polnisch? Evangelisch oder katholisch?" Die amtliche Mitteilung enthielt zu seiner großen Enttäuschung nur den Namen des Dienstortes: Hohendorf und die Schulform: einklassige evangelische Volksschule. Ehe er mit dem Unterricht beginnen konnte, mußte er sich der Reihe nach beim Kreisschulinspektor, beim Ortspfarrer, also Ortsschulinspektor und bei seinem Vorgänger vorstellen: „Nach der Vorstellung setzt sich der neue Gewaltige . . . bedeutungsvoll in seinen Amtssessel, legt den Kopf etwas nach hinten, schließt ein Auge und blinzelt mit dem anderen nach mir. Es hat den Anschein, als ob er wenig an mir interessiert sei, und doch meine ich, daß er scharf beobachtet, welchen Eindruck seine nun folgenden Worte auf mich machen . . . ‚Sie werden die Schule in einem guten Zustand finden. Ich erwarte von Ihnen, daß Sie dieses Niveau halten; andernfalls kann ich grob werden. Ihre Stellung im Dorfe wird viel Klugheit und Schicklichkeit erfordern . . .' Ich dachte mit Unbehagen: Das sind ja nette Zustände!" Der Eindruck vom Ortsschulinspektor war für L. noch deprimierender: „Nach dieser kalten Dusche erfolgte am nächsten Sonntag meine Vorstellung beim Herrn Ortsschulinspektor, Pfarrer Sch. Die Unterredung war nur kurz, aber von einem unglaublich harten Urteil über meinen Vorgänger im Amt. Fast möchte ich seine diesbezüglichen Worte nicht wiederholen; denn sie zeigten mir einen unchristlichen Zorn, einen abgrundtiefen Riß zwischen den beiden harten Männern, eine Geisteshaltung, die man von zwei Erziehern nicht für möglich halten sollte, als er äußerte: ‚Herr Z. hat sich gegen mich benommen wie der aus der Hölle entsprungene Satan.' Wie ich später erfuhr, war der Streit zwischen beiden zur Rechtsprechung bis an die Regierung in Bromberg gelangt." L. vermutet, daß er seine erste Schulstelle in diesem Dorf deswegen bekommen hätte, weil er im Abgangszeugnis des Seminars in Religion und Betragen die Note *Gut* erhalten hatte und die Regierung aufgrund dieser Noten hoffte, daß er sich mit dem Ortspfarrer nicht überwerfen würde. Dieser Mann war denn auch schnell bei der Hand, ihn nicht nur zum Kantordienst zu verpflichten, sondern ihn auch als Hilfsorganist – selbstverständlich unentgeltlich – einzustellen. „Mein Vorgänger hatte diese Ämter, die nichts einbrachten, abgelehnt und damit wohl den Zorn des Pfarrers auf sich geladen", glaubt L. und fährt fort: „Ich bin der Überzeugung, daß der ganze Streit zwischen dem Geistlichen und dem Lehrer aus dem übersteigerten Autoritätsgefühl des Geistlichen in einen solchen Haß gesteigert wurde . . .", aber: „Dieser Streit war kein Einzelfall. Er muß sogar als typisch und symptomatisch angesprochen werden für die längst rückständigen Schulverhältnisse – namentlich auf dem Lande. Es liefen Nachrichten um von unerträglichen Behandlungen der Lehrer . . . Ich besinne mich auf einen Fall in der Zeitung, die vom Selbstmord eines Lehrers, der wegen einer empörenden Behandlung seitens seines Vorgesetzten zu dieser Verzweiflung getrieben worden sein solle." Kleineren Schikanen war aber auch der junge Lehrer L. trotz des Wohlwollens seiner Schulaufsichtsbehörde ausgesetzt. Er berichtet über die erste Revision seines Unterrichts durch den Kreisschulinspektor, die ausgerechnet am letzten Schultag vor den Versetzungsferien nach seiner sechswöchigen Dienstzeit erfolgte. Der junge Lehrer wußte bereits, daß bei solchen amtlichen Kontrollen, die niemals vorher angekündigt wurden, oft reine Formalien die Hauptrolle spielten. Deshalb füllte er morgens vor Schulbeginn die Impflisten der Schüler sorgfältig aus und wartete auf den Besuch: „Ich bin mit der Eintragung in die Listen um achteinhalb Uhr fertig und will mit dem Unterricht beginnen. Da klopft es, die Tür geht auf und da – der Wolf im Märchen, saust es mir durch den Kopf – herein tritt der so spät nicht mehr erwartete Vorgesetzte. Die Kinder stehen auf und grüßen. Er erwidert den Gruß und beginnt mit der Revision." Man kann sich heute kaum noch vorstellen, in welchem Ausmaß der Begriff Revision damals zutraf. Der junge Lehrer empfand diese Prüfung wie Hiebe, die ihn schmerzhaft trafen, da er wußte, daß sie nicht für faktische Fehler erteilt worden sein konnten. „Der Kreisschulinspektor brummte etwas vor sich hin, das wie ‚alles eingepaukt' klang. Er meinte offenbar ‚eingeübt'. Und die Einübung war ja das Ziel jeder schulischen Tätigkeit. Warum sagte er nicht ‚eingeübt'? Das ‚eingepaukt' hatte ja den üblen Beigeschmack von ‚rein mechanisch' oder ‚unverstanden'. Warum also sagte er das? Er hatte sich doch überzeugt, daß ich produktiv gearbeitet hatte." Während der Lehrer noch betroffen und beunruhigt nachdachte, was er falsch gemacht haben könnte, hörte er den Visitator wieder halblaut brummen: „‚Sie scheinen mir ein langweiliger Peter zu sein.' Das war der zweite Hieb, und der dritte folgte sogleich." Der Schulinspektor verlangte nun, daß die Schüler ein Lied vorsingen sollten. Dabei monierte er, daß der Lehrer mit einem Taktstock dirigierte. Der eigentliche Grund seiner Unzufriedenheit stellte sich bald heraus, denn er erklärte: „‚Es sind doch nur Bauernkinder und Feld- und Waldarbeiterkinder', und es ist völlig ausreichend, wenn sie die bekanntesten patriotischen Lieder einzeln singen können, beispielsweise: ‚Deutschland über alles', ‚Ich bin ein Preuße, kennt ihr meine Farben', ‚Heil dir im Siegerkranz', ‚Ich hab mich ergeben mit Herz und mit Hand', vielleicht noch einige jahreszeitlich passende Lieder wie ‚Der Mai ist gekommen'." Lehrer L. hatte sich unnötigerweise an ein Kunstlied herangewagt, das er im Musikunterricht seines Seminars kennengelernt hatte; schlimmer noch: Es stand nicht im Lehrplan! Sein Kommentar zu der Einstellung des Schulinspektors klingt heute noch aktuell: „Er hatte sich doch eben überzeugt, daß die sogenannten unteren Volksschichten im Durchschnitt ebenso viele Begabungen aufzuweisen hatten wie die höheren Stände. Warum sollte diesen ärmeren Kindern der Auf-

Eine Dorfschule posiert 1911 anläßlich von Kaisers Geburtstag ebenso wie am Sedanstag mit ihren Lehrern. Es ist schulfrei.

stieg verschlossen werden? Das ganze Volk hätte den Nutzen davon gehabt." Die nach stundenlanger Revision sämtlicher Unterrichtsfächer und der entsprechenden Methoden erfolgte Beurteilung kommt uns auch heute noch bekannt vor: „,Also, was ich beanstandet habe, das muß nun alles anders werden! Mit den Methoden, die Sie auf dem Seminar gelernt haben, können Sie hier auf dem Lande an der einklassigen Schule keinen Hund hinter dem Ofen hervorlocken. Das müssen Sie erst einmal alles vergessen!'"

Bei der nächsten Revision ging es – nach heutigem Urteil – um eine Lappalie. Der Kreisschulinspektor fragte diesmal nur, ob Lehrer L. auch sofort nach dem Tage des Sedansfestes* die vertrockneten Kränze von den Kaiserbildern entfernt hätte. Sollte dies nicht geschehen sein, so wäre das ein unverzeihliches Zeichen von Schlendrian. Offensichtlich vertrug sich hier die

* Im deutsch-französischen Krieg 1870/71 ergab sich das französische Heer am 1. September 1870 in Sedan. Auch Napoleon III. wurde gefangengenommen. Seither galt dieser Tag in den preußischen Schulen als nationaler Festtag.

von oben verordnete Heldenverehrung mit formalistischer Akribie. Um diese nationalen Gedenktage der Kaiserzeit und die überall in den Schulen erfolgten Festlichkeiten, ebenfalls aus der Sicht eines Zeitzeugen, zu veranschaulichen, unterbrechen wir kurz die Erlebnisschilderungen von Lehrer L. Es heißt in dem Bericht eines anderen ehemaligen Lehrers:

„In allen, auch kleinen Dörfern der Provinz Brandenburg wurde am 1. September das Sedansfest gefeiert. Für diesen Tag war außerhalb des Dorfes ein freier Platz vorgesehen. In dem Dorf, in dem ich zur Schule ging, nannte man diesen Platz ‚Sedan-Keute'. Es war eine Lichtung im Wald, etwa tausend Meter vom Dorf entfernt. Diese Entfernung war notwendig, um dem Festzug den erforderlichen Bewegungsspielraum zu sichern. Die Mitglieder des Kriegervereins, schwarz gekleidet, mit schwarz-weißer Schärpe (die Farben Preußens), die Feuerwehr mit ihrem Feuerwehrhauptmann an der Spitze, der eine Pickelhaube trug, und die Mitglieder des Schützenvereins – bildeten die Spitze des Zuges, der sich hinter der Blaskapelle formiert hatte. Hinter diesen Honoratioren kam der Dorfschullehrer mit seinen Schülern, die alle festlich gekleidet waren. Fast hätte ich es vergessen: Vor dem waffenstrotzenden Kriegerverein tänzelte ein kostbar aufgeschirrter Schimmel mit Napoleon auf dem Rücken. Der Kaiser trug einen Dreispitz und wurde symbolisch als Gefangener im Zuge mitgeführt. Auf dem Festplatz mußte er sich dann freikaufen. Der Lehrer gestaltete das Fest in seiner Eigenschaft als kaiserlicher Beamter aus Überzeugung und Pflichtgefühl. Dann stimmte er die patriotischen Lieder an, die seine Schüler gelernt hatten, und alle sangen mit: ‚Es braust ein Ruf wie Donnerhall' oder ‚Sie sollen ihn nicht haben, den freien deutschen Rhein'. Die Kinder schauten derweil auf eine große Eiche, die bis in die Spitzen mit kleinen Geschenken für sie behängt war – es wurde jedesmal eine schwierige Kletterei, machte aber das Fest zur bleibenden Erinnerung. An Kaisers Geburtstag wurden in der Schule nur Lieder gesungen, die das Vaterland betrafen und eine staatserhaltende und kaisertreue Gesinnung demonstrieren sollten."[27] Diese Festtage endeten abrupt mit dem Ende des Ersten Weltkrieges.

Lehrer L. in Hohendorf hatte um die gleiche Zeit weniger nationale Freudenfeste zu organisieren als vielmehr politisch motivierte Feindseligkeiten zwischen der deutschen und der polnischen Bevölkerung zu schlichten, die auf dem Rücken der Schulkinder ausgetragen wurden. Die Schulverhältnisse in den eroberten polnischen Gebieten waren äußerst schwierig. Lehrer L. unterrichtete als deutscher und evangelischer Lehrer überwiegend polnische Schulkinder. Es gehörte viel Takt und Zivilcourage dazu, sowohl den Schulkindern als auch dem Staat, dessen Beamter er war, gerecht zu werden. Das zeigte sich anläßlich eines Schulstreiks, den die polnischen Kinder und deren Eltern als Zeichen ihres Widerstandes gegen die preußische Schulpolitik organisierten. Folgendes war geschehen: Zweimal wöchentlich erteilte ein polnischer Lehrer den polnischen Schülern in Hohendorf katholischen Religionsunterricht, während Lehrer L. im Nachbarort evangelischen Religionsunterricht gab. Zum polnischen Lehrer hatte L. ein kollegiales Verhältnis. Von ihm erfuhr er auch, daß aufgrund einer regierungsamtlichen Verfügung „ab sofort auf der Oberstufe der katholische Religionsunterricht in deutscher Sprache zu erteilen sei". Zu diesem Zweck verteilte der polnische Lehrer deutschsprachige Religionsbücher, die ihm von der preußischen Regierung übersandt worden waren. Die Eltern der polnischen Schüler aber weigerten sich, diese Eindeutschungsmaßnahme zu akzeptieren. Alle polnischen Schüler im gesamten Regierungsbezirk erklärten sich mit den Streikenden solidarisch und streikten ebenso. Die Regierung verfügte daraufhin für diese Schüler eine Strafe. Sie „ordnete an", berichtet Lehrer L., „daß die streikenden Kinder zuhause täglich eine Seite aus dem deutschen Lesebuch fehlerlos und in Schönschrift anzufertigen hätten. Die Korrektur der Abschriften war Aufgabe des Ortslehrers." Das sollte solange dauern, bis die Kinder den Streik aufgeben würden, und trüge dazu bei, „daß" – so wörtlich in der Verfügung – „‚die Streiker die deutsche Sprache schneller erlernten', so daß sie ‚auch den Religionsunterricht in deutscher Sprache schneller verstehen würden'. Das war meiner Ansicht nach ein Affront, gegen die Eltern gerichtet und auch an die katholischen Geistlichen, die jedenfalls darauf erwidert haben sollen: ‚Die Heilige Mutter Gottes in Czenstochau versteht nicht deutsch'." Der junge Lehrer spürte die politische Brisanz dieser Angelegenheit und fühlte sich ohne seine Schuld in einer prekären Situation: „Den ganzen Groll und die Empörung der polnischen Bevölkerung hatte nun ich, den der katholische Religionsunterricht gar nichts anging, zu ertragen: denn ich war ja deutsch und meine Schulbehörde verlangte, ‚den Schulstreik mit allen erlaubten Mitteln zu brechen'. Ich kann mich nicht besinnen, daß auch nur einmal der Landrat oder ein Regierungsdezernent in diesen schweren, ja lebensgefährlichen Monaten den meist alleinstehenden jungen Lehrern einen Besuch abgestattet hätte, um uns nur den Ausdruck ‚mit allen erlaubten Mitteln' zu erläutern. Es wurde nur eine Äußerung des Kreisphysikus* in Umlauf gesetzt, die allgemein besagte, daß die körperliche Strafe nicht verboten sei, und wenn eine körperliche Strafe angewendet werden müsse, sie auch einen Zweck zu erfüllen habe; dabei ließe es sich nicht vermeiden, daß sie ‚Eindrücke auf dem Gesäß hinterlasse'. Davor brauche sich kein Lehrer zu fürchten."

Die amtliche Verfügung basierte auf den 1873 für die Volksschulen in den Provinzen Posen und Westpreußen gültigen Sprach- und Schulgesetzen. Sie schrieben für alle Schüler im Unterricht die deutsche Sprache vor. Unter dem preußischen Kultusminister FALK wurde 1887 der Unterricht in der polnischen Sprache überhaupt verboten. In der Unterstufe durfte der Religionsunterricht noch polnisch erteilt werden, in der Mittel- und Oberstufe nicht mehr. Was hieß das nun für die deutschen Lehrer in den Gebieten mit überwiegend polnischer Bevölkerung? Man sagte ihnen, sie brauchten sich nicht aufzuregen oder zu fürchten. Sie bekamen aber keinerlei Rückendeckung und handelten auf eigene Verantwortung, wenn sie den indirekten Dispens zur Prügelstrafe in die Tat umsetzten. Es ist nachweisbar, daß um die Jahrhundertwende in den deutschen Schulen mit polnischer Bevölkerung viel geschlagen wurde.[28] Lehrer L. wollte sein Gewissen nicht belasten und schreibt: „Ich habe diese ‚Kautschukerklärung' nicht

* Amtsarzt des Kreises oder Kreisarzt

verstanden. Mein Gewissen verbot mir, ein Kind zu bestrafen, weil es streikte; denn diese Begründung mußte einen anständigen Lehrer empören; ich fand nicht einmal einen fadenscheinigen pädagogischen Grund dazu; denn die Kinder strengten sich doch so ordentlich an und lernten so schön schreiben, daß es eine Lust war, die Arbeit durchzusehen! Allein schon dieser Tatsache wegen konnte ich mich nicht damit abfinden, solch eine rohe Behandlung an den Kindern eines anderen Volkes, das seine heiligsten Güter religiöser Art auf Befehl der Eltern durch Dulden verteidigte, anzuwenden."[29] Die Germanisierungspolitik der preußischen Regierung hatte Vorrang vor allen wohlklingenden schulpolitischen Zielen: vor dem Ausbau von Schulen, der Mitentscheidung der Eltern bei der Erziehung ihrer Kinder und vor der Berücksichtigung konfessioneller Verhältnisse im Unterricht.

Weit entfernt von Preußens östlichen Provinzen schrieb ein anderer Lehrer aus einem Dorf in Württemberg seine Erinnerungen auf. Sein Schulmeisterdasein sah beschaulich aus, sein Lebensstil war bescheiden. Er unterrichtete in einem vierhundert Einwohner zählenden Dorf, wie die anderen Lehrer um die Jahrhundertwende. Er war zugleich Meßdiener, Organist und Leiter des örtlichen Kirchenchores. Eine zusätzliche Tätigkeit als Rechner der dörflichen Sparkasse war nicht nur aus finanziellen Gründen nötig, sondern verbesserte auch seinen Kontakt zur Dorfbevölkerung. JOSEPH FREY leitete eine einklassige Landschule und erteilte jungen Schulentlassenen noch Abendkurse. Er war ein Mann, wie ihn sich die Schulbehörde wünschte. Der Sohn dieses vorbildlichen Lehrers, ANTON FREY, wird im folgenden zitiert.[30] Wir erfahren, daß in der Schulstube das Bild des württembergischen Königs hing, in friedlicher Eintracht mit den Bildern des Papstes und des Bischofs.

„Der Raum der Schule beherbergte im letzten Winter, da mein Vater hier unterrichtete, vierundachtzig Schüler und Schülerinnen (die Jahre zuvor waren es nicht viel weniger gewesen). Alle sieben Schuljahrgänge wurden gleichzeitig unterrichtet. Man hatte es den Bauern leicht gemacht, ihre Kinder für drei Stunden am Nachmittag zu entbehren: schon nach vier Uhr standen sie wieder zur Verfügung. Der Lehrer freilich war der

Leidtragende, weil ihm der Stundenplan die Mittagspause auf eine Stunde verkürzte ... Im Schulraum unten reichte inzwischen das Öffnen der Fenster kaum aus, den Raum gründlich zu durchlüften und von den Dünsten zu befreien, die sich vor allem in die rauhen tannenen Bretter des Bodens und die breiten Fugen dazwischen nisteten ... Aber der eiserne Ofen würde bald glühen von der Hitze ... Da war der stickige Torfbrodem, der sich bei jedem Öffnen der Ofentür ausbreitete; da spürte man die Ausdünstung der regen- und schneenassen Mäntel und Kappen, die ringsum an den Wänden hingen; da war schließlich der kräftige Atem der Kinder und anderes Atmosphärisches, das als Folge der am Mittag reichlich genossenen Metzelsuppe mit Gewalt nach außen drängte.“[31]

Dazu eine Parallele aus PREUSSEN:

„Im Jahre 1913 kam ich in die heimatliche Dorfschule als eins von zweiundsechzig Kindern; zweiundsechzig Kinder in einem Raum zur gleichen Zeit, zweiundsechzig Kinder von sechs bis vierzehn Jahren! Das Schulzimmer erinnerte in seiner Ausstattung mehr dem des vorigen Jahrhunderts. Der Raum hatte drei Fenster zur Dorfstraße und war ausgestattet mit zwei Bankreihen, so daß ein Mittelgang von ungefähr sechzig Zentimetern Breite entstand, auf dem sich die Schüler bewegten, um zu je sechs in ihren Bänken Platz nehmen zu können. Der Lehrer blieb meistens an seinem Pult stehen, neben dem die Wandtafel angebracht war, die er von seinem ‚Hochsitz‘ bequem benutzen konnte. Ich sehe noch deutlich die exakten Buchstaben vor mir, mit denen der Lehrer seine Sätze anschrieb. Er hatte eine Schrift wie im Buche und wie sie auch von uns verlangt wurde. Noch heute höre ich beim Schreiben die Stimme des alten Lehrers: ‚Du mußt leserlich schreiben.‘ Ich sehe noch alles vor mir: Neben dem Pult und der Wandtafel gab es noch einen Schrank mit einem imitierten Holzmusteranstrich für Bücher, Akten und Zeichengeräte. Ein Globus krönte die ganze Einrichtung von oben, von unten gesehen war es ein anderes Utensil, das in keinem Klassenzimmer fehlte: der Spucknapf, ein weiß emailliertes Blechgefäß. Er war in exakt preußischer Gründlichkeit auch im Inventarverzeichnis, das an der Schultür hing, aufgeführt. Im Winter tat noch ein alter Ofen seine Dienste, von der Lehrerfrau frühmorgens angeheizt. Der Fußboden bestand aus rohgezimmerten Holzdielen und war mit Sand bestreut. Wir betraten ihn nur in Strümpfen. Unsere Holzpantinen standen draußen im Flur, fein säuberlich aneinandergereiht. Aus praktischen Gründen waren unsere Strümpfe an der Sohle mit Stoff verstärkt, und es war für uns selbstverständlich, daß der Lehrer auch jedes Loch im Strumpfe entdeckte, wenn er allmorgendlich nach sauberen Fingernägeln und frisch gekämmten Haaren sah. Trotz dieser strengen Zucht und Ordnung hingen wir sehr an unserem Lehrer, der es fertigbrachte, uns alle mit Erfolg zu unterrichten und immer ein Herz für uns hatte. Das hatte ich selbst erlebt und es bleibt mir unvergessen. Als ich, sechsjährig, beim Singen des Liedes ‚O, wie ist es kalt geworden und so traurig, öd' und leer, rauhe Winde weh'n von Norden, und die Sonne scheint nicht mehr' ganz erbärmlich zu weinen anfing, führte mich unser Lehrer mit den Worten zur Klassentür: ‚Du hast heute frei, grüße deine Mutter.'"

Bei biographischen Details hilft die äußere Beschreibung des Schulmeisters, um ihn in seiner Gesamtheit besser zu sehen und Vergleiche mit den anderen bisher beschriebenen Schulmeistergestalten ziehen zu können. Es heißt bei FREY weiter:

„Der untersetzte Mann ist bekleidet mit einem braunen, in roten Karos gemusterten Anzug, der sich über dem Bauch kräftig wölbt. Ein großer Teil des Kopfes scheint, da der Haaransatz weit hinten liegt, nur Stirne zu sein; sie ist weithin von tiefen Runzeln durchfurcht ... Der milde Glanz der Augen und die Verhaltenheit des Blicks scheinen mehr auf die Fähigkeit zum demütigen Hinnehmen als auf den Willen zur herrscherlichen Bemeisterung der Welt hinzudeuten ... Zwei vom Ansatz der Nasenflügel zu den Mundwinkeln ziehende tiefe Furchen durchbrechen das stille Gleichmaß der glatten Gesichtsfläche; sie sind Spuren manchen Kummers, zeugen aber nicht von Erbitterung."[32]

Wenn es hier ähnliche Züge wie bei anderen Schulmeistern gab, so sollte festgehalten werden, daß der öfter erwähnte Bauchansatz bei ihnen wohl kaum auf Wohlleben und Lebensgenuß zurückzuführen war. Die Ursache war eher die einfache sättigende und füllende Grundnahrung, die in der Hauptsache aus Mehl und Kartoffeln bestand und wenig Variationen der Mahlzeiten zuließ.

JOSEPH FREY hatte Mühe, seine Familie zu ernähren. Es wurde an allen Ecken und Enden gespart. Meistens hatten die Lehrerfrauen darin schon Routine und lernten im Laufe der Zeit, bei der Zubereitung der Mahlzeiten und der Anfertigung von Kleidern erfinderisch zu sein. Erfindungsideen hatte auch der Vater, wie sein Sohn erzählt:

„Noch als angehender Lehrer konnte sich der Vater keinen Wecker leisten. Was tat er, um sich zu helfen? Er stellte die blecherne Waschschüssel seines Zimmers leer auf den Stuhl, daß sie bei leichter Berührung der überstehenden Seite auf den Boden kippte. Dann richtete er ein Gewicht seiner Schwarzwälder Wanduhr so ein, daß es zu einer bestimmten Zeit des frühen Morgens auf die empfindliche Stelle der Schüssel stieß und diese zum Fallen brachte . . . Es ging bei allen diesen Dingen auch nicht nur um die allgemeine . . . wirtschaftliche Situation des Standes. Das Hier und Heute des einzelnen brannte den Lehrern auf der Seele. Das persönliche Verhältnis des Ortspfarrers zu seinem Lehrer, das war weithin *die* Standesfrage."[33]

Erst nach mehr als sechzehnjähriger Dienstzeit verfügte er über ein Jahresgehalt von 2 500 Mark, von dem er sich nun persönlich etwas leisten konnte.

Gegenüber solchen biographischen Skizzen von Lehrern, die unbeirrbar ihren Weg gingen, verblassen Schmähreden und Pamphlete, verzerrte Zeitungsmeldungen und parteipolitische Kampfansagen. Vieles, was hier aus privaten Quellen zur Verfügung gestellt wurde, wird durch die Literatur bestätigt. Es ist nicht die heile Welt und nicht die gute alte Zeit, die sichtbar wird. Es sind Einzelschicksale von Lehrern, die aber den Lehrerstand in der jeweiligen Epoche charakterisieren.

Der Lehrer als Soldat im Ersten Weltkrieg

Wenn sich der eine Lehrer um die Jahrhundertwende kritisch über das Verhältnis von staatlicher Machtausübung und humanitären Maximen äußert und ein anderer als gläubiger Christ darüber nachdenkt, ob die geistliche Ortsschulaufsicht nicht doch dazu führt, den Lehrer in seiner individuellen Freiheit einzuschränken, dann sind solche Überlegungen und Fragestellungen nicht nur Zeichen eines individuellen Reifungsprozesses, sondern auch der Beweis eines erwachenden Berufsethos. Ende des 19. Jahrhunderts hatte der 4. Deutsche Lehrertag in Kassel festgestellt: „1. Die politischen Rechte der Lehrer sind von denjenigen anderer Staatsangehörigen nicht verschieden. 2. Die Schule ist Staatsanstalt, der Lehrer ist Staatsbeamter."[34] Die Lehrer hatten nun endlich den Status eines mittelbaren Staatsbeamten. In dieser Position verstand es sich für sie von selbst, daß sie mit ihrem Eid auf Kaiser und Reich auch den einjährigen Militärdienst leisteten, der ihnen anschließend den Rang eines Reserveoffiziers eintrug. Der Staat wollte damit lediglich einen Mangel an militärischen Führungskräften beheben, nicht jedoch den Volksschullehrer ehren. „Dem Volksschullehrerstand im ganzen hat diese militärische Würde einzelner nichts genützt. Der Typ Lehreroffizier hatte einen militärisch straffen Ton in die Schulen mitgebracht, die Berufsauffassung konnte aber sonst von dieser Seite her keine Bereicherung erfahren."[35] Die nationale Gesinnung war bei den Gymnasiallehrern ungleich ausgeprägter. „Von heute aus gesehen scheint in der Zeit vor dem Ersten Weltkrieg das berufliche Selbstbewußtsein des Gymnasiallehrers eine nicht wieder erlangte Geschlossenheit gehabt zu haben."[36]

Mit dem Ende des Ersten Weltkriegs hatte das Wilhelminische Kaiserreich als monarchischer Obrigkeitsstaat zu bestehen aufgehört. Die Lehrer bewegten viele Fragen. Die geistliche Ortsschulaufsicht bestand noch immer. Wie würde sich nun das Verhältnis von Staat und Schule gestalten? Würde die republikanische Staatsform den Lehrern die Hoffnungen und Wünsche, auf deren Erfüllung sie warteten, endlich bringen? Konnten sie für sich grundlegende Verbesserungen in Ausbildung und Beruf erwarten? Würden sie Anteil nehmen können am Neubau eines demokratischen Staates? Solche Fragen stellten sich in der Zeit eines politischen Umbruchs auch Leute aus anderen Berufen. Für die Lehrer hing jedoch mehr davon ab als die Veränderung von Besitzverhältnissen und politischen Machtstrukturen. Immerhin mußten sie zugeben, daß ihr beamtenrechtlicher Status geregelt, die Schule zu einer besser ausgebauten Institution geworden war und ihnen mehr Anerkennung entgegengebracht wurde; zumal auch ihre Ausbildung in großen Zügen klar umrissen war. Es gab also Grund zur Hoffnung. Die lange entbehrte Wertschätzung würde kommen, wenn sie mitarbeiten würden an der Entstehung eines neuen Staatsgebildes und helfen könnten, das Bildungswesen auf ein höheres Niveau zu heben.

Abschrift.

Der Minister der geistlichen und
Unterrichtsangelegenheiten.
U. II W. Nr. 531. 1 U III A pp.

Berlin W. 8., den 24. Mai 1916.

Zur Förderung der Bestrebungen des Herrn Kriegsministers, die weitere Verbreitung der neuen Mode mit ihrem erhöhten Stoffverbrauch einzudämmen, erscheint es nach einem Gutachten des Landesgewerbeamts als zweckmäßig, wenn in allen Schulen für die weibliche Jugend eindringliche Belehrungen über die schädlichen Wirkungen dieser Mode in wirtschaftlicher und nationaler Beziehung erteilt werden.

Die Aufklärungen haben von der Betrachtung auszugehen, daß die Feinde in dem neben dem Waffenkampf gegen uns geführten Wirtschaftskrieg die Unterbindung der Zufuhr aller zu den Bedürfnissen des Lebens gehörigen Rohstoffe aus dem Auslande betreiben. Zu diesen Rohstoffen gehören auch die für das Bekleidungsgewerbe. Wenn es nun auch nicht zweifelhaft ist, daß der Wegfall der Einfuhr von Gewebsrohstoffen eine ernstliche Notlage nicht verursachen kann, da die vorhandenen und im Inland gewonnenen Rohstoffe sowie die aus ihnen bereits erzeugten Warenmengen den bestehenden Bedarf ausreichend decken werden, so ist andererseits doch ein sparsames Umgehen mit den Vorräten geboten.

Diesem Erfordernis entspricht die herrschende Mode nicht. Sie verschwendet durch übertriebene faltenreiche Formen, durch Bauschen und durch die Gestaltung der Röcke und Mäntel so große Stoffmengen, daß oft doppelt soviel als bei einfacherer Ausführung notwendig wird. Bei fortgesetzt übertriebener Stoffverwendung könnte schließlich eine Gefährdung der Deckung unseres Bedarfs nicht abgewendet werden.

Die Aufklärungen haben darin zu gipfeln, daß es vaterländische Pflicht unserer Frauen und Mädchen ist, sich in der Bekleidungsfrage den Verhältnissen anzupassen und durch eine vernünftige und schlichte Kleidung das Durchhalten auch in dieser Beziehung zu ermöglichen.

Vorstehendes ist den Leitern sämtlicher zu meinem Geschäftsbereich gehörigen Anstalten für die weibliche Jugend mitzuteilen zur Anweisung an die Lehrer und Lehrerinnen, durch angemessene und bei gegebener Gelegenheit zu wiederholende Belehrung der älteren Schülerinnen die Bestrebungen zu unterstützen. Die Herren Regierungspräsidenten wollen es sich angelegen sein lassen, durch die mit der Jugendpflege betrauten Persönlichkeiten in demselben Sinne auf die schulentlassene weibliche Jugend einzuwirken.

gez. Unterschrift.

Vorstehende Abschrift übersenden wir zur weiteren Veranlassung.

Guben, den 7. Juni 1916.
Der Magistrat.
Dr. Glücksmann.

Ansätze der Reformpädagogik

Das 20. Jahrhundert hatte in der Geschichte der Pädagogik verheißungsvoll angefangen. Die Ideen der Reformpädagogik hatten weite Kreise der Lehrerschaft in ihren Bann gezogen. Die Schulreformbestrebungen hatten unter reger Mitarbeit von Lehrern erreicht, daß das Innenleben der Institution Schule, besonders die starre Form des Unterrichtens, sich wesentlich zu verändern begann. Die Jugendbewegung, die Kunsterziehungsbewegung und die Persönlichkeitspädagogik spielten dabei eine große Rolle und wirkten sich unmittelbar auf die Schule aus. Man sprach vom „Jahrhundert des Kindes" und von „Seelenmorden in den Schulen" (ELLEN KEY) und suchte einen „Weg zum Herzen des Kindes" (HERMANN WEIMER); das „Kind als Künstler" war eine Entdeckung jener Zeit und „Rembrandt als Erzieher" eines jener Schlüsselwörter, die die Grundstimmung der Reformer wiedergaben. Damit rückte aber auch die Persönlichkeit des Lehrers ins Blickfeld. Seine erzieherische Aufgabe wurde höher bewertet als seine Funktion, zu unterrichten. Er sollte Förderer und Begleiter des

Kindes sein und weniger ein Unterrichtserteiler. Die Reform setzte beim Individuum an und suchte nach einer Möglichkeit, den Innenraum des pädagogischen Geschehens zu verändern. Diese Intentionen fanden großen Widerhall unter den Pädagogen und Erziehungswissenschaftlern, für die die alte Lernschule schon lange fragwürdig geworden war. Sie gingen mit großem Optimismus an die Verwirklichung der Reformideen und hatten eine „Lebensschule" vor Augen, die dem Verhältnis von Lehrern und Schülern besser gerecht würde.

Sie entwarfen als Befürworter der Reformen ein Idealbild des Lehrers. Aber zwischen Sein und Sollen gab es Diskrepanzen. „Die . . . bewußt idealtypisch zugespitzten Leitbilder für den Lehrer . . . haben in der pädagogischen Diskussion zu manchem Mißverständnis geführt."[37] Eine Idealisierung seines Berufes hat dem Lehrer weder früher noch heute genützt, denn Wunsch und Wirklichkeit sind kaum miteinander abzustimmen. Mit der Idealisierung war noch eine andere Gefahr verbunden. Als Idealgestalt gesehen, war der Lehrer „außerdem erhaben unpolitisch und stellte damit indirekt ein Politikum dar, das Politikum des gesellschaftlich distanzierten ‚geborenen Erziehers' . . ."[38], der in seiner politischen Desorientiertheit und Weltfremdheit leicht zum Werkzeug extremer politischer Kräfte werden konnte.

Aufbruch und Untergang

Hochschule oder Universität – Kompromisse in der Lehrerbildung

Das Jahr 1919 war für den Volksschullehrer ein denkwürdiges Jahr. Die Verfassung der Weimarer Republik verfügte die Aufhebung der örtlichen geistlichen Schulaufsicht, die sich in kleinen Landgemeinden noch immer gehalten hatte. Nun war das Ziel, für das die Lehrer jahrhundertelang geduldig gekämpft hatten, erreicht. In der Verfassung heißt es wörtlich: „Das gesamte Schulwesen steht unter der Aufsicht des Staates; er kann die Gemeinden daran beteiligen. Die Schulaufsicht wird durch hauptamtlich tätige, fachmännisch vorgebildete Beamte ausgeübt." – Auch Anstellung und Besoldung der Volksschullehrer wurden nun Sache des Staates: „Die Lehrer an öffentlichen Schulen haben die Rechte und Pflichten der Staatsbeamten." Bisher waren die Volksschullehrer nur „mittelbare" Staatsbeamte gewesen, also nicht mit allen Rechten ausgestattet. Als „unmittelbare" Beamte hatten sie nun den Status eines Kanzlei-Inspektors im gehobenen mittleren Dienst. Ihr Gehalt betrug 74 % des Gymnasiallehrergehalts. Das bedeutete existentiell mehr Sicherheit und im Vergleich zu früher eine angemessenere Position in der Gesellschaft. Infolgedessen hatten die Lehrer Grund genug, die Weimarer Republik zu bejahen und ihre Verfassung gutzuheißen. Sie enthielt außerdem einen Artikel zur Änderung der Lehrerbildung, die schon lange, besonders von den Lehrervereinen, gefordert wurde. Es heißt hierzu: „Die Lehrerbildung ist nach den Grundsätzen, die für die höhere Bildung allgemein gelten, für das Reich einheitlich zu regeln."[1]

Leider fehlten dazu detaillierte Angaben; aber für die Volksschullehrer schien es wenigstens soviel zu bedeuten, daß die künftige Lehrerbildung an den bisher bestehenden Lehrerseminaren aufgehoben wurde. Jedoch blieb offen, ob die geplante Berufsausbildung ganz oder nur teilweise an einer Universität, einer Pädagogischen Hochschule, einer Pädagogischen Akademie oder in welcher Form auch immer stattfinden sollte. Die Schwierigkeit, eine endgültige Lösung zu finden, lag auch darin, daß alle teilweise recht kontrovers geführten Diskussionen über die Bildungsformen im Endergebnis nutzlos waren, weil die Vorschläge der einzelnen Länder nur durch ein Reichsgesetz rechtskräftig werden konnten. Dieses Reichsgesetz kam aber niemals zustande. 1923 teilte die Regierung der Weimarer Republik den einzelnen Ländern mit, sie sei aus finanziellen Gründen nicht in der Lage, das Gesetz in Kraft zu setzen. Nun waren die Länder gezwungen, ihrerseits Entscheidungen über die Art der Lehrerbildung zu treffen und zunächst verschiedene Modelle zu entwerfen, um sie später in ihrem Zuständigkeitsbereich zu verwirklichen. Das Ganze blieb also ein Provisorium. Denn ein Reichsgesetz konnte jederzeit – ohne Berücksichtigung der Länderinitiativen – eine andere Vorlage für gültig erklären.

Fast alle Länder nahmen Änderungen der Volksschullehrerbildung vor. Die Mehrzahl setzte das Abitur für ein Studium voraus. Dadurch konnten die angehenden Lehrer – wie bereits erwähnt – entweder eine Pädagogische Hochschule, eine Universität oder eine Technische Hochschule besuchen. Nur Preußen entschied sich anders und sah die Form einer Pädagogischen Akademie vor. Sie war bewußt als Alternative zur Universitätsbildung gedacht. 1922 hatte das Preußische Kultusministerium unter Carl Heinrich Becker, der sich in pädagogischen Gremien ein fundiertes Meinungsbild über die geplante akademische Lehrerbildung für Volksschullehrer verschafft hatte, eine zweijährige pädagogische Fachausbildung beschlossen, die nicht an einer Universität absolviert werden sollte. Dem Minister schien die damalige Universität in ihrer Struktur und ihrer Konzeption nicht geeignet zu sein, um Volksschullehrern die bestmöglichste Bildung und Ausbildung zu vermitteln. So entstanden in rascher Folge in den nächsten Jahren die Preußischen Akademien. Es waren meistens in größeren Städten angesiedelte Institutionen, die eine spezifisch pädagogisch-praktische und theoretische Ausbildung anboten und natürlich nicht mit den alten Lehrerseminaren zu vergleichen waren. Die Lehrervereine und viele Schulpolitiker waren mit diesem Kompromiß keineswegs einverstanden. Auch in der Öffentlichkeit fanden die Akademien nicht vorbehaltlos Zustimmung. Die schärfsten Gegner kamen aber aus konservativen Kreisen. Sie lehnten nicht nur die Akademien ab, sondern polemisierten überhaupt gegen Lehrerbildungsinstitute auf akademischer Grundlage. Eine Akademisierung schien ihnen für Volksschullehrer nicht annehmbar. Das alte Lied von der Gefahr einer Vielwisserei und einer Überbildung des Volksschullehrers klang wieder auf. Man meinte, der Lehrer brauche doch nur das zu wissen, was er den Kindern beibringen sollte; nach dem Motto etwa: wenig ist noch zuviel. Dahinter verbarg sich bei den staatlichen Stellen noch etwas anderes, nämlich die Befürchtung, daß akademisch gebildete Volksschullehrer auch ein entsprechendes Gehalt fordern würden, wozu sie natürlich berechtigt waren. Aber an dieses Problem hatte man in den Ministerien auch gedacht und verlauten lassen, daß für eine höhere Einstufung der Lehrer keine finanziellen Mittel vorhanden seien. Am liebsten hätte man die alten Lehrerseminare beibehalten. „Als Seminare eingerichtet wurden, fragte man schon: Was wollen die Schullehrer mit ihrer Gelehrsamkeit auf dem Dorfe? Sie werden sich zuviel einbilden. Derselbe Einwand kam natürlich erst recht bei der Einrichtung der Hochschulbildung für die Volksschullehrer. Daß derjenige, der lehren will, ebenso wie der Seelsorger, der Richter, der Arzt die beste Bildung haben soll, die noch immer auf den Hochschulen vermittelt wird, will man nicht einsehen ... Daß Menschen, die die Jugend zu bilden haben, denen geistig und sozial nachstehen sollen, die die Bäume, die Tiere, die Zähne des Menschen betreuen, haben die Lehrer nie begreifen wollen, solange sie sich mit der Frage ihrer Vorbildung befaßt haben, und es ist ja tatsächlich auch nicht zu begreifen. Aber hier gelten ja erstlich andere als aus der Sache heraus gegebene Gründe, nämlich gesellschaftliche und wirtschaftliche.“[2]

Das ist eine deutliche Sprache, und sie trifft den Nagel auf den Kopf. Die Mißachtung seiner geistigen Bedürfnisse und der Widerstand gegen das Recht auf eine bessere Ausbildung waren für den Volksschullehrer jedoch nicht neu. Auch die sich wiederholenden Mißdeutungen seines beruflichen Ehrgeizes hatte er schon lange zu hören bekommen. Die Lehrervereine mußten also bei der Planung von Reformen für eine akademische Lehrerausbildung die Universität bevorzugen und die gleiche Ausbildung wie die der Gymnasiallehrer fordern. Pädagogische Akademien schienen ihnen nur eine Ersatzlösung zu sein. „Zunächst bedeutete die Gründung der Pädagogischen Akademien statt der Gründung Pädagogischer Fakultäten an den bestehenden Universitäten eine neue Abseitsbildung für die Volksschullehrer, die noch verstärkt wurde durch deren konfessionelle Gliederung."[3] Es gab nämlich evangelische, katholische und simultane Akademien. Jedes Land hatte eine andere Lösung bei der Frage nach der Akademisierung der Volksschullehrerbildung gefunden. In Bayern und in Württemberg änderte sich nichts. In Thüringen und in Sachsen hatte man sich für die universitäre Lehrerbildung entschlossen; ebenso in Hamburg und Braunschweig, die pädagogische Fakultäten einrichteten. Hessen hatte Pädagogische Institute, die an eine Universität bzw. Technische Hochschule angegliedert waren.

Angesichts dieser verschiedenen Bildungsformen stellte sich die Frage nach dem Ergebnis einer so uneinheitlichen Reform. Beruflich bedeutete die Auflösung der alten Lehrerseminare und die Einrichtung hochschulmäßiger Bildungsstätten sicher einen Fortschritt. Sie verhalf dem Volksschullehrer zu mehr Anerkennung und zu einer besseren Position. Das gesellschaftliche Defizit würde, so hoffte man, im Laufe der Zeit ausgeglichen werden. Die Befürworter der Pädagogischen Akademien hatten aber wohl nicht gesehen, daß eine nicht universitäre Lehrerbildung der Volksschullehrer die ohnehin bestehende Kluft zwischen ihnen und den Gymnasiallehrern noch vertiefen würde. Es gab nun nach zwei Seiten hin Probleme. Zum einen trat der Gegensatz zwischen den an Pädagogischen Akademien ausgebildeten jungen Volksschullehrern und den alten Seminaristen deutlich zutage, ein Gegensatz, der allerdings auch eine Generationsfrage war und sich auf die Dauer verringern würde. Zum anderen gab es die schon lange bestehende Distanz zu den Gymnasiallehrern. Während sich die Unterschiede zwischen Seminaristen und Volksschullehrern in der Hauptsache bei der Frage nach den Unterrichtsmethoden und neuer Erkenntnisse in der Pädagogik zeigten, bestand der Gegensatz zu den Philologen wie bisher in der Hauptsache in dem sozial und beruflich unterschiedlichen Status. Die Gymnasiallehrer sahen in einer Universitätsbildung der Volksschullehrer noch eine andere Gefahr; sie befürchteten nämlich die Konkurrenz, falls die Volksschullehrer in akademische Höhen aufsteigen würden. Die Universitätsbildung der Philologen hatte aber Tradition. Das Prüfungssystem und das pädagogische Seminarjahr waren bereits in der Kaiserzeit eingeführt worden und hatten sich gut bewährt. In einer seit 1917 bestehenden Prüfungsordnung war außerdem festgelegt worden, daß die Lehramtsanwärter nach einer Ausbildung an der Universität und einem zweijährigen Schulpraktikum sich einer Prüfung zu unterziehen hatten, nach deren erfolgreichem Abschluß die Berufung in das höhere Lehramt erfolgen konnte. Ihre Laufbahn war also geregelt, ihre Berufsorganisation, der Philologenverband, vertrat ihre standespolitischen Interessen. Sie brauchten keine Reformen. Vielleicht hätte aber doch ein Universitätsstudium für Volksschullehrer die zunehmende Tendenz ihrer Entfremdung wenn nicht aufheben, so doch allmählich verringern können.

Die in Preußen gewählte Form der Pädagogischen Akademie hatte nach Einschätzung mancher Pädagogen nicht den gewünschten Erfolg. Nach der Schließung der Präparandenanstalten gab es im Jahre 1920 keine Seminaranwärter mehr. Dieser Weg war also nicht mehr offen. Andererseits konnten in der Zeit bis 1930 gar nicht so viele Pädagogische Akademien und neue Hochschulen errichtet werden, wie ursprünglich geplant waren, und die bestehenden auch nicht ausgebaut werden. Man verschärfte deswegen die Zulassungsbedingungen. Die Bewerber mußten sich einem Ausleseverfahren unterziehen, weil der Andrang zu groß war. Wer auf einer der neuen Hochschulen oder Akademien aufgenommen wurde, nannte sich jetzt Student und war weder, wie im alten Lehrerseminar, einem strengen Reglement ausgesetzt noch einem Internatsbetrieb voller Einschränkungen ausgeliefert. Diese Nebenwirkung sollte nicht unterschätzt werden.

Die Akademien nahmen mit Ausnahme der in Bonn

männliche und weibliche Bewerber auf. Ehemalige Seminarleiter wurden zunächst noch als Dozenten übernommen, bis auch sie von akademischen Fachkräften ersetzt wurden. Die Diskussion einer Akademisierung der Volksschullehrer blieb weiter offen. „Ergebnis der an pädagogischen Ideen und Schulversuchen so reichen zwanziger Jahre waren letzten Endes eine wachsende Zersplitterung im Schulwesen und in der Lehrerbildung – eine Entwicklung, die es den Nationalsozialisten erleichterte, die von ihnen eingeleitete ideologische und schulorganisatorische Gleichschaltung zu begründen."[4]

Die Weimarer Republik in der Krise

Daß die Lehrer in der Weimarer Republik kaum Hoffnungen auf eine gesicherte Zukunft haben konnten, mußten sie sehr schnell erfahren. Die seit den zwanziger Jahren ständig steigende Arbeitslosigkeit hatte auch sie hart getroffen und große Enttäuschung hervorgerufen. Die Arbeitslosigkeit betraf vor allem die aus dem Krieg zurückkehrenden Lehrer und die Junglehrer. Die „Vossische Zeitung" in Berlin vom 12. April 1926 meldete unter dem Titel „Die Not der Junglehrer", 30 000 wollen Arbeit: „Es ist zu befürchten, daß die in innerer Umstellung begriffene Volksschule in Zukunft nicht die Lehrer haben wird, die sie braucht. Das Schicksal der Junglehrer von heute ist das Schicksal der Schule von morgen." Außerdem hatte sich das Heer der arbeitsuchenden Lehrer noch durch den aus den östlichen Provinzen kommenden Flüchtlingsstrom vergrößert, so daß die Zahl der stellungslosen Lehrer auf 30 000 anstieg. Eine jahrelange Wartezeit stand den jungen Lehrern bevor. Sie erhielten, ebenso wie die anderen, keine Arbeitslosenunterstützung. Es blieb ihnen nichts anderes übrig, als sich in berufsfremden Bereichen Arbeit zu suchen oder die finanzielle Hilfe von Familienangehörigen oder Freunden anzunehmen. Sie mußten sich als ungelernte Hilfskräfte anstellen lassen und litten dennoch Hunger und Not.

Für die amtierenden Lehrer waren ebenso alarmierende und einschneidende Maßnahmen erfolgt. Ihre Gehälter wurden durchschnittlich um rund 30 %, die die der Lehrerinnen sogar um 34 bis 40 % gekürzt; Planstellen wurden abgebaut, die Pflichtstundenzahl der Lehrer ebenso erhöht wie die Klassenfrequenzen (von 42 auf 48 Schüler); Lehrer über 62 Jahre wurden pensioniert und von den 15 Preußischen Pädagogischen Akademien wurden 8 geschlossen, so daß die Seminarabsolventen die Arbeitslosenzahl noch erhöhten. Die materiellen Sorgen waren so gravierend, daß die Lehrer gar nicht mehr an gesellschaftlichen und politischen Problemen interessiert waren – sicherlich ein Fehler. Aber sie blieben bis zum Ende der zwanziger Jahre dem Staat gegenüber loyal.

Bald darauf erfolgte jedoch eine deutliche Wende, eine sichtbare Abkehr von der Republik. Die Lehrer hatten das Vertrauen zur Weimarer Republik mehr und mehr verloren. „Dieses Vertrauenskapital war . . . infolge der an Enttäuschungen reichen kulturpolitischen Entwicklung der zwanziger Jahre schon weitgehend aufgezehrt, als die Republik 1930 in ihre entscheidende Krise trat.“[5] Die jahrelange Arbeitslosigkeit hatte die Lehrer zermürbt. Sie hatten sich ohnehin nicht mit der Weimarer Republik identifizieren können. Obwohl die Besoldungssätze für Lehrer 1927 noch einmal geringfügig angehoben wurden, blieben ihre Gehälter infolge der inflationären Entwicklung knapp über dem Existenzminimum. „Durch permanente Verschlechterung ihrer materiellen Lage während der Inflation fühlten sich die Lehrer wie andere Beamte in ihrer sozialen Identität zutiefst verunsichert.“[6] Die unbefriedigenden Verhältnisse, die ja nicht nur Lehrer und andere Beamte, sondern auch in hohem Maße Angestellte und Arbeiter betrafen, trugen nicht zu einer inneren Demokratisierung des Staates bei. Die Staatsloyalität erwies sich schließlich als nicht stabil. In größeren Städten protestierten Lehrer öffentlich gegen die Benachteiligung ihres Standes. Der Preußische Lehrerverein sprach von einer „Kulturschande“. Die Gehaltsregelungen wurden als persönliche Kränkung empfunden.

Inzwischen hatte sich die Wirtschaftskrise weltweit verschärft. In der Weimarer Republik jagte eine Notverordnung die andere und zwang den Staat zu immer einschneidenderen Sparmaßnahmen, die das Hochschulwesen und das Schulwesen in gleicher Weise betrafen. Es kam erneut zu Kürzungen der Beamtengehälter zwischen 19 und 23 %. Hoffnungslosigkeit und Verbitterung wuchsen. Der Deutsche Lehrerverein warnte die Regierung vor den ständig steigenden Gehaltskürzungen. Sie mußten sich ja bei einem solchen Ausmaß auf das Verhalten der Lehrer zum Staat auswirken. Erste Anzeichen einer gewissen Sympathie für die nationalsozialistische Ideologie waren schon Anfang der dreißiger Jahre zu bemerken. „Die Katastrophe von 1933 brach herein, weil es der Erziehung nicht gelungen war, in den Menschen demokratische Staatsverantwortlichkeit zu erzeugen.“[7] Das war eine der möglichen Erklärungen für die Hinwendung der Lehrer zum Nationalsozialismus. Eine andere war zweifellos begründet in den psychischen und physischen Belastungen der Lehrer, die durch Gehaltskürzungen, Zwangspensionierungen und eine hohe Arbeitslosigkeit hervorgerufen wurden. 1931 betrug die Zahl der Arbeitslosen in der Republik 5 Millionen, 1932 6 Millionen. Bis zum März 1932 wurden in Preußen allein 7 200 Lehrerstellen abgebaut. Die älteren Lehrer fühlten sich auch durch ihre Interessenvertretungen und die politischen Parteien nicht genügend unterstützt. Für die in den einzelnen Vereinen und Parteien stattfindenden Richtungskämpfe fehlte ihnen in ihrer Lage jegliches Verständnis. Die Fehler der Weimarer Republik, besonders in der Schulpolitik, führten dazu, daß allmählich nicht nur bei den jungen Lehrern Zeichen einer Annäherung an den Nationalsozialismus zu erkennen waren. Bald trieben weitere Berufsunsicherheiten und Existenzängste mehr und mehr Lehrer in die nationalsozialistischen Organisationen, besonders in den Nationalsozialistischen Lehrerbund.

„Menschengruppe“ Volksschullehrer

Der Nationalsozialismus kann nicht als unvorhergesehenes Naturereignis, das plötzlich über die Menschen hereinbrach, interpretiert werden, so heftig und jählings sein Einbruch vielen Menschen damals erschien. Die wenigen, die in den frühen Anfängen der Partei noch die Möglichkeit politischer Informationen besaßen, konnten lange vor der Machtübernahme HITLERS am 30. Januar 1933 seinen kalten Zynismus und die Brutalität seines Machtanspruchs erahnen, auch wenn sich die Partei in der Öffentlichkeit zunächst noch geschickt tarnte. Die Mißachtung und Diffamierung der Weimarer Republik wurde bereits in den frühen Reden HITLERS deutlich. Schon 1923 sprach er stets von der „November-Republik", der sein ganzer Haß galt, und von den „November-Verbrechern", mit denen er die Staatsmänner meinte. Wörtlich sagt er: „Der Name Novemberverbrecher wird nach Jahrhunderten noch auf diesen Leuten lasten."[8] Auch die totale Veränderung aller Erziehungs- und Bildungsmaßnahmen deutet sich in diesem Jahr bereits an. Ähnlichkeiten mit den Denkschablonen konservativer Politiker früherer Jahrhunderte sind unverkennbar, wenn HITLER formuliert: „Wir leiden heute an einer Überbildung. Man schätzt nur das Wissen. Die Neunmalweisen aber sind Feinde der Tat. Was wir brauchen, ist Instinkt und Wille. Beides haben die meisten verloren durch ihre ‚Bildung'."[9]

Der Hauptangriff HITLERS galt im Rahmen des Erziehungs- und Schulwesens der Person des Lehrers. Die Lehrer sollten die Garanten dafür sein, dem Nationalsozialismus die Jugend zuzuführen, und diese Jugend mußte HITLER unter allen Umständen gewinnen. Dabei dachte er zunächst an die Junglehrer, die am ehesten zu ködern wären. Der Angriff auf die Lehrerschaft erfolgte durch eine systematische Diffamierung der Lehrer in der Weimarer Republik. Wer als „sozialistisch", „demokratisch", „pazifistisch" oder „marxistisch" galt, wurde entlassen oder in den Ruhestand versetzt. An ihre Stelle konnte man dann zahlreiche junge Lehrer, die nun schon seit Jahren arbeitslos waren, neu einstellen. Daß sich bei ihnen eine Art von „Dankesschuld" regte, ist nicht zu leugnen. Man hatte ihnen auch zu verstehen gegeben, daß sie in einer „pädagogischen Anarchie", wie man die Weimarer Schulpolitik bezeichnete, überhaupt keine Chancen gehabt hätten, als Lehrer eingestellt zu werden.

Schon im Mai 1933 wurden durch den nationalsozialistischen Erziehungsminister RUST die bestehenden

„Preußischen Pädagogischen Akademien" in „Hochschulen für Lehrerbildung" umbenannt. Das Abitur blieb zwar noch gültig, auch änderten sich weder die Dauer des Studiums (2 Jahre) noch die Zulassungsbestimmungen, aber man wollte bewußt – entsprechend der These von der Bodenverbundenheit und Volksgemeinschaft – die Hochschulen fernab der Großstädte ansiedeln. Auf diese Weise sollte es leichter sein, den neuen deutschen Lehrer in einer neuen Schule heranzuziehen. Im Jahre 1936 wurden acht Hochschulen für Lehrerbildung neu errichtet. Die Ansiedlung dieser Hochschulen in ländliche Umgebungen erinnert an die Maßnahme FRIEDRICH WILHELMS IV., der nach der gescheiterten Revolution von 1848 die Lehrerseminare aufs Land verbannte.

Die Bedeutung von Lehrern und Schulen wurde im Nationalsozialismus also sehr früh erkannt. Ebenso deutlich wurden die Vorstellungen über die neue Erziehung artikuliert, beispielsweise vom Reichsjugendführer BALDUR VON SCHIRACH: „Der Lehrer ist erst recht in dieser Zeit notwendig. Er hat genau wie der Jugendführer seine große, herrliche Aufgabe an der jungen Generation. Heute weniger als je soll er mit Schulschluß die Bücher zuklappen und damit seinen täglichen Dienst beenden ... Wer ein Kerl ist unter den Lehrern, der versteht es auch, aus der muffigen Schulstube ein Erlebnis zu machen. Wer keiner ist, dem kann nicht geholfen werden. Wir können nur hoffen, daß die Sorte ausstirbt, die ihr Lehramt ausschließlich vom Standpunkt der Versorgung aus betrachtet und im Schüler ein unangenehmes Arbeitsobjekt sieht. Jeder von uns kennt diese Typen, die der Volksmund ‚Pauker' nennt ... Die liberalistische Zeit erfand den entsetzlichen Titel ‚Oberstudiendirektor'. Der Nationalsozialismus wird uns zeigen, was ein Schul-Meister ist."[10]

Jede Art von Unterricht und Weiterbildung sollte – direkt oder indirekt – in erster Linie der Festigung der nationalsozialistischen Ideologie dienen. Die „Umerziehung" bedeutete für die Lehrer natürlich eine zusätzliche Inanspruchnahme ihrer ohnehin knapp bemessenen Freizeit. Die Verpflichtungen in einer der Parteiformationen, denen man sich als Lehrer nicht entziehen konnte, umfaßten – um nur einige Beispiele zu nennen –

die Teilnahme und Mitwirkung an Parteitagen, an Parteiveranstaltungen im regionalen Bereich, die für diesen Zweck einzuübenden Lieder und Sprechchöre der Nationalsozialisten im Unterricht und vor allem die Mitarbeit bei Sportkämpfen und -wettbewerben.[11] Im Krieg gehörten ferner Aufgaben wie die Luftschutzausbildung, Geld- und Altmaterialsammlungen sowie viele andere Aufgaben dazu, nicht zu vergessen der Dienst in den Parteiorganen. Der nationalsozialistische Lehrer wurde nun in die Rolle des Befehlsempfängers verwiesen. Die traditionelle Lehrergestalt war damit verschwunden. Der oben zitierte Schul-Meister war nur noch eine Marionette im Spiel der Macht einzelner Parteigrößen, die sich oft untereinander nicht einigen konnten, wem denn nun die Verfügungsgewalt über den neuen „Volkserzieher" zustünde. Diese Kompetenzkonflikte zwischen der Hitlerjugendführung, dem Nationalsozialistischen Lehrerbund, der Partei und anderen Organisationen, die alle für sich das Recht beanspruchten, den Lehrer umzuformen, wurden heftig in den einzelnen Machtzentren ausgefochten. Diffamierungen von Lehrern aller Schularten konnten die nationalsozialistischen Führer am besten von HITLER selbst lernen. Er hatte seiner Verachtung, besonders gegenüber den Volksschullehrern, schon früh freien Lauf gelassen und oft im privaten Kreis unmißverständlich ausgesprochen, was er von ihnen hielt. Seine Aussagen waren primitive Vorurteile und lassen auf Minderwertigkeitsgefühle gegenüber gebildeten, akademischen Persönlichkeiten schließen. Die Bezeichnung „Intellektueller" wurde damals bewußt herabsetzend verstanden, wobei auch hier die Wissenschaftsfeindlichkeit eine Rolle spielte. Wie stark solche Emotionen bei HITLER waren, beweist die Tatsache, daß er auch in bezug auf seine Parteigenossen, die Lehrer waren und die er persönlich in ihr Amt eingesetzt hatte, kein Blatt vor den Mund nahm. Seinen Kultusminister RUST, einen ehemaligen Studienrat, bezeichnete er als einen Mann, „der der Kunst wie ein ausgewachsenes Nilpferd gegenüberstehe"[12], obwohl er für das „deutsche Kulturschaffen" verantwortlich war. HITLER hielt sich auch in Sachen Kunst für kompetenter als jeder andere und erlaubte sich von daher ein solches Urteil. Die Pädagogik nahm er ebenso als sein ureigenstes Einflußgebiet in Anspruch und stellte dazu fest: „Meine Pädagogik ist hart. Das Schwache muß weggehämmert werden. Stark und schön will ich meine Jugend, herrisch und unerschrocken. Das freie herrliche Raubtier muß aus ihren Augen blitzen ...“[13] Wozu brauchte er angesichts solcher ‚Eigentumsrechte‘ noch eine intellektuelle Bildung? Völlig überschlug er sich bei einem Ausspruch, hinter dem wohl auch seine Rassenideologie stand, in dem er erklärt: „Und würde die Welt auf einige Jahrhunderte dem deutschen Professor überantwortet, so würden nach einer Million Jahren lauter Kretins bei uns herumwandeln: Riesenköpfe auf einem Nichts von Körper.“[14] In mehreren seiner Anwürfe gegen den Lehrer, dem allein er die Erziehung seiner nationalsozialistischen Jugend auf gar keinen Fall überlassen wollte, entwarf er eine Art negativer Typologie: „Lehrer werde leider nur ein bestimmter Typ von Menschen, der sich für den Kampf in freien Lebensberufen nicht eigne. Menschen, die das Zeug in sich fühlten, aus eigener Kraft etwas zu leisten und zu gestalten, würden nicht Lehrer, zumindest nicht Volksschullehrer. An die Lehrer, die durch seine Jugend gegangen seien, habe er überwiegend unerfreuliche Erinnerungen. Schon in ihrem Äußeren seien sie schmutzig gewesen und durch dreckige Kragen, ungepflegte Bärte und dergleichen aufgefallen.“[15]

In allen öffentlichen und nichtöffentlichen Äußerungen galt seine ganze Verachtung der „Menschengruppe“ Volksschullehrer. Er empfand „diese Sorte“ von Lehrern geradezu als verabscheuungswürdig, denn nach seiner Auffassung war sie nicht nur von einem unerträglichen Bildungsdünkel besessen, sondern hatte auch nicht die geringste Veranlassung, sich für gebildet zu halten. „Wenn man die Geisteserzeugnisse von Volksschullehrern lese, von ihren politischen Ansichten höre oder ihre Beschwerden zu Gesicht bekomme, dann könne man nur immer wieder feststellen, daß es sich bei ihnen um ein ganz besonders dummes und unselbständiges geistiges Proletariat handele, so richtig dazu geschaffen, eine Säule des, Gott sei Dank, überwundenen Systems darzustellen. Wenn diese Leute sich dann noch einbildeten, nicht gut genug vom Staat bezahlt zu werden, dann müsse man ihnen entgegenhalten, daß jeder Feldwebel unserer Wehrmacht bessere Erziehungsarbeit leiste als sie. Denn kleinen Jungen und Mädchen das ABC beizubringen, sei ja wirklich kein Kunststück. Dabei müsse man sich wundern, daß diese Volksschullehrer es überhaupt aushalten, alljährlich vor ihren Schülern dasselbe zu exerzieren."[16]

Erniedrigung und Verfolgung

Da für HITLER und seine Anhänger die Erziehung eindeutig Dressur und Unterordnung bedeutete, betrachtete er natürliche Autorität als Fehler. Er warf dem Lehrer in diesem Zusammenhang Führungsschwäche im Unterricht vor und hatte lange die Absicht, für die höheren Volksschulklassen die zwölf Jahre dienenden Berufsunteroffiziere an die Stelle der führungsschwachen Lehrer zu setzen. Wer trotz mehrfacher Umerziehungsprozesse nicht zum Musterbeispiel eines nationalsozialistischen Volkserziehers geformt werden konnte, hatte in der Schule nach Meinung der Partei nichts mehr zu suchen. Wie ernst das gemeint war und wie schnell die Konsequenz aus mißglückten Umformungsversuchen gezogen wurde, beweisen die vielen Entlassungen von Schulräten, Rektoren und Lehrern schon in den ersten Jahren nach der Machtübernahme HITLERS. Schon 1933 wurden auf diese Weise 3 000 Lehrer wegen politischer Unzuverlässigkeiten entlassen. Bereits 1935 gab es keine arbeitslosen Lehrer mehr. Die politisch verdächtigen und unzuverlässigen wurden gegen linientreue Lehrer ausgetauscht, wobei man nicht nur den entlassenen Lehrern, sondern allen anderen mißliebigen Personen, die das gleiche Schicksal traf, deutlich klarmachte, daß es sich bei diesen totalitären Maßnahmen nicht etwa nur um die Folge eines „Kabinettswechsels" im Regierungsapparat handele, sondern um die eines „Systemwechsels".[17]

Die sogenannte Gleichschaltung vollzog sich nicht nur im gesamten Organisations- und Verbandswesen, sondern betraf auch das intellektuelle Potential: Künstler, Gelehrte, Wissenschaftler, Schriftsteller – soweit sie im Hitlerdeutschland überhaupt noch eine Existenzberechtigung hatten – wurden systematisch unterdrückt, vernichtet und ausgemerzt. Der Beweis der Inhumanität des nationalsozialistischen Regimes drückte sich in den Worten eines nationalsozialistischen Vorkämpfers und Chefideologen aus: „Wer unter Humanität eine politische und geistige Organisation alles dessen, was Menschenantlitz trägt, versteht, dem erwidern wir, wir sind nicht human" (BÄUMLER)! Und HITLER stellte dazu fest, Humanität sei Gefühlsduselei! Damit waren die Ziele der nationalsozialistischen Erziehung klar umrissen. Auch der Begriff des Staatsbürgers war unbrauchbar geworden. Zur Bestätigung dessen hieß es bei BÄUMLER weiter: „Der politische Mensch, wie wir ihn heute entstehen sehen, ist dem Staatsbürger ... entgegengesetzt."[18] Ein Mensch ohne deutliche Parteinahme sei von vornherein suspekt und eine Demokratisierung der Bildung unmöglich. Die Schule sei nun weder Kirchenschule noch Staatsschule, auch nicht Volksschule. „Als Schule des Reiches ist sie die völkische Weltanschauungsschule unter dem Schutze des Staates ... Der Lehrer in diesem Staat kann nicht irgendein Angestellter sein, der gegen Bezahlung seine Schuldigkeit tut, kein bloßer Staatsdiener und Schulhalter, sondern er muß mit jenem Herzen dabei sein, aus dem die Weltanschauung der Deutschen stammt."[19] Hier wurden alle Werte zu Unwerten.

Selbst bei noch so rigoroser Auslese konnten die Lehrer immer nur eine Nebenfigur mit beschränkten Befugnissen in ihrem Amt sein. HITLER hatte das Ziel, allen Lehrenden mit der Hitlerjugend eine Macht gegenüberzustellen, die nach außen hin eine Gemeinsamkeit zwischen Schule und Hitlerjugend vortäuschte, in Wirklichkeit aber als Kontrollinstanz für die Lehrer und ihren Unterricht gedacht war. Die Schule sollte ja in erster Linie auf Leistung achten, während die Hitlerjugend als Führungsorganisation aufgebaut werden sollte. „Der Trennungsstrich zwischen Schule und Hitlerjugend", erklärte BALDUR VON SCHIRACH, „kann nicht scharf genug gezogen werden. Wohl aber muß die Zusammenarbeit zwischen Jugendführern und Lehrern vertrauensvoll und kameradschaftlich sein."[20] Beide sollten der Jugend als Vorbilder dienen. Das bedeutete aber nichts anderes, als daß die Hitlerjugend bestimmend und beeinflussend in der Erziehung mitwirkte. Von 1936 an mußten alle Jungen Mitglieder der *Hitlerjugend* sein, und die Mädchen mußten dem *Bund Deutscher Mädel* angehören.

Daß sich alle Umerziehungs- und Umformungsmaßnahmen mit Ausbruch und Dauer des Krieges noch verschärfen würden, war vorauszusehen. Im Jahre 1942 wurden die Hochschulen für Lehrerbildung in Lehrerbildungsanstalten umgewandelt. Sie reichten nach Ansicht HITLERS vollkommen aus, den Volksschullehrernachwuchs zu decken. In Wirklichkeit war durch den Krieg ein spürbarer Lehrermangel entstanden, und man brauchte mehr Lehrer, als eine Hochschule sie liefern konnte. In die neuen Lehrerbildungsanstalten wurden Elementar- und Hauptschüler aufgenommen, die eine fünfjährige Ausbildung erhielten und diese mit der Ersten Lehrerprüfung abschlossen. HITLER wiederholte seine These, daß ein übertriebenes Wissen den jungen Menschen nur „blödsinnig“ mache, „denn eine akademische Vorbildung brauche kein Lehrer, der sein Leben lang in einem Bauerndorf bleibe.“[21]

Die Lehrerbildungsanstalten bedeuteten einen Rückschritt in die alten Zeiten der Präparandenanstalten, die wie vor hundert Jahren 14jährige Schüler nach der Entlassung aus der Volksschule aufnahmen, die Lehrer werden wollten. Nach einer Prüfung blieben sie drei Jahre lang auf der „Präparandie“, wie man auch sagte. Nach Abschluß dieser Ausbildung waren sie in der Regel 20 Jahre alt. Die Voraussetzung für die Ausbildung zum Lehrer war die Mitgliedschaft in der Hitlerjugend. Bei allen politischen Anlässen mußte er die Uniform tragen. Beförderung und Ernennung waren selbstverständlich abhängig von einer politisch-weltanschaulichen Beurteilung seitens der Parteiorganisationen und -formationen. Wenn ein Lehrer politisch nicht dem Vorbild eines „Volkserziehers“ entsprach, setzte eine gezielte Hetzkampagne ein, bei der Karikaturen ein Zerrbild des Lehrers entwarfen und entsprechende Glossen in der nationalsozialistischen Presse das übrige taten, um ihn zum Gespött der Bevölkerung zu machen. Der „Steißtrommler“ und der „Oberlehrer“ gehörten noch zu den mildesten Ausdrücken. Denunziationen waren ebenso an der Tagesordnung wie Bespitzelungen. Sie trennten nicht nur Kollegen, sondern auch Familien untereinander; so konnten verdächtige Personen denunziert werden, ohne sich rechtfertigen zu können. Niemand konnte sich die kleinste Unbedachtsamkeit an politischen Bemerkungen erlauben, ohne mit Entlassung, vorübergehender Haft oder einem Berufsverbot rechnen zu müssen. Diese Terrorisierung wurde mit Ausbruch des Krieges noch verschärft. Man ging brutaler vor und unterließ Verschleierungen, mit denen man das Volk bisher getäuscht hatte. Die Methoden der Repression und Verfolgung, eine verschärfte Überwachung, Entlassungsdrohungen und Reduzierung der Pension um die Hälfte oder mehr sowie andere Druckmittel der Parteiorganisationen gehörten zu den systematisch betriebenen Zermürbungspraktiken.

„Deutsche Beamte" und „deutscher Unterricht"

Hitlers Ansichten über die Rolle der Frau ließ keine Zweifel darüber aufkommen, daß sie in der Ehe und in der Familie ihre alleinige Bestimmung zu sehen habe. Die Ehe bildete die Grundlage der Familie, und die Kinder bedeuteten die „Zukunft des Volkes". Im Kriegsjahr 1942 mußte aber dennoch ein Modus gefunden werden, um die Frau als Lehrerin einsetzen zu können, da die Schulen durch die im Krieg kämpfenden oder gefallenen Lehrer großenteils verwaist waren. Deshalb besann sich die Führungsspitze des Nationalsozialismus auf die Frau als Lehrerin, zunächst allerdings mit der Einschränkung, nur die unverheiratete Frau dürfe eingestellt werden, da sie am besten geeignet sei, den Erstkläßlern das Lesen und Schreiben beizubringen. Es gebe in Deutschland 2 Millionen unverheiratete Frauen, die als Lehrerinnen einen „ihren mütterlichen Empfindungen entsprechenden Lebensberuf"[22] ergreifen sollten. „Man dürfe sie aber nicht durch eine übertriebene Ausbildung, also gleichsam übertriebene Gehirnmassage, blödsinnig machen, sondern müsse ihnen nur den Wissensstoff mitgeben, der für den Elementarunterricht unbedingt erforderlich sei."[23]

Im Krieg dürfen auch unverheiratete Frauen unterrichten, natürlich nur solange, bis die männlichen Kollegen wieder „einsatzfähig" sind.

Die Lehrer an höheren Schulen sahen sich ebenso wie die Volksschullehrer dem Machtanspruch der Hitlerjugend und anderer Parteiorgane ausgesetzt. In allen Erziehungs- und Bildungsfragen war die nationalsozialistische Ideologie, wer immer sie vertrat, maßgebend. Die Gymnasiallehrer wurden mit HITLERS Intellektualismusfeindlichkeit ebenso konfrontiert wie die Volksschullehrer. Wenn HITLER erklärte, er wolle keine intellektuelle Erziehung, dann mußte sich die Lehrerschaft der höheren Schulen noch stärker getroffen fühlen, denn sie bemühten sich ja um die geistigen Leistungen ihrer Schüler. Damit war es nun vorbei. Konnte Minister RUST noch 1936 feststellen, die neue deutsche Schule hinge entscheidend davon ab, wie weit sich der neue deutsche Lehrer umformen ließe, verkündete er bei Ausbruch des Krieges lapidar, die Schule sei genauso kriegswichtig wie jeder andere Arbeitsplatz, und die Aufgabe der Lehrerschaft sei es, sie zum Kampf bereitzumachen.

Die völlige Unterordnung unter das Führerprinzip bewies auch das neue Beamtengesetz von 1937, in dem das Beamtenverhältnis zum Staat eindeutig im Sinne der nationalsozialistischen Ideologie definiert wurde: „§ 1

(1) Der deutsche Beamte steht zum Führer und zum Reich in einem öffentlich-rechtlichen Dienst- und Treueverhältnis. (2) Er ist der Vollstrecker des Willens des von der Nationalsozialistischen Partei getragenen Staates."[24] Die Richtlinien für die höheren Schulen schrieben vor, welche Lehrpläne, Unterrichtsfächer und Lehrbücher verwendet werden durften. „Parteiinstanzen erklären, welche Bildungsinhalte den Schülern angemessen sind, und nehmen den Pädagogen die Entscheidung ab, was sie zu lehren haben."[25] Dabei waren allein politische Maßstäbe gültig. Der „Hitler-Gruß" wurde vor jeder Unterrichtsstunde Lehrern und Schülern zur Pflicht gemacht.

Sechsjährige Volksschülerinnen lernten den Arm zu heben und marschierten mit dem Lied „Die Fahne hoch" an ihren Lehrern vorbei.

Die Reduzierung der Unterrichtsfächer bedeutete gerade für den Lehrer der höheren Schule eine nahezu unmögliche Einschränkung seiner Kompetenzen. Den naturwissenschaftlich-mathematischen Fächern wurde ein geringerer Stellenwert beigemessen, und in Biologie sollte hauptsächlich die „Rassenlehre" behandelt werden. Hauptfach war Deutsch als Gesinnungsfach, das hieß, der Deutsche sollte wieder Nationalstolz entwikkeln. Der Sport nahm einen hohen Rang unter den Unterrichtsfächern ein. „So ist überhaupt der Sport nicht nur dazu da, den einzelnen stark, gewandt und kühn zu machen, sondern er soll auch abhärten und lehren, Unbilden zu ertragen."[26] In den 30er Jahren formuliert, ist hier bereits ein Bezug zum Krieg zu erkennen. Das Fach Geschichte diente vorrangig der politischen Erziehung und schrieb eine Art von Heldenverehrung und nationalsozialistischen Personenkult vor. „Vergangenheit wird benutzt, um Zweifelnde und Ungläubige – die Skeptiker und die Kritiker des nationalsozialistischen Herrschaftssystems – zu bekehren ..."[27] Es blieb kein Zweifel an der totalen Veränderung des gesamten Schul- und Erziehungssystems durch die Nationalsozialisten. HITLER bestätigte das schon früh: „Die Schule als solche muß in einem völkischen Staat unendlich mehr Zeit frei machen für die körperliche Ertüchtigung. Es geht nicht an, die jungen Gehirne mit einem Ballast zu beladen, den sie erfahrungsgemäß nur zu einem Bruchteil behalten, wobei zudem meist anstatt des Wesentlichen die unnötigen Nebensächlichkeiten hängenbleiben, da das junge Menschenkind eine vernünftige Siebung des ihm eingetrichterten Stoffes gar nicht vorzunehmen vermag."[28]

Daß diese Ideologie und die entsprechenden Richtlinien auch bei einem verkürzten, durch Bombenangriffe und Wohnungsnot immer wieder lahmgelegten Unterricht umgesetzt wurden, zeigen die Protokolle der Lehrerkonferenzen einer Hamburger Schule, die hier in Auszügen wiedergegeben werden:

„*20. Oktober 1941*: Kinder von Polen und Zigeunern dürfen nicht eingeschult werden. Kinder vollwertiger Ausländer unterstehen der Schulpflicht. – ‚Wilhelm Tell' darf an den Schulen nicht mehr gelesen werden.
6. Mai 1942: In den Schulen sollen folgende Lieder geübt werden: 1. Siehst du im Osten das Morgenrot –? 2. Auf – hebt unsere Fahnen – 3. Nur der Freiheit gehört unser Leben – 4. Wir standen für Deutschland auf Posten.
1. September 1942: Jüdische Mischlinge 1. Grades sind künftig in die Haupt-, Mittel- und Oberschulen nicht mehr aufzunehmen.
21. Januar 1943: Der 30. Januar ist schulfrei; die Feier wird von der Hitlerjugend ausgestaltet. – Es ist Lehrern untersagt, sich an Glaubensstunden der Kirche zu beteiligen. Der Mini-

ster ordnet an, daß diese Kollegen für kriegswichtigen Einsatz bereitgestellt werden."[29]

Die Frage, ob gerade die Lehrer eine besondere Affinität gegenüber der nationalsozialistischen Ideologie gezeigt hatten, war in den letzten Jahren immer wieder Gegenstand von Veröffentlichungen.

In Übereinstimmung mit den in der Literatur vertretenen Wertungen kann festgehalten werden, daß die Lehrer und ihre Organisationen gegenüber dem Nationalsozialismus versagten. Ihr überproportionaler Anteil unter den Mitgliedern und politischen Leitern der NSDAP nach 1933 zeigt überdies, daß Lehrer für das Regime durch ihren Beruf besonders „geeignet" waren, die Ideologie der Staatspartei des Dritten Reiches zu propagieren.

Widerstand – Ein Beispiel

Widerstand war nur möglich bei Gefährdung des eigenen Lebens. Doch auch ihn gab es.

„Es gab Menschen in Deutschland", so beginnt eine pensionierte Lehrerin nach langem Zögern ihren Bericht, „die schon lange vor der Machtübertragung an die Nationalsozialisten die Gefahr erkannt hatten und im Widerstand die einzige Konsequenz sahen. Dieser Weg bedeutete Bedrohung des eigenen Lebens und das der Familie, die Schädigung von Körper und Seele durch lange Haft, den Verlust der Existenzgrundlage. Wer diese Leiden bis zum bitteren Ende erleben mußte, hat im Rückblick auf sein Schicksal vor allem den Wunsch, für den Frieden in der Welt zu wirken und sich auch noch im Alter für die im Widerstand erhärteten Ziele einzusetzen." Die Lehrerin spricht nicht gern über sich selbst; sie tut es aber hier dennoch, um den nachfolgenden Generationen ein warnendes und mahnendes Wort mit auf den Weg zu geben.

„Ich wurde in einer Hinterhofwohnung geboren. Mein Vater mußte in den Krieg, als ich noch nicht in die Schule ging. Er wurde sehr schwer verwundet, Ober- und Unterkiefer waren fast völlig zertrümmert. Da er seinen Beruf nicht mehr ausüben konnte, mußte meine Mutter das Geld verdienen. Mit Ausnahme einiger weniger Gelegenheitsarbeiten war mein

Vater immer wieder arbeitslos. Seine Wunden heilten nicht. In bedrückender Erinnerung ist mir das Lazarett geblieben, in dem ich meinen Vater besuchen durfte. Die vielen Kopfverbände machten ihn fast unkenntlich. Diese frühen Kindheitserlebnisse waren wohl der Grund dafür, daß ich den Krieg zu hassen begann.

Um eine höhere Schule besuchen zu können, mußte ich sehr früh mitverdienen – für ein Kind eine kaum zu verkraftende Leistung. Meine Lehrer in einer Hamburger Reformschule besaßen glücklicherweise die Fähigkeit, uns kritisches Denken zu lehren. Ich wurde selbstbewußter. Das half mir, Kontakte zu den verschiedenen Jugendgruppen zu finden und mit ihnen zu diskutieren. Mich interessierten hauptsächlich politische Fragen, beispielsweise die hohe Arbeitslosigkeit und vor allem die Bedrohung durch einen erneuten Krieg. Mein Vater war im Alter von 42 Jahren gestorben. Ich war voller Bitterkeit und Trauer und schloß mich dem Kommunistischen Jugendverband an, in dem ich gleichgesinnte Jugendliche traf, die von ähnlichen Problemen geplagt wurden. Bei der Bewerbung um einen Arbeitsplatz wurde ich nicht berücksichtigt und erfuhr, daß die Ablehnung politische Gründe hatte. Das war mein erstes Berufsverbot. Eine Lehrstelle zu finden, war damit ausgeschlossen.

Mein langgehegter Wunsch, Lehrerin zu werden, lag nun in weiter Ferne. 1933 wurde ich verhaftet, verhört und von der Gestapo geschlagen. Zu einer Aussage konnte man mich jedoch nicht zwingen. Für meine Widerstandsarbeit bekam ich zwei Jahre Gefängnis. Nach der Entlassung dauerte es nicht lange, bis ich erneut und immer wieder verhaftet wurde, das letzte Mal 1942. Als im gleichen Jahr die Bomben in Hamburg die Stadt zerstörten, kamen fünf meiner engsten Familienangehörigen ums Leben. Eine erneute Verhaftung erfolgte 1943. Ich war in dieser Zeit schwanger und es ging mir schlecht. In meine Zelle hatte man eine junge unpolitische Frau gebracht, die ebenfalls schwanger war. Sie wurde verhaftet, weil sie als Postangestellte aus einem beschädigten Feldpostpäckchen ein kleines Stückchen Schokolade genommen hatte. Sie wurde von einer Kollegin verraten und hatte keine Ahnung, wo sie sich befand und was mit ihr geschehen würde. Für mich war das ein starkes Erlebnis, und mein Mitgefühl war groß.

Das Ende des Krieges hatte in mir die Bereitschaft, unterdrückten und verfolgten Menschen zu helfen, verstärkt. Endlich erfüllte sich auch mein Wunsch, Lehrerin zu werden. Es gelang mir, nach einer Aufnahmeprüfung das Lehrerseminar zu besuchen. 1948 wurde ich in den Schuldienst eingestellt. Ich war mit großem Engagement dabei, denn ich liebte Kinder.«[30]

Neuanfang und neue Sorgen

Not macht erfinderisch

Das Ende des Zweiten Weltkrieges war gleichbedeutend mit dem Zusammenbruch aller Kräfte im Staat und in der Gesellschaft. Die Städte lagen in Trümmern, die Bevölkerung war dezimiert, das Land überflutet von endlosen Flüchtlingsströmen. Die wirtschaftlichen und sozialen Lebensgrundlagen waren weitgehend zerstört, die politische Zukunft ungewiß. Es gab kaum Schulgebäude, die nicht durch Bomben oder andere Kriegseinwirkungen beschädigt waren oder nicht zweckentfremdet benutzt wurden. Nicht nur in den Städten, sondern auch in den abgelegensten Dörfern diente die Schule als Notunterkunft für Flüchtlinge, als Kaserne für Besatzungssoldaten, als Lagerraum oder als Verwaltungsamt. Der Lehrerstand hatte schwer gelitten: viele Lehrer waren gefallen oder verwundet, andere waren entlassen worden. Sie konnten günstigenfalls durch eine *Umerziehung* – dieser Begriff bekam im Blick auf die nationalsozialistische Vergangenheit nun eine andere Bedeutung – mit einer Einstellung rechnen. Unterdessen wurden die Lehrer unter den Flüchtlingen in die vakanten Stellen eingesetzt.

„Die älteren Lehrer haben in drei, die ältesten sogar in vier politischen Systemen nicht nur als Beamte ihren Eid ablegen, sondern als Erzieher den Staat in der Klasse lehrend vertreten müssen. Sie waren der Verführung und dem Druck des Nationalsozialismus noch stärker ausgesetzt als die Staatsbürger in vielen anderen Berufen. Die schematische Art, mit der die Entnazifizierung ein politisch-moralisches Problem juristisch lösen wollte, hat vielen die innere Umkehr erschwert.“[1] So erwies sich die Demokratisierung als ein schwieriger und langwieriger Prozeß, der im Zusammenhang mit der Bewältigung der Vergangenheit nur geringe Fortschritte machte. Die politischen Einstellungen, die noch emotionsgeladen waren, zeigten auf der einen Seite den guten Willen und die Bejahung eines neuen Denkens und Handelns, auf der anderen Seite aber auch eine Verhär-

Eine Dorfschule mit einheimischen und Flüchtlingskindern und einer kaum ausgebildeten Lehrerin, 1948.

tung alter Standpunkte. Apathie und Resignation waren weit verbreitet, eine Distanzierung von jeglichem politischen oder gesellschaftlichen Geschehen die Norm, nicht nur bei den politisch belasteten Lehrern.

Neben materieller Bedürftigkeit und Hunger gab es auch zwischenmenschliche Probleme, die hemmend auf Beruf und Selbstbewußtsein des Lehrers einwirkten. Flüchtlingslehrer unterrichteten in Schulen, in denen nahezu 100 Schulkinder behelfsmäßig in einer Klasse zusammengefaßt waren, eine traurige Parodie der einklassigen Schule, in der z. B. Lehrer eingesetzt wurden, die in der Oberstufe von Gymnasien unterrichtet oder nur eine pädagogische Kurzausbildung erhalten hatten. Meistens stand nur ein privates Zimmer für diesen Ersatzlehrer zur Verfügung, und man war froh, wenn er keine Familie hatte. Denn der noch nicht wiedereingestellte Lehrer, der auf seine Entnazifizierung wartete, wohnte mit seiner Familie in der Dienstwohnung. Die materielle Not und die auf dem Land spürbare Isolation durch zerstörte Verkehrsverbindungen und fehlende Verkehrsmittel erschwerten Kontaktfindung und persönliche Entfaltung. Schulamtsbewerber mußten oft Wege bis zu 15 Kilometer zu Fuß oder mit einem geliehenen Fahrrad bis zu ihrem zuständigen Seminar oder

der Schulbehörde zurücklegen und kamen erst spät abends wieder nach Hause. Auch die Frage des Gehalts war lange ungelöst. Neu eingestellte Lehrer warteten oft mehrere Wochen auf die ersten sehr geringen Zahlungen, und die Geldreserven waren längst aufgebraucht, wenn sie überhaupt vorhanden waren. Und doch hatten all diese Nöte, die gemeinsam durchgestanden wurden, etwas Verbindendes: die Kollegialität war stärker ausgeprägt als je zuvor, die Hierarchien weniger spürbar; man hatte trotz allem noch Sinn für Humor, wenn es darum ging, schier unüberwindbare Hindernisse aus dem Weg zu räumen.

In den meisten Besatzungszonen begann der Schulunterricht Ende des Jahres 1945. In den größeren Städten amtierten pensionierte Lehrer, teilweise noch aus der Zeit der Weimarer Republik oder aus dem Widerstand. Auch sie hatten weit über 50 Kinder in einem Raum zu unterrichten, in den ersten beiden Wintern oft bei einer Zimmertemperatur, die nur wenige Grade über Null lag. Die aus Mangel an Heizmaterial in solchem Fall verkündeten Kohleferien waren damals die größte Freude der Schulkinder. Wie behelfsmäßig ein Unterricht war, kann man daran erkennen, daß es weder Papier noch Hefte, weder Bleistifte noch Schreibfedern und auch keine Griffel und Schiefertafeln für die ABC-Schützen gab. Die alten Schulbücher waren verständlicherweise konfisziert worden. Im Rahmen eines Schulbuch-Notprogramms wurden einige Schulbücher aus der Weimarer Republik nachgedruckt, mit denen man sich behelfen mußte, obwohl sie inhaltlich den Vorstellungen der neuen demokratischen Erziehung nicht entsprachen. Da überall Notbehelf die Regel war, wurden die Lehrer erfinderisch und griffen zur Selbsthilfe. Unter ihnen gab es wahre Künstler, die von den weggeworfenen Soldatenzeitungen der Besatzungsarmee die schmalen, unbedruckten Ränder abschnitten und an die Schüler als Schreibpapier und Heftersatz verteilten. Da manches Provisorium ein Dauerzustand zu werden drohte, fertigten viele Lehrer, die sich bis dahin für ungeschickt gehalten hatten, mit den primitivsten Hilfsmitteln und Werkzeugen brauchbare Arbeitsmaterialien an, übrigens unter begeisterter Mithilfe der Schüler.

Die unregelmäßig eintreffenden geringen Gehälter zwangen manche Lehrer und Lehrerinnen zu Nebentätigkeiten. Wenn die Lebensmittelkarten für Normalverbraucher nicht ausreichten, bot sich auf dem Land als einzige Möglichkeit die Hilfe bei den Bauern an. In jenen Jahren erwarben sich die auf dem Dorf eingesetzten Lehrer echte landwirtschaftliche Kenntnisse auf den Feldern und konnten so sich und ihre Familien vor dem Hunger bewahren. Sie erlebten, daß man ihnen für diese Hilfe mehr Achtung und Anerkennung – auch in Gestalt einer Wurst oder einiger Eier – entgegenbrachte als für ihren Unterricht. Am liebsten hätten es manche Eltern gesehen, wenn ihren Kindern ein bißchen Respekt vor dem Rohrstock eingeflößt worden wäre. Aber das Verbot der körperlichen Strafe wurde von den Besatzungsmächten nicht nur angeordnet, sondern dessen Einhaltung auch kontrolliert. Die Schülerzahl war inzwischen weiter gestiegen. Auf zusätzliche Unterrichtsräume oder auf Schulneubauten konnten weder Lehrer noch Schüler hoffen. In vielen Schulen waren die Klassenräume überbelegt, eine weitere Notlösung war daher der Schichtunterricht. Wie es in Hamburg um jene Zeit aussah, mag stellvertretend für andere Schulen stehen: „Schichtunterricht war das Schreckenswort, das die Arbeitskraft der Lehrer, die Gesundheit und Spannkraft der Kinder und die Haushaltsführung der Mütter an und über den Rand des Erträglichen brachte. Schulen, die nur zweimal ‚schichteten', wurden beneidet, auch jene, die mit zweieinhalbmal auskamen. Es gab nicht wenige, in denen die Kinder abends um sechs Uhr noch saßen."[2] Es wurde also auch noch in drei und vier Tagesschichten unterrichtet. Auf dem Dorf gab es ebenfalls Schichtunterricht, nur mußte ein einzelner Lehrer alle Schichten unterrichten, weil er als einziger im Schuldienst angestellt war. Zu seinen Pflichten gehörten noch die Verteilung der „Schulspeisung" in Form von Maismehl – in der amerikanischen Besatzungszone – sowie die Arbeit im Schulgarten, der eine zusätzliche Nahrungsquelle bot. Man erinnerte sich an den armen Dorfschulmeister früherer Zeiten.

Diese Nachkriegserfahrungen hatten den Lehrer nüchterner im Hinblick auf seinen Beruf gemacht; trotz der erheblichen Mehrbelastung betrachtete er seinen

Beruf sachlich und ohne illusionären Leitbildern nachzuhängen. Und allmählich wurde er offener für seine Verpflichtungen, die ihm als Staatsbürger zufielen. Allerdings mußte sich die Demokratie erst noch zu einer lebendigen Lebensform entwickeln.

Bildungsempfehlungen

Die Frage nach dem Wiederaufbau der akademischen Lehrerbildung war wieder akut geworden. Die Kontrollbehörde der vier Besatzungsmächte gab 1947 ihre Anweisung für Bildung und Unterricht bekannt. Darin hieß es, alle Lehrer sollten an einer Universität oder an einem Pädagogischen Institut von Universitätsrang ausgebildet werden. Die Schulpolitiker hatten gehofft, sie könnten an die Modelle der Weimarer Republik anknüpfen und weitgehend Formen und Inhalte der Pädagogischen Akademien übernehmen. Selbstverständlich wurde eine wissenschaftliche Bildung der Volksschullehrer bejaht. Aber auch jetzt gab es – wie in der Weimarer Republik – Diskussionen und unterschiedliche Meinungen über die Eigenständigkeit der Hochschulen oder ihre Angliederung an die Universitäten und Technischen Hochschulen. An eine Kopie der Weimarer Verhältnisse wurde nicht gedacht. Der „Deutsche Ausschuß für das Erziehungs- und Bildungswesen“, dem Erziehungswissenschaftler, Politiker, Verwaltungsbeamte und Vertreter der Kirchen angehörten, hatte seit 1955 darüber beraten, wie die Hochschulen neu konzipiert werden sollten. In acht von elf Bundesländern blieb es bei autonomen Pädagogischen Hochschulen, wobei deren Entwicklungen unterschiedlich vorangingen. So waren 1964 die Pädagogischen Hochschulen in Baden-Württemberg erst im Aufbau begriffen; zu einer Zeit, als in Berlin ebenso wie in Göttingen die autonomen Hochschulen bereits arbeiteten. Auch die anderen Bundesländer waren aktiv. In Nordrhein-Westfalen bestand ein Plan zum Ausbau einer wissenschaftlichen Hochschule, und in Hessen und Bayern waren Hochschulen für Erziehung als selbständige Institutionen vorgesehen. Hamburg hatte bereits 1949 ein

Schulgesetz erlassen, das die Ausbildung aller Lehrer an einer Universität festsetzte. In seinem Gutachten stellte 1965 der „Deutsche Ausschuß für das Erziehungs- und Bildungswesen“ abschließend fest, daß sich alle Länder der Bundesrepublik in einer Phase der Erprobung befänden. Heute sind die damaligen Pläne verwirklicht. „Mit der bereits vollzogenen Verwissenschaftlichung der Pädagogischen Hochschulen und der . . . Übernahme der Volksschullehrerbildung in die Universitäten ist die über ein Jahrhundert alte Forderung der Volksschullehrerschaft nach einer wirklich ‚akademischen‘ Gestalt des Lehrers ganz offensichtlich erfüllt.“[3]
Blicken wir noch einmal auf die Anfänge der Neuordnung in Staat und Gesellschaft der jungen Bundesrepublik zurück und betrachten die von Gleichschaltung und Verbot im Nationalsozialismus betroffenen Organisationen bei ihrem Wiederaufbau. Welche Erwartungen konnte der Lehrer aufgrund der politischen und bildungsökonomischen Verhältnisse und der Situation seines Berufsstandes haben? Den meisten Lehrern war bewußt geworden, daß sie ganz von vorne anfangen mußten. Die Erziehung zur Demokratie mußte anders aussehen als die Nationalerziehung des Kaiserreiches. Das heißt, daß jeder einzelne einen Lernprozeß durchmachen mußte, nicht im Sinne einer verordneten Umerziehung, sondern vielmehr aus eigener Einsicht. Die Lehrerverbände hatten hier nun ein weites Aufgabenfeld. Gleich nach dem Zusammenbruch des nationalsozialistischen Regimes 1945 war der Allgemeine Deutsche Lehrer- und Lehrerinnenverein wieder gegründet worden. Er setzte die Tradition des Deutschen Lehrervereins (DLV) damit fort. 1949 wurde er in die *Gewerkschaft Erziehung und Wissenschaft* (GEW) umgewandelt und in die Deutsche Gewerkschaftsbewegung integriert. Außer dieser Verbandsorganisation entstanden eine Anzahl von Neugründungen, deren Verbandsarbeit verschiedene Schwerpunkte politischer, konfessioneller oder fachspezifischer Art hatte. *Der Deutsche Philologenverband* (DPhV), der bereits 1903 gegründet worden war, schloß sich mit anderen Interessenvertretungen von Lehrern dem Deutschen Beamtenbund an.

Bestimmte gesellschaftliche Gruppen hatten das stereotype Bild des Lehrers, nicht nur des Volksschullehrers, anscheinend konserviert. Der Spott über den wenig schmeichelhaft karikierten Schulmann ließ wieder Verunsicherungen in beiden Lehrergruppen aufkommen und das Selbstverständnis verringern, obwohl die beruflichen Voraussetzungen besser zu werden versprachen. Hinzu kam beim Volksschullehrer, daß er, nachdem er Akademiker war, nun auch wissenschaftlich gefordert wurde und man ihn nach anderen Kriterien beurteilte. Unter diesen Voraussetzungen änderte sich auch die Einschätzung seines Berufes in der Öffentlichkeit.

„Bildungsnotstand" und Lehrerschwemme

Die Beschränkung des Themas auf einen historisch begrenzten Zeitraum kann die jüngste Vergangenheit nur in einer kurzen Aufblendung darstellen, das Licht nur auf stichwortartig formulierte Daten und Fakten richten. Wirtschaftliche Interessen forderten Ende der fünfziger, Anfang der sechziger Jahre eine Expansion des Bildungssystems; „Bildung als Bürgerrecht", Chancengleichheit, Umstrukturierung und Ausbau des allgemeinen Schulwesens, Bildungsreformen (Gesamtschule, Förderstufe, neue gesellschaftsbezogene Unterrichtsfächer) sowie die Aufforderung an die Studenten, Lehrer zu werden, waren die Stichworte jener Zeit, die bis Mitte der 70er Jahre Gültigkeit behielten. Bei älteren Lehrern, die Arbeitslosigkeit und Einstellungsschwierigkeiten noch in Erinnerung hatten, entstand Verwirrung. Sie erlebten nun plötzlich die umgekehrte Entwicklung. Dadurch entstand bei vielen eine Neigung zum „Kulturpessimismus". Sie empfanden die instabilen beruflichen Verhältnisse als beunruhigend. So gesehen bewegte sich das Bewußtsein der Lehrer immer noch zwischen Wunsch und Wirklichkeit; zumindest war es permanent Orientierungskrisen ausgesetzt. Man fühlte sich auch durch die Administration und den Behördenapparat reglementiert. THEODOR W. ADORNO sah den Lehrer in „eine Beamtenhierarchie vermauert", und HELLMUT BECKER prägte den Begriff der „verwal-

Alleine in der Klasse. Sinnvolle Hilfen für den Grundschulunterricht gibt es wenig. Die Folge davon: Praxisschock.

teten Schule". „In Äußerungen über die verwaltete Schule greift Resignation um sich. Man spricht über die ‚Erlaßflut' wie über die Sintflut – sie steigt und steigt und niemand kann etwas dagegen tun, solange Eltern, Lehrer, Aufsichtsbehörden, Gerichte, Parlamentsfraktionen und natürlich Schüler in ihre vielfältigen Ängste voreinander verwickelt sind und erlaßverbriefte Sicherheit suchen."[4] Und was hat sich inzwischen daran geändert? Der Bundespräsident RICHARD VON WEIZSÄCKER forderte kürzlich die Lehrer auf, sich nicht von der Bürokratie vereinnahmen zu lassen. Außer der Gefahr einer Bürokratisierung bedrohe auch das Zeitalter der Computer den Menschen in seinem selbständigen Denkvermögen.

Ein weiteres Schlagwort erregte in den siebziger Jahren die pädagogischen Gemüter. Man sprach vom „Praxisschock" oder auch vom „Schulschock" und vom „Realitätsschock". Gemeint war immer das gleiche, nämlich, daß die Junglehrer dem Schulalltag, mit dem sie nun konfrontiert wurden, zunächst ziemlich hilflos gegenüberstanden und das Verhältnis von Theorie und Praxis als ein reales Problem ansahen. Kurz gesagt ging es um eine totale Umstellung, die den von der Hochschule kommenden jungen Lehramtsanwärtern wie eine kalte Dusche vorkam. Die Konfrontation bestand darin, daß der angehende Lehrer etwa mit den Worten in der Schule begrüßt wurde: „Nun vergessen Sie erst einmal alles, was Sie in der Hochschule gelernt haben!" Diese wenig ermutigende Aufforderung hörten Tausende von Referendaren in dieser oder ähnlicher Form. Welcher Kollege sie ausgesprochen hatte, war unwesentlich; die Wirkung aber blieb nicht aus und verursachte zunächst ein Gefühl der Hilflosigkeit und der Abhängigkeit. Im Extremfall entstand sogar Angst. Aus jener Zeit gibt es eine Fülle von pädagogischen und psychologischen Veröffentlichungen, die sich mit diesem Syndrom befassen. Zunächst empfand der Junglehrer eine gewisse Identitätsangst. Sie wurde meistens verursacht durch das für ihn unerwartete Verhalten der neuen Vorgesetzten. Die jungen Lehrer waren verunsichert durch eine Situation, die sie nicht, noch nicht beherrschten.

Arbeitslos – ein Schicksal?

Die Schwierigkeit, sich im Berufsleben zurechtzufinden, blieb nicht das einzige Angstmoment. Ende der 70er Jahre entwickelte sich die Arbeitslosigkeit der Lehrer erneut zu einem bedrohlichen Phänomen.

Zu Beginn der siebziger Jahre hatte man nicht erwartet, daß gerade die Lehrerarbeitslosigkeit derartige Dimensionen annehmen würde. Durch Meldungen in der Presse registrierte man zwar, daß die Klassenfrequenzen zu hoch waren, Unterrichtsstunden wegen Lehrermangels ausfielen, sich die Eltern darüber beschwerten und Schüler streikten, aber man hatte immer noch das Wort von der „Lehrerschwemme" im Ohr und wurde erst aufgeschreckt, als sich plötzlich herausstellte, daß das Gegenteil zutraf. Die Schulbehörden erklärten dennoch weiter: „Wir haben keine Lehrer." Wie reimte sich das zusammen? Hier lag offensichtlich ein Widerspruch vor, für den der Staat eine einfache Erklärung hatte: der Fiskus hat kein Geld – auch nicht für Lehrer.

Nach einer Statistik von 1979 waren im Frühjahr 1978 3 000 Lehrer arbeitslos, im März 1979 waren es bereits 17 000; für das Jahr 1980 rechnete man damals mit 27 000 bis 53 000 und für 1985 mit 80 000 bis 130 000. Für das Jahr 1990 wird inzwischen mit einer Zahl von 150 000 arbeitslosen Lehrern gerechnet. Aber die Arbeitslosigkeit der Lehrer kann nicht allein durch leblose Zahlenreihen ausgedrückt werden. Dahinter verbergen sich Probleme und viele Einzelschicksale von Lehrern,

Protestmarsch von Pädagogik-Studenten in München 1970 gegen viel zu große Schulklassen.

die mit ihrer Arbeitslosigkeit als Tatsache fertig werden müssen, denn: „Lehrer sind auf dem Arbeitsmarkt nicht mehr gefragt."[5]

In den 60er Jahren hatte man noch in der gesamten Bundesrepublik die Abiturienten umworben und ihnen der Lehrberuf in den schönsten Farben ausgemalt. „Student auf's Land" hieß ein Werbeslogan. Heute sieht das Bild ganz anders aus. Viele Studenten brechen ihr Lehrerstudium ab, weil sie keine beruflichen Chancen sehen. Außerdem geht die Zahl der Studienanfänger rapide zurück. Die Kultusminister warnen vor einem zu eng berufsbezogenen Lehrerstudium und raten zu einer größeren Flexibilität für außerschulische Tätigkeiten, mit anderen Worten: zu einer Entprofessionalisierung. „Nicht mehr erwünscht ist der fachwissenschaftlich und pädagogisch auf einen bestimmten Schultyp ausgerichtete Lehramtskandidat."[6] Vor allem würde sich seine mangelnde Praxiserfahrung hinderlich auswirken, und er müßte erkennen, daß die Chancen für eine Anstellung, auch im Fremdberuf, geringer sind und zwar auch dann, wenn er ein gutes Examen abgelegt oder einen akademischen Grad erworben hätte.

Ein völliges Umdenken ist also für jeden einzelnen nötig, eine individuelle Verarbeitung der Tatsachen unumgänglich. Die Frage stellt sich nur: Welche Konsequenzen ergeben sich angesichts dieser Situation, und was muß getan werden? Eins scheint sicher zu sein: Die

Arbeitslosigkeit wird für alle Lehrer eine Dauerbelastung bleiben, und sie sind weniger darauf vorbereitet als Angestellte und Arbeiter. Auch haben die amtierenden Lehrer niemals eine Gefährdung ihres Arbeitsplatzes erlebt. Die große Lehrerarbeitslosigkeit in der Weimarer Republik ist nur noch wenigen in Erinnerung, vielen nicht mehr bewußt.

Die Odyssee einer Lehrerin

Hier ein Beispiel für eine neue Arbeitslosigkeit:

„Ich habe 1976 die Erste Staatsprüfung für das Lehramt an Grundschulen mit der Note 2 bestanden. Anschließend habe ich auf eigene Kosten mein Montessori-Diplom erworben. 1977 hatte ich einen Lehrauftrag mit 14 Wochenstunden an einer Grundschule angenommen, da ich von Dezember 1976 bis Mai 1978 auf mein Referendariat warten mußte. Vom Mai 1978 bis Oktober 1979 klappte es dann endlich. Noch im gleichen Jahr bestand ich die Zweite Staatsprüfung mit der Note 1 und bekam anschließend einen befristeten Lehrauftrag mit 13 Wochenstunden bis Februar 1980 als Vertretung für eine schwangere Lehrkraft. Der Lehrauftrag wurde wegen einer weiteren Vertretung für eine schwangere Lehrerin bis August 1980 verlängert. Das ging einige Wochen so weiter, bis ich plötzlich eine halbe BAT-Stelle mit 14 Wochenstunden, befristet bis zu den Osterferien (die nicht bezahlt wurden), erhielt. Als die Ferien zu Ende waren, erhielt ich erneut einen halben BAT-Vertrag bis kurz vor den Weihnachtsferien, obwohl die Schule schon weiteren Bedarf angemeldet hatte. In der ‚Lückenzeit' bezog ich Arbeitslosengeld, eine lächerliche Summe übrigens.

Im Oktober 1981 habe ich beim zuständigen Arbeitsgericht Klage gegen das Bundesland, in dem ich arbeitete, eingereicht. Befristete Arbeitsverträge sind zwar zulässig; jedoch bestand in meinem Fall kein ersichtlicher Grund für eine Befristung, da ich nach kurzen Pausen (den Ferien) immer wieder eingestellt wurde. Die Kündigungsvorschriften wurden dauernd umgangen.

Im Januar 1980 hatte ich endlich erreicht, daß mein befristeter BAT-Vertrag in einen unbefristeten umgewandelt wurde. Während dieser ganzen Zeit habe ich mich im halbjährigen Rhythmus immer wieder schriftlich um die Einstellung als Beamtin in den Schuldienst beworben. Außerdem hatte ich es mir zur Gewohnheit gemacht, ein- bis zweimal im Jahr persönlich bei der obersten Schulbehörde vorzusprechen, um zu erfahren, auf welchem Listenplatz ich stünde, und dabei meinen ausdrücklichen Willen zur Arbeit in der Schule als meinem Beruf, zu dem ich mich berufen fühle, bekundet. Außerdem habe ich nachgewiesen, daß ich für meinen Lebensunterhalt keine anderen finanziellen Mittel zur Verfügung habe. Aber niemand konnte mir helfen. Ich glaube, die verschiedenen Behörden sahen mich lieber gehen als kommen. Ich blieb trotzdem hartnäckig und zäh.

Als ich im Sommer 1984 bereits die achte oder neunte Ablehnung meiner Bewerbungen in meinem Briefkasten fand – ein maschinell geschriebenes, vervielfältigtes Antwortschreiben, das an alle Bewerber geht, die wieder einmal nicht in den Schuldienst aufgenommen werden konnten –, war ich doch ziemlich am Ende und wollte fast aufgeben. Da bekam ich nach den Sommerferien, nachdem schon zwei Schulwochen ins Land gegangen waren, sozusagen aus heiterem Himmel – ich weiß bis heute noch nicht genau warum – eine Beamtenstelle mit voller Stundenzahl (28 Wochenstunden). 1985 wurde ich dann Beamtin auf Lebenszeit.

Meine Wartezeit dauerte also, knapp gerechnet, fünf Jahre. Während dieser Zeit mußte ich jeden Pfennig zweimal umdrehen und habe mich zusätzlich mit allen möglichen Jobs, während der kurzen Anstellungen auch nachmittags, durchgeschlagen. Ohne diese Nebentätigkeiten hätte das Geld nicht gereicht. Ich habe alle Möglichkeiten des Geldverdienens, die sich boten, genutzt. So war ich Aushilfskellnerin, Bankbotin, Schreibgehilfin, gab Schwimmunterricht, machte Interviews für ein Marktforschungsinstitut und gab Nachhilfestunden. Manche meiner Kolleginnen hatten den Mut verloren und ihre Chancen einer finanziellen Selbständigkeit im Leben aufgegeben. Sie haben geheiratet. Ich habe durchgehalten und habe alles überstanden. Viele meiner Leidensgenossen haben inzwischen einen ganz anderen Beruf ergreifen müssen.“[7]

Sicher ist dieser Bericht kein Einzelfall; er ist einer von vielen und doch wieder ein je individueller Erfahrungsprozeß, an dem die Lehrerin gewachsen ist und der einen Teil erlebter Ungewißheit und Angst im Kampf um den erwählten Beruf widerspiegelt. Es gibt andere, teilweise auch dramatisch zugespitzte Fälle, die ein Zeichen dafür sind, wie sich die Lehrerarbeitslosigkeit negativ und – manchmal auch positiv – auswirken kann (ohne daß hier der positive Aspekt als Beschönigung des Arbeitslosenproblems verstanden werden soll). Was gemeint ist, formuliert eine Pädagogin, die jahrelang arbeitslos war und sich in mehreren Fremdberufen um einen Job bemühen mußte, so: „Durch die Lern- und Erfahrungsprozesse ... begriff ich, daß man sich der Lehrerarbeitslosigkeit rational und emotional bewußt stellen muß, um einschätzen zu können, warum man arbeitslos ist, und daß man lernen muß, mit der Situation umzugehen, ‚ohne daran zu verzweifeln'."[8]

Wie verkraftet der einzelne nun die Situation seiner Arbeitslosigkeit? Heute haben sich die vielen Lehramtskandidaten schon vorher mit dem Gedanken vertraut gemacht, daß sie wahrscheinlich keine Stelle bekommen. Hatte man in früheren Jahren bei Behörden und in Schulen noch versucht, in ihnen trügerische Hoffnungen zu wecken, so spricht man heute eine deutliche Sprache: Der Lehrer kann kein Lehrer sein, er muß sich ein anderes Betätigungsfeld suchen. Die Reaktionen darauf sind unterschiedlich; aber abgesehen von denen, die nach einem langen Studium und abgeschlossenem Examen die „Freizeit" zunächst positiv als Freiraum für sich sehen, empfindet der Betroffene vorerst einen Schock. Allmählich zeigt sich dann die psychosoziale Belastung: Resignation, Verbitterung, Wut und das Gefühl, nicht gebraucht zu werden, überwiegen. Außerdem bedrückt die arbeitslosen Lehrer eine Schuldenlast und ein finanzielles Defizit. Nun beginnt die Suche nach einer lehrerfremden Tätigkeit, die nicht nur mühsam und langwierig ist, sondern auch oft ergebnislos verläuft. Der „graue Arbeitsmarkt" für Jobs bietet fast nur Aushilfs- und Gelegenheitsarbeiten an. Man rät den Arbeitsuchenden zu einem Neuanfang, auch unter dem Niveau ihrer Ausbildungsqualifikation. In diesem Zusammenhang taucht das Wort von der Arbeitslosigkeit als „Schicksal" auf, eine Irreführung, denn die Arbeitslosigkeit ist ein ökonomisches Problem, kein individuelles. Sie kann nur durch die Schaffung neuer Arbeitsplätze behoben werden. Im Gespräch sind die Senkung der Stundenzahl für Lehrer und die Arbeitszeitverkürzung, die von den Lehrerorganisationen und von den Ministerien diskutiert werden.

Wie wir aus dem Bericht der jungen Lehrerin erfahren haben, sind die sogenannten *Zeitverträge* kleine Hoffnungsschimmer, um den Kontakt mit der Schule aufrechtzuerhalten. Aber sie sind fragwürdige Objekte, die

„Springlehrer“, „Feuerwehr“ und Ersatzlehrer mit voller Verantwortung.

Lehrer und Lehrerinnen zu „Nebenlehrern“ degradieren. Diese dürfen als „Feuerwehr“ dort einspringen, wo man sie ruft; daher heißen sie auch „Springlehrer“, alles Bezeichnungen, die darauf hinweisen, daß sie keine feste Anstellung in ihrem Beruf erwarten können. Sie vertreten amtierende Lehrer und Lehrerinnen, die vorübergehend dienstunfähig sind, also bei Krankheit oder bei Schwangerschaft. Diese „Wandellehrer“ tragen im Unterricht wie alle fest angestellten und beamteten Lehrer die volle Verantwortung, werden aber unterbezahlt. Zur Zeit rechnet man mit Tausenden von ihnen in der gesamten Bundesrepublik. Sie sind, wie ihre beruflichen Vorfahren, „arme Schulmeister“, nur mit dem Unterschied, daß sie in der Schule eine befristete Gastrolle spielen dürfen. Bei einem historischen Rückblick erinnern uns die Bezeichnungen „Nebenlehrer“, „Wandel-“ und „Springlehrer“ an ähnliche Notlösungen vergangener Zeiten. Auch zur Weimarer Republik gibt es

Parallelen. Die große Arbeitslosigkeit der Junglehrer hatte ähnliche Auswirkungen; auch damals herrschten Resignation und Hoffnungslosigkeit und das Gefühl, ausgeschlossen zu sein. Nur hatten die Proteste der Lehrer damals noch nicht die Breitenwirkung, die heute durch die Medien erreicht wird. Aber es gab vieles, was heute durch die lang andauernde Arbeitslosigkeit wieder aufgerührt wird; die psychosozialen Belastungen und die finanziellen Engpässe, die aufgefangen werden müssen. Die Schaffung von Arbeitsplätzen ist daher unbedingt allen anderen politischen Maßnahmen vorzuziehen. Die Stabilität des Staates ist zwar ein beruhigender Faktor, aber Staatsverdrossenheit Tausender junger Menschen kann sich auf die Dauer kein Staat leisten.

Anhang

Anmerkungen

Der Lehrer als Diener der Kirche

1 Reicke, E., Lehrer und Unterrichtswesen,[2] 1924, S. 14 f
2 vgl. Reicke, a. a. O., S. 59/60
3 Vormbaum, R. (Hrsg.), Evgl. Schulordnungen 1860–1864, S. 263. Wir beziehen uns im folgenden auf diese Sammlung evgl. Kirchen und Schulordnungen vom 16. – 18. Jahrhundert, die der Verfasser zusammengestellt hat.
4 vgl. Vormbaum, 1864, a. a. O., S. 216
5 Vormbaum, 1860, a. a. O., S. 253
6 Heppe, H., Geschichte des deutschen Volksschulwesens, 1858, S. 301
7 Altes Testament, Sprüche 13; 24
8 Ariès, Ph., Geschichte der Kindheit, 1975, S. 370
9 Luther, M., 1955, S. 187
10 Luther, M., a. a. O., S. 186
11 vgl. Vormbaum, 1864, a. a. O., S. 410
12 Vormbaum, 1860, a. a. O., S. 208
13 Zeidler, J. G., Sieben Böse Geister, 1892, S. 1
14 Zeidler, J. G., a. a. O., S. 7
15 a. a. O., S. 59
16 a. a. O., S. 86
17 a. a. O., S. 104
18 a. a. O., S. 145
19 ebenda, S. 145
20 Curtze, C., Volksschulgesetzgebung, 1857, S. 38
21 Vormbaum, R., 1864, a. a. O., S. 347
22 vgl. Vormbaum, R., 1864, a. a. O., S. 309
23 Horn, F., Der Volksschullehrerstand, 1826, S. 149
24 Die Mundorgel, 1984 (herausgeg. v. Dieter Corbach u. a.)
25 Vormbaum, R., 1864, a. a. O., S. 316
26 Rosenbaum, M., Untersuchungen, 1970, S. 25/26

Der mühevolle Weg zum Staatsdiener

1 Kindervater, M. Ch., Über nützliche Verwaltung, S. 160
2 Petrat, G., Schulunterricht, 1979, S. 168
3 Kindervater, M. Ch., a. a. O., S. 169
4 zit. n. Rönne, L., Unterrichtswesen, 1885, S. 64 –74

5 Heppe, H., a. a. O. Bd. 3, S. 37
6 zit. n. Rosenbaum, M., a. a. O., S. 118 ff
7 Rosenbaum, M., a. a. O., S. 136 f
8 Felbiger, J. v., General-Landschul-Reglement, 1858, S. 33, 37
9 Felbiger, J. v., a. a. O., S. 42/43
10 a. a. O., S. 127/128
11 Armenschulen nannte man die Vorschulen, die, hauptsächlich für Kinder der unteren sozialen Schichten in größeren Städten gegründet, von den Eltern kein Schulgeld verlangten. Diese Schulen lebten vorwiegend von freiwilligen Geld- und Sachspenden wohlhabender Bürger, hier in Berlin im Jahre 1793.
12 Klöden, K. F. v., Jugenderinnerungen, 1911, S. 52
13 Klöden, K. F. v., a. a. O., S. 58
14 Klöden, K. F. v., a. a. O., S. 60
15 Büchsel, K. A., Erinnerungen, 1861, S. 188/189
16 Büchsel, K. A., a. a. O., S. 156
17 Kindervater, M. Ch., a. a. O., S. 172
18 Büchsel, K. A., a. a. O., S. 198
19 Voigt, Th., Aus der Schule, 1884, S. 101/102
20 Klöden, K. F. v., a. a. O., S. 68 ff.
21 Kügelgen, W. v., Jugenderinnerungen, o. J., S. 149
22 vgl. Ebner, Magister, 1908, S. 165/166
23 Lewin, H., Preuß. Volksschule, 1919, S. 142 ff
24 Klöden, K. F. v., a. a. O., S. 106/107
25 a. a. O., S. 109
26 a. a. O., S. 117/119
27 a. a. O., S. 143/144
28 a. a. O., S. 145
29 a. a. O., S. 261/262
30 a. a. O., S. 266
31 zit. n. Lewin, a. a. O., S. 129
32 Rochow, E. v., Schriften, 1962, S. 10, 13 (s. auch u. Jonas/Wienecke, Hrsg.)
33 Rochow, E. v., a. a. O., S. 30
34 a. a. O., S. 226
35 zit. n. Lewin, a. a. O., S. 126
36 Bölling, R., Lehrerorganisationen, 1977, S. 26
37 Neigebaur, J. F., Die preußischen Gymnasien, 1835, S. 290
38 zit. n. Fischer, K., Geschichte des Volksschullehrerstandes, 1892, S. 212
39 Trinks, K., Sozialgestalt, 1933, S. 8, vgl. auch Bölling, Hrsg., Karl Trinks, 1980)

1 Dinter, F. G., Ausgew. pädagogische Schriften, 1887, S. 231
2 vgl. Trinks, K., 1933, S. 14
3 zit. n. Trinks, 1980, S. 41
4 Dinter, F. G., a. a. O., S. 243
5 a. a. O., S. 258/259
6 zit. n. Michael/Schepp (Hrsg.), 1973, S. 261
7 zit. n. Bönisch, Preussen, S. 164/165
8 vgl. Michael/Schepp, a. a. O., S. 225 ff
9 vgl. Clausnitzer, L., Unterrichtsgesetze, 1908, S. 89 ff
10 Clausnitzer, L., a. a. O., S. 83
11 vgl. Glanzow, E., Kritik der Schulen, 1824, S. 78 ff
12 zit. n. Michael/Schepp, a. a. O., S. 313/314; der Wortlaut ist umstritten, wird aber in der Fachliteratur noch zitiert.
13 Richter, K., Emanzipation, 1870, S. 52/53
14 zit. n. Bönisch, G., a. a. O., S. 85
15 Zieger, A., Schulmeister, 1933, S. 110
16 Diesterweg, F. A. W., 1956, Bd. 1, S. 5
17 a. a. O., S. 75 und 127
18 a. a. O., S. 180
19 a. a. O., S. 295
20 Zieger, A., a. a. O., S. 198
21 Bungardt, K., Odyssee, 1965, S. 31
22 zit. n. Pretzel, C. L. A., Deutscher Lehrerverein, 1921, S. 29
23 Diesterweg, F. W. A., 1964, S. 497
24 Diesterweg, F. W. A., a. a. O., S. 5 und 6
25 a. a. O., 1964, S. 474/475
26 a. a. O., S. 261
27 a. a. O., S. 602 ff
28 Diesterweg, F. A. W., 1959, a. a. O., S. 176/177
29 Diesterweg, F. A. W., 1961, a. a. O., S. 621
30 Diesterweg, F. A. W., 1964, a. a. O., S. 625
31 Diesterweg, F. A. W., a. a. O., S. 358 ff
32 zit. n. Clausnitzer, L., a. a. O., S. 124
33 Beck, J./K. F. Wander, 1979, S. 24
34 Bloth, H. G., Adolph Diesterweg, 1966, S. 200
35 Bloth, H. G., a. a. O., S. 203
36 Salzmann, A., Briefe, 1846, S. 166
37 Pretzel, C. L. A., a. a. O., S. 31
38 Harkort, F. zit. n. Michael/Schepp, 1973, S. 348
39 Wander, K. F., Die alte Volksschule, zit. n. Fertig, L. (Hrsg.), 1979, S. 53
40 Fischer, K., a. a. O., S. 268 und 269

41 Wander, K. F., zit. n. Michael/Schepp, a. a. O., S. 383 f
42 zit. n. Trinks, K., 1980, a. a. O., S. 77
43 Riehl, W. H., zit. n. Killy, W., 1970, S. 201
44 zit. n. Appens, W., Die päd. Bewegungen, 1914, S. 123 ff
45 Appens, W., a. a. O., s. 128/129
46 Bölling, R., Sozialgeschichte, 1983, S. 84
47 Diesterweg, F. W. A., 1965, a. a. O., S. 482
48 a. a. O., S. 75 ff
49 zit. n. Michael/Schepp, a. a. O., S. 311
50 Pretzel, C. L. A., a. a. O., S. 57/58
51 zit. n. Michael/Schepp, a. a. O., S. 314
52 Menzel, G., Lehrerverein, 1964, S. 12
53 Froese, L. (Hrsg.), Schulgesetzgebung, o. J., S. 75 ff
54 zit. n. Clausnitzer, L., a. a. O., S. 108/109
55 Pretzel, C. L. A., a. a. O., S. 54
56 Diesterweg, F. A. W., a. a. O., S. 261
57 zit. n. Herrlitz, H. G., Schulgeschichte, 1986, S. 59
58 Klöden, K. F. v., a. a. O., S. 423/424
59 a. a. O., S. 469
60 vgl. Harkort, F., 1969, a. a. O., S. 74
61 Bloth, H. G., a. a. O., S. 328
62 Herrlitz, H. G., a. a. O., S. 55

Hineinwachsen in die Gesellschaft

1 Lewin, H., 1910, a. a. O., S. 358
2 zit. n. Michael/Schepp, 1973, a. a. O., S. 392
3 Trinks, K., 1980, a. a. O., S. 42
4 Menzel, G., 1964, a. a. O., S. 16
5 zit. n. Michael/Schepp, a. a. O., S. 510 ff
6 vgl. „Schulbote“, Nr. 8, 13. Jahrgang, S. 57 und Nr. 22, S. 177
7 vgl. Trinks, K., a. a. O., S. 22
8 vgl. Curtze, C., a. a. O., S. 338/339
9 vgl. Diesterweg, F. A. W., 1964, a. a. O., S. 447
10 vgl. Harkort, F., a. a. O., S. 110/111
11 vgl. Cloer, E., 1977, S. 21 in: Kröll (Hrsg.)
12 „Schulbote“, Nr. 9, 1872, S. 69
13 zit. n. Michael/Schepp, a. a. O., S. 504/506
14 Kittel, H., Selbstbehauptung, 1965, S. 19
15 zit. n. Michael/Schepp, a. a. O., S. 431
16 vgl. Lohmann, R., Schulprogramm, 1921, S. 10
17 Tews, J., Schulgeschichte, 1914, S. 108
18 Müller, S., Verbandsinteressen, 1977, S. 236/237

19 Bönisch, G., a. a. O., S. 84
20 Gahlings/Moering, Volksschullehrerin, 1961, S. 55
21 Bölling, R., Sozialgeschichte, 1983, S. 100 ff
22 Gahlings/Moering, a. a. O., S. 41, 45
23 Schwonke, M., Gesellschaftsbild, 1966, S. 73
24 Frau G. L. in einem Gespräch mit der Verf.
25 vgl. Pretzel, C. L. A., a. a. O., S. 264
26 Es wird auszugsweise zitiert aus der handschriftlich überlieferten Autobiographie des Verfassers, die uns freundlicherweise aus seinem Nachlaß zur Verfügung gestellt wurde.
27 zit. aus einer bisher unveröffentlichten Autobiographie mit freundlicher Genehmigung des Verfassers, vgl. auch S. 172/173
28 vgl. Brix, Th., Denker und Dichter, 1899, S. 24
29 Der polnische Regisseur Filip Bajon hat einen Film mit dem Titel „Kinderstreik" gedreht, der den zitierten Bericht des Lehrers L. im wesentlichen bestätigt und der die Eindeutschungsmaßnahmen der preußischen Regierung veranschaulicht.
30 vgl. Frey, A., Mein Vater, 1977, S. 1 ff
31 Frey, A., a. a. O., S. 8/9
32 a. a. O., S. 11/12
33 a. a. O., S. 24 ff
34 zit. n. Michael/Schepp, a. a. O., S. 508
35 Trinks, K., 1980, a. a. O., S. 68
36 Schefer, G., Gesellschaftsbild, 1969, S. 34
37 Brinkmann, W., Beruf des Lehrers, 1976, S. 65
38 Betzen, K./Nipkow, K. E., Person des Lehrers, 1967, S. 82

Aufbruch und Untergang

1 zit. n. Scheibe, W. (Hrsg.), Geschichte, 1965, S. 49/50
2 Trinks, K., 1980, a. a. O., S. 54/55
3 Menzel, G., 1964, a. a. O., S. 43
4 Schnorbach, H. (Hrsg.), Lehrer und Schule, 1983, S. 18
5 Bölling, R., 1978, a. a. O., S. 228
6 Bölling, R., 1983, a. a. O., S. 119
7 Blättner, F., Geschichte der Pädagogik, 1961, S. 258
8 Hitler, A., Reden, 1933, S. 89
9 Boepple, E. (Hrsg.), Hitlers Reden, 1933, S. 61
10 zit. n. Mosse, G., Alltag, 1978, S. 317
11 vgl. Ottweiler, O., Volksschule . . . o. J., S. 64/65
12 Picker, H., Tischgespräche, 1983, S. 147 und 258

13 Picker, H., a. a. O., S. 97
14 a. a. O., S. 107
15 zit. n. Picker, a. a. O., S. 217
16 zit. n. Picker, a. a. O., S. 218
17 vgl. Ottweiler, a. a. O., S. 58
18 Bäumler, A., Männerbund, 1943, S. 135 und 116
19 Bäumler, A., Politik . . ., 1939, S. 103/104
20 zit. n. Mosse, G., 1978, a. a. O., S. 316
21 Picker, H., a. a. O., S. 368
22 a. a. O., S. 218
23 zit. n. Picker, 1983, S. 368
24 Amtsführung, 1938, S. 7
25 Flessau, K. J., Schule der Diktatur, 1977, S. 67
26 Hitler, A., Mein Kampf, 1942, S. 455
27 Flessau, K. J., 1977, a. a. O., S. 59
28 Hitler, A., 1942, a. a. O., S. 454
29 Hochmuth, U./ de Lorent, H. P. (Hrsg.), Schule, 1983, S. 55/56
30 A. S., Hamburg, für d. Verf. berichtet

Neuanfang und neue Sorgen

1 Deutscher Ausschuß: Empfehlungen, 1965, S. 76
2 Schule & Universität: Spiegel der Zeit, o. J., S. 117
3 de Rudder, H. (Hrsg.), Lehrerbildung, 1982, S. 11
4 Rumpf, H., Verwaltete Schule, 1981, S. 26
5 Süßmuth, R. (Hrsg.), Entprofessionalisierung, 1984, S. 1
6 Süßmuth, R. (Hrsg.), a. a. O., S. 5
7 M. F., aus einem Brief an d. Verf.
8 Götz, S., Arbeitslose Lehrer, 1983, S. 1

Literaturverzeichnis

Adolphs, Lotte: Kinderarbeit im 19. Jahrhundert. Lehrerverhalten im 19. Jahrhundert. Schulrevision im 19. Jahrhundert, Duisburg 1979

Allgemeine Deutsche Lehrerzeitung (ADLZ) 48. Jahrgang 1919

Alt, Robert: Bilderatlas zur Schul- und Erziehungsgeschichte Bd. 1 und 2, Berlin 1960 und 1965

Amtsführung des Lehrers, Die Schulrechte. Ein Ratgeber und Nachschlagebuch für die Fragen des Volksschulwesens, Düsseldorf [5]1938

Appens, Wilhelm: Die pädagogischen Bewegungen des Jahres 1848. Ein Beitrag zur Geschichte der Pädagogik des 19. Jahrhunderts, Diss. Jena 1914

Ariès, Philippe: Geschichte der Kindheit, München, Wien 1975

Bachmair, Benno: Selbstbild und Fremdbild von Volksschullehrern, Diss. Erlangen 1969

Baeumler, Alfred: Politik und Erziehung, Berlin 1939

Baeumler, Alfred: Männerbund und Wissenschaft. Reden und Vorträge aus vier Jahren, Berlin 1943

Bartels, Friedrich (Hrsg.): Dr. Wilhelm Harnischs Handbuch für das Deutsche Volksschulwesen. Mit Anmerkungen und Harnischs Biographie, Langensalza 1893 (= Bibliothek pädagogischer Klassiker, Band 32)

Barth, Paul: Die Geschichte der Erziehung in soziologischer und geistesgeschichtlicher Beleuchtung, Leipzig [4]1920

Beck, Johannes: Karl Friedrich Wilhelm Wander. Zum 100. Todestag, in: Zs. Erziehung und Wissenschaft, 7/79

Becker, Hellmut: Schule und Verwaltung, in: Probleme einer Schulreform, Stuttgart 1959, S. 105–118

Becker, Hellmut/Hentig, Hartmut von (Hrsg.): Der Lehrer und seine Bildung. Beiträge zur Überwindung einer Resignation, Frankfurt/M., Berlin, Wien 1984

Berg, Christa: Die Okkupation der Schule. Eine Studie zur Aufhellung gegenwärtiger Schulprobleme an der Volksschule Preußens (1872–1900), Heidelberg 1973

Berger, Louis: Der alte Harkort. Ein westfälisches Lebens- und Leitbild, herausgegeben von Aloys Meister, Leipzig 1926

Betzen, Klaus/Nipkow, Karl Ernst (Hrsg.): Der Lehrer in Schule und Gesellschaft (Texte), München [2]1972

Blättner, Fritz: Geschichte der Pädagogik, Heidelberg 1960
Bloth, Hugo Gotthard: Aus Diesterwegs Tagebuch 1818–1822, Frankfurt, Berlin, Bonn 1956
Bloth, Hugo Gotthard: Adolph Diesterweg. Sein Leben und Wirken für Pädagogik und Schule, Heidelberg 1966
Bölling, Rainer: Die Entwicklung und Typologie der Lehrerorganisationen, in: Heinemann, Manfred (Hrsg.): Der Lehrer und seine Organisation, Stuttgart 1977
Bölling, Rainer: Volksschullehrer und Politik. Der Deutsche Lehrerverein (DLV) 1918–1933, Göttingen 1978
Bölling, Rainer (Hrsg.): Karl Trinks. Die Sozialgestalt des Volksschullehrers, Stuttgart 1980
Bölling, Rainer: Sozialgeschichte der deutschen Lehrer. Ein Überblick von 1800 bis zur Gegenwart, Göttingen 1983
Bönisch, Georg: Köln und Preußen, Kultur und sozialgeschichtliche Skizzen, Köln 1982
Boepple, Ernst: Adolf Hitlers Reden, München [2]1933
Brehmer, Ilse: Zur Geschichte eines Frauenberufes. Texte aus dem Lehrerinnenalltag, München, Wien, Baltimore 1980
Breyvogel, Wilfried: Volksschullehrer und Faschismus, in: Heinemann, Manfred (Hrsg.): Der Lehrer und seine Organisation, Stuttgart 1977
Breyvogel, Wilfried: Die soziale Lage und das politische Bewußtsein der Volksschullehrer 1927–1933. Eine Studie zur Gewerkschaftsfrage in der Volksschullehrerschaft, Königstein/Ts. 1979 (=Monographien Pädagogik, Band 20)
Brinkmann, Wilhelm: Der Beruf des Lehrers. Perspektiven der Erziehungswissenschaft und der Lehrerverbände, Bad Heilbrunn 1976
Brix, Theodor: Was in dem „Lande der Denker und Dichter" passieren kann. Ein Wort über die Schulprügler und ihre Gönner als Beitrag zur Goethefeier, Berlin 1899
Büchsel, Karl Albert L.: Erinnerungen eines Landgeistlichen, Berlin 1861
Bungardt, Karl: Die Odyssee der Lehrerschaft. Sozialgeschichte eines Standes, Hannover, Berlin, Darmstadt, Dortmund [2]1965

Clausnitzer, Leopold: Geschichte des preußischen Unterrichtsgesetzes. Mit besonderer Berücksichtigung der Volksschule, Teil I, Hamburg [4]1908
Cloer, Ernst: Sozialgeschichte, Schulpolitik und Lehrerfortbildung der katholischen Lehrerverbände im Kaiserreich und in der Weimarer Republik, Ratingen 1975 (= Schriftenreihe zur Geschichte und Politischen Bildung)
Cloer, Ernst: Sozialgeschichtliche Aspekte der Solidarisie-

rung der preußischen Volksschullehrerschaft im Kaiserreich und in der Weimarer Republik, in: Heinemann, Manfred (Hrsg.): Der Lehrer und seine Organisation, Stuttgart 1977
Corbach, Dieter u. a. (Hrsg.): Die Mundorgel, Köln 1984
Curtze, Carl: Die Volksschulgesetzgebung des Fürstentums Waldeck, Arolsen 1857

Diesterweg, F. A. W.: Beiträge zur Lösung der Lebensfrage der Civilisation, Essen 1837
Diesterweg, F. A. W.: Wegweiser zur Bildung für deutsche Lehrer, herausgegeben von J. Scheveling, Paderborn 1958
Diesterweg, F. A. W.: Sämtliche Werke, Abteilung Zeitschriftenbeiträge, bearbeitet von Ruth Hohendorf. Bd. I bis X, Berlin 1956–1969
Dietrich, Theo/Klink, Job-Günter (Hrsg.): Zur Geschichte der Volksschule. Band I, Bad Heilbrunn ²1972
Dinter, Friedrich Gustav: Ausgewählte Pädagogische Schriften, herausgegeben von Friedrich Seidel, Langensalza, Band 1 1887, Band 2 1889 (= Bibliothek Pädagogischer Klassiker, Band 18 und 19)
Dollinger, Hans: Friedrich II. von Preußen. Sein Bild im Wandel von zwei Jahrhunderten, München 1986
Drescher, Reinhard/Hürych, Friedrich (Hrsg.): Bedeutung der Lehrerpersönlichkeit in Erziehung und Unterricht, Regensburg 1980

Ebert, Wilhelm (Hrsg.): Lehrer – Gefangener oder Gestalter der Schule, München 1979
Ebner, Eduard: Magister, Oberlehrer. Professor. Wahrheit und Dichtung in Literaturausschnitten in fünf Jahrhunderten, Nürnberg 1908
Empfehlungen und Gutachten: herausgegeben vom Deutschen Ausschuß für das Erziehungs- und Bildungswesen, 10. Folge, Stuttgart 1965

Felbiger, Johannes Ignaz von: General-Landschul-Reglement. Eigenschaften, Wissenschaften und Bezeigen rechtschaffener Schulleute. Methodenbuch. Besorgt von Julius Schevening, Paderborn 1958
Fertig, Ludwig (Hrsg.): Die Volksschule des Obrigkeitsstaates und ihre Kritiker. Texte zur politischen Funktion der Volksbildung im 18. und 19. Jahrhundert, Darmstadt 1979 (= Texte zur Forschung, Band 30)
Fischer, Konrad: Geschichte des deutschen Volksschullehrerstandes. Band 1 und 2, Hannover 1892

Flessau, Kurt Ingo: Schule der Diktatur. Lehrpläne, Schulbücher des Nationalsozialismus, München 1977

Focke, Harald/Reimer, Uwe: Alltag unterm Hakenkreuz. Wie die Nazis das Leben der Deutschen veränderten. Ein aufklärendes Lesebuch, Reinbek

Fooken, Enno: Die geistliche Schulaufsicht und ihre Kritiker im 18. Jahrhundert, Wiesbaden 1967

Frey, Anton: Mein Vater, der Dorfschulmeister, Ostfildern 1977

Froese, Leonhard/Krawietz, Werner (Hrsg. und Bearbeiter): Deutsche Schulgesetzgebung 1763–1952. Band 1, Weinheim, Berlin, Basel 1968 (= Kleine Pädagogische Texte, Band 37)

Gahlings, Ilse: Die Volksschullehrerschaft und ihre Berufsorganisationen. Ein Beitrag zur Verbandsideologie und zur Soziologie der Lehrerschaft, Diss. Münster 1964

Gahlings, Ilse/Moering, Elle: Die Volksschullehrerin. Sozialgeschichte und Gegenwartslage, Heidelberg 1961

Gamm, Hans Jochen: Führung und Verführung. Pädagogik des Nationalsozialismus, München 1964

Gamm, Hans Jochen: Kritische Schule. Eine Streitschrift für die Emanzipation von Lehrern und Schülern, München 1970

Gerner, Berthold: Selbstverständnis von Lehrern. Ergebnisse empirischer Forschung im deutschsprachigen Raum, Darmstadt 1976

Gewerkschaft Erziehung und Wissenschaft (GEW), (Hrsg.): in Sachen Lehrerarbeitslosigkeit. Ein Schwarzbuch, Königstein/Ts. 1981

Giese, Gerhardt: Quellen zur Schulgeschichte seit 1800, Göttingen, Berlin, Frankfurt 1961

Glanzow, Eduard: Kritik der Schulen und der pädagogischen Ultras unserer Zeit und der Staaten zu ihrem Besten, Bremen 1824

Götz, Susan: Zur Situation arbeitsloser Lehrer. Eine Untersuchung unter dem Aspekt der persönlichen Folgen der Nichteinstellung in den Schuldienst, Dipl. Arbeit (unveröffentlicht), Frankfurt/M. 1983

Grimm, Jakob: Über Schule, Universität, Academie, Berlin 1850

Gudjons, Herbert/Reinert, Gerd Bodo (Hrsg.): Schulleben, Königstein/Ts. 1980

Gudjons, Herbert/Reinert, Gerd Bodo (Hrsg.): Lehrer ohne Maske. Grundfragen der Lehrerpersönlichkeit, Königstein/Ts. 1981

Günther, Karl Heinz: Bürgerlich-demokratische Pädagogen

in Deutschland während der zweiten Hälfte des 19. Jahrhunderts. Teil 1 und 2, Berlin 1962

Harkort, Friedrich: Bemerkungen über die Preußische Volksschule und ihre Lehrer, Iserlohn 1842
Harkort, Friedrich: Die Preußische Volksschule und ihre Vertretung im Abgeordnetenhaus von 1848–1873, Hagen 1875
Harkort, Friedrich: Schriften und Reden zur Volksschule und Volksbildung; besorgt von Karl Ernst Jeismann, Paderborn 1969 (= Schöninghs Sammlung Pädagogischer Schriften)
Harnisch, Wilhelm: Der jetzige Standpunkt des gesamten Preußischen Volksschulwesens, historisch nachgewiesen, Leipzig 1844
Hartmann, Klaus/Nyssen, Friedhelm (Hrsg.): Schule und Staat im 18. und 19. Jahrhundert, Frankfurt 1974
Heinemann, Manfred: Schule im Vorfeld der Verwaltung. Die Entwicklung der preußischen Unterrichtsverwaltung von 1771–1800, Göttingen 1974
Heinemann, Manfred (Hrsg.): Sozialisation und Bildungswesen in der Weimarer Republik, Stuttgart 1976
Heinemann, Manfred (Hrsg.): Der Lehrer und seine Organisation, Stuttgart 1977 (= Veröffentlichung der Historischen Kommission der Deutschen Gesellschaft für Erziehungswissenschaft, Band 2)
Heinemann, Manfred (Hrsg.): Erziehung und Schulung im Dritten Reich. Teil 1 und 2, Stuttgart 1980
Heppe, Heinrich: Geschichte des deutschen Volksschulwesens, 5 Bände, Gotha 1858–1860
Heppe, Heinrich: Das Schulwesen des Mittelalters und dessen Reform im 16. Jahrhundert. Mit einem Abdruck von Bugenhagens Schulordnung der Stadt Lübeck, Marburg 1860
Herrlitz, Hans Georg/Hopf, Wulf/Titze, Hartmut: Deutsche Schulgeschichte von 1800 bis zur Gegenwart. Eine Einführung, Königstein/Ts. [2]1986
Herrmann, Ulrich (Hrsg.): Schule und Gesellschaft im 19. Jahrhundert, Weinheim 1977
Heubaum, Alfred: Geschichte des Deutschen Bildungswesens seit der Mitte des 17. Jahrhunderts. 1. Band: Bis zum Beginn der allgemeinen Unterrichtsreform unter Friedrich dem Großen, Berlin 1905
Hitler, Adolf: Mein Kampf, München [11]1942
Hochmuth, Ursel/de Lorent, Hans Peter (Hrsg.): Hamburg: Schule unterm Hakenkreuz, Hamburg 1983
Hoffmann, Rudolf: Karl Friedrich Wilhelm Wander. Eine Studie über den Zusammenhang von Politik und Pädagogik im 19. Jahrhundert, Langensalza, Berlin, Leipzig 1929

Horn, Friedrich: Der Volksschullehrerstand, wie er war, ist und seyn soll, Aachen 1826

Jeismann, Karl Ernst (Hrsg.): Staat und Erziehung in der preußischen Reform 1807–1819, Göttingen 1969

Jonas, Fritz/Wienecke, Friedrich (Hrsg.): Friedrich Eberhard von Rochows sämtliche pädagogische Schriften, 1. Band Berlin 1907, 2. Band Berlin 1908

Kaemmel, Heinrich Julius: Geschichte des Deutschen Schulwesens im Übergang vom Mittelalter zur Neuzeit, Leipzig 1822

Kämpfe, Emil: Der Streit um die Schulaufsicht. Beiträge zur Geschichte der Schulaufsicht vor 100 Jahren, Paderborn 1916 (= Pädagogische Forschungen und Fragen, Band 5)

Kamp, Ferdinand: Der Wandel von Berufsrolle und Status des Volksschullehrers, Diss. Köln 1964

Kempowski, Walter: Der Schulmeister, beschrieben von Michael Neumann, Braunschweig 1980

Kieselbach, Thomas/Offe, Heinz (Hrsg.): Arbeitslosigkeit. Individuelle Verarbeitung, gesellschaftlicher Hintergrund, Darmstadt 1979

Killy, Walther (Hrsg.): Deutsches Lesebuch. Das 19. Jahrhundert, Band 3, Frankfurt 1970

Kindervater, M. Christian: Über nützliche Verwaltung des Predigtamts, Schulunterricht, Bildung der Gemeinden und Lebensgenuß auf dem Lande. Nebst einem Anhange über das Verbauern des Landpredigers, Leipzig 1802

Kittel, Helmuth: Die Entwicklung der Pädagogischen Hochschulen 1926–1932. Eine zeitgeschichtliche Studie über das Verhältnis von Staat und Kultur, Berlin, Hannover, Darmstadt 1957

Kittel, Helmuth: Selbstbehauptung der Lehrerbildung. Analyse einer hochschulpolitischen Debatte, Heidelberg 1965

Klöden, Karl Friedrich von: Jugenderinnerungen, Leipzig ^{2}1911

Kluger, Alfons (Hrsg.): Die Deutsche Volksschule im Großdeutschen Reich. Handbuch der Gesetze, Verordnungen und Richtlinien zu Erziehung und Unterricht in der Volksschule nebst einschlägigen Bestimmungen über Hitler-Jugend und Nationalpolitische Erziehungsanstalten. 2 Bände, Berlin 1940

Knorr, Hans Joachim: Die körperliche Züchtigung in der Volksschule, ihre rechtliche und pädagogische Bedeutung in der Gegenwart, Diss. Erlangen 1952

Kröll, Ulrich: Institutionalisierte Lehrerfortbildung, Weinheim 1980

Krüger, Bernhard: Stiehl und seine Regulative. Ein Beitrag zur preußischen Schulgeschichte, Weinheim 1970
Kügelgen, Wilhelm von: Jugenderinnerungen eines alten Mannes, Stuttgart o. J.

Lewin, Heinrich: Geschichte der Entwicklung der preußischen Volksschule und der Förderung der Volksbildung durch die Hohenzollern (nebst den wichtigsten Schulordnungen, Schulgesetzen, Erlassen und Verfügungen), Leipzig 1910
Lilie, Ernst August: Die Emanzipation der Schule von der Kirche in ihrer geschichtlichen Entwicklung, Kiel 1843
Lingelbach, Karl Christoph: Erziehung und Erziehungstheorien im nationalsozialistischen Deutschland. Ursprünge und Wandlungen der 1933–1945 in Deutschland vorherrschenden erziehungstheoretischen Strömungen; ihre politischen Funktionen und ihr Verhältnis zur außerschulischen Erziehungspraxis des „Dritten Reiches", Weinheim, Berlin, Basel 1970 (=Marburger Forschungen zur Pädagogik. Band 3)
Lohmann, Richard: Das Schulprogramm der Sozialdemokraten und ihre Schulpolitik, Stuttgart 1921
Lundgren, Peter: Sozialgeschichte der deutschen Schule im Überblick, Teil I: 1770–1918, Göttingen 1980
Luther, Martin: Ausgewählte Schriften von Karl Gerhard Steck, eingeleitet von Helmut Gollwitzer, Frankfurt, Hamburg 1955
Luther, Martin: Pädagogische Schriften, besorgt von H. Lorenzen, Paderborn 1957

Menzel, Gustav: Die Lehrerbesoldung in den deutschen Staaten, Leipzig ²1914
Menzel, Gustav: Hundert Jahre Deutscher Lehrerverein. Zugleich ein Beitrag zur Geschichte der deutschen Volksschule, Essen 1964
Meyer, Folkert: Schule der Untertanen. Lehrer und Politik in Preußen 1848–1900, Hamburg 1976
Meyer, Helmut: Das Selbstverständnis des Volksschullehrers in der zweiten Hälfte des 19. Jahrhunderts (1850–1880), Diss. Münster/W. 1965
Michael, Berthold/Schepp, Heinz (Hrsg.): Politik und Schule von der Französischen Revolution bis zur Gegenwart. Band 1, Frankfurt 1973
Möller, Helmut: Die kleinbürgerliche Familie im 18. Jahrhundert. Verhalten und Gruppenkultur, Berlin 1969
Mosse, George L.: Der Nationalsozialistische Alltag. So lebte man unter Hitler, Königstein/Ts. 1978

Müller, Sebastian: Die Verbandsinteressen der Lehrer an höheren Schulen am Ende des 19. Jahrhunderts, in: Heinemann, Manfred (Hrsg.): Der Lehrer und seine Organisation, Stuttgart 1977

Neigebaur, Johann Ferdinand: Die Preußischen Gymnasien und höheren Bürgerschulen. Eine Zusammenstellung der Verordnungen, welche den höheren Unterricht in diesen Anstalten umfassen, Berlin, Posen, Bromberg 1835

Nyssen, Elke: Schule im Nationalsozialismus, Heidelberg 1979

Oelkers, Jürgen: Emanzipation – Erziehungsziel von gestern? Neue Literatur zu einem politisch-pädagogischen Grundthema, in: Zs. Neue Politische Literatur, 22, 1977

Ottweiler, Ottwilm: Die Volksschule im Nationalsozialismus, Diss. Pädagogische Hochschule Rheinland o. J.

Paulsen, Friedrich: Geschichte des Gelehrten Unterrichts auf den deutschen Schulen und Universitäten vom Ausgang des Mittelalters bis zur Gegenwart. 2 Bände, Berlin-Leipzig 1886

Petrat, Gerhardt: Schulunterricht. Seine Sozialgeschichte in Deutschland 1750–1850, München 1979

Picker, Henry: Hitlers Tischgespräche im Führerhauptquartier, Wiesbaden ^{4}1983

Pretzel, Carl L. A.: Geschichte des Deutschen Lehrervereins in den ersten fünfzig Jahren seines Bestehens, Leipzig 1921

Reicke, Emil: Lehrer und Unterrichtswesen in der deutschen Vergangenheit, Jena ^{2}1924 (=Die deutschen Stände in Einzeldarstellungen, Band 9)

Reicke, Emil: Magister und Scholaren. Illustrierte Geschichte des Unterrichtswesens. Zweite Nachdruckauflage, Köln 1976

Reiser, Rudolf: Lehrergeschichten. Ein historischer Streifzug von der Germanenzeit bis zur Gegenwart, München 1984

Rethwisch, Conrad: Deutschlands höheres Schulwesen im 19. Jahrhundert, Berlin 1893

Richter, Karl: Die Emanzipation der Schule von der Kirche und die Reform des Religionsunterrichts in der Schule, Leipzig 1870

Richter, Karl (Hrsg.): Adolph Diesterwegs Ansichten über pädagogische Zeit- und Streitfragen, Leipzig 1913

Riehl, Wilhelm Heinrich: Die bürgerliche Gesellschaft. Herausgegeben und eingeleitet von Peter Steinbach, Frankfurt, Berlin, Wien 1976

Rißmann, Robert: Geschichte des Deutschen Lehrervereins, Leipzig 1908

Rochow, Friedrich Eberhard von: Schriften zur Volksschule, herausgegeben von Rudolf Lochner, Bad Heilbrunn 1962

Rönne, Ludwig von: Das Unterrichts-Wesen des Preußischen Staates, eine systematisch geordnete Sammlung aller auf dasselbe Bezug habenden Gesetze, Bestimmungen, usw. 2 Bände, Berlin 1854 und 1855

Rosenbaum, Margret: Untersuchungen zur Veränderung der Lage und des Selbstverständnisses der Lehrer während der Aufklärung in Deutschland. Ein Beitrag zur Geschichte des Volksschullehrerberufes, Diss. Köln 1970

Rosin, Heinrich: Friedrich Harkort – der Tribun der preußischen Volksschule, Dortmund 1893

de Rudder, Helmut (Hrsg.): Die Lehrerbildung zwischen Pädagogischer Hochschule und Universität. Probleme eines Lehrerstudiums, Bad Heilbrunn 1982

Rumpf, Horst: Die administrative Verstörung der Schule. Drei Kapitel über den beamteten Erzieher und die verwaltete Schule, Essen 1966

Rutschky, Katharina (Hrsg.): Schwarze Pädagogik. Quellen zur Naturgeschichte der bürgerlichen Erziehung, Frankfurt, Berlin, Wien 1977

Salzmann, Arnold: Briefe von der Elbe über pädagogisch-politisch-religiöse Tagesfragen, Leipzig 1846

Schefer, Gerwin: Das Gesellschaftsbild des Gymnasiallehrers. Eine Bewußtseinsanalyse des deutschen Studienrats, Frankfurt 1969

Scheibe, Wolfgang (Hrsg.): Zur Geschichte der Volksschule Band 2, Bad Heilbrunn 1965 (=Klinkhardts pädagogische Quellentexte)

Scheveling, Julius: Ignaz von Felbigers Handbuch für Lehrer, Paderborn 1958

Schmitz, Klaus: Geschichte der Schule. Ein Grundriß ihrer historischen Entwicklung und ihrer künftigen Perspektiven, Stuttgart 1980

Schnorbach, Hermann (Hrsg.): Lehrer und Schule unterm Hakenkreuz. Dokumente des Widerstandes von 1930 bis 1945, Königstein/Ts. 1983

Schuderoff, Jonathan (Hrsg.): Neues Journal für Veredelung des Prediger- und Schullehrerstandes und des öffentlichen Religions-, Kultus- und Schulwesens, Band 1 und 2, Altenberg 1808

Schulbote für Hessen: Organ des Hessischen Landeslehrervereins und der Ludwig- und Alice-Stiftung, 13. Jahrgang, Nr. 1 bis 24, Darmstadt 1972

Schule und Universität: Spiegel der Zeit 1945–1960. 15 Jahre Hamburger Schul- und Erziehungswesen. Herausgegeben von der Schulbehörde der Freien und Hansestadt Hamburg o. J.

Schuppius, Johann Balthasar: Der deutsche Lehrmeister (erstmals 1558), Neudruck herausgegeben von P. Stötzner, Leipzig 1891

Schwonke, Martin: Das Gesellschaftsbild des Lehrers, in: Zs. Die Deutsche Schule, 58, 1966

Seidel, Friedrich (Hrsg.): Friedrich Gustav Dinters ausgewählte pädagogische Schriften, Langensalza Band 1 1887, Band 2 1889

Stephani, Heinrich: Über Gymnasien, ihre Bestimmung und zweckmäßige Einrichtung, Erlangen 1828

Stiehl, Ferdinand (Hrsg.): Die drei Preußischen Regulative vom 1., 2. und 3. Oktober 1854, Berlin 1868

Stölzle, Remigius: Universität und Lehrerbildung, Langensalza 1920 (= Pädagogische Forschungen und Fragen. Neue Folge, Heft 4)

Süssmuth, Rita (Hrsg.): Lehrerfortbildung und Entprofessionalisierung, Köln, Wien 1984

Tews, Johannes: Schulkämpfe der Gegenwart. Vorträge gehalten in der Humboldt-Akademie, Leipzig [2]1911

Tews, Johannes: Ein Jahrhundert preußischer Schulgeschichte. Volksschule und Volksschullehrerstand in Preußen im 19. und 20. Jahrhundert, Leipzig 1914

Thilo, Wilhelm: Preußisches Volksschulwesen nach Geschichte und Statistik, Gotha 1867

Trinks, Karl: Die Sozialgestalt des Volksschullehrers. Festschrift zur Hundertjahrfeier des Dresdner Lehrervereins, Dresden 1933 (siehe auch unter Bölling, R.)

Vandré, Rudolf: Schule, Lehrer und Unterricht im 19. Jahrhundert, Göttingen 1973 (Regionalstudie über Ostfriesland)

Voigt, Th.: Aus der Schule. Pädagogische Skizzen, Bielefeld, Leipzig 1884

Vormbaum, Reinhold (Hrsg.): Die Evangelischen Schulordnungen des 16. – 18. Jahrhunderts. 3 Bände, Gütersloh 1860–1864

Wander, Karl Friedrich W.: Die Volksschule als Staatsanstalt, Leipzig 1842

Wander, Karl Friedrich W.: Die alte Volksschule und die neue. Ein Wort an die Vertreter des deutschen Volkes sowie an alle Freunde wahrer Volksbildung, Breslau 1848

Zeidler, Gottfried: Sieben Böse Geister, welche heutigen Tages guten Theils die Küster oder so genandte Dorff-Schulmeister regieren, Halle 1703 (Neudruck pädagogischer Schriften, herausgegeben von Albert Richter, Nr. XI, Leipzig 1892)

Zerrenner, Carl/Christoph, Gottlieb: Grundsätze der Schuldisziplin für Schulaufseher, Lehrer und Schullehrer-Seminarien, Magdeburg 1826

Zieger, Alfred: Schulmeister-Schullehrer-Volkslehrer. Das Werden des Lehrerstandes in Sachsen als Beitrag zu einer Soziologie des Berufsstandes, Langensalza 1923

Personenregister

Sachregister

Bildnachweise

S. 17	Federzeichnung aus einer Handschrift der Leges barbarorum ca. 830. Gotha, Herzogl. Bibliothek.
S. 18	Holzschnitt aus der Legende des Heiligen Meinrat. Nürnberg, Hans Mayr, o. J.
S. 21	Holzschnitt aus: Rudimentum Noviciorum. Lübeck, L. Brandis, 1475.
S. 22	Holzschnitt aus: Brack, Vocabularis rerum. Augsburg, Schönsperger d. Ä., 1495.
S. 24	Nach einem Holzschnitt von Hans Burgkmair.
S. 25	Beide Abbildungen aus: Rodericus Zamorensis: „Spiegel des menschlichen Lebens", Augsburg, Bämler, 1479.
S. 27	ebenda.
S. 34,o.	Holzschnitt 16. Jahrhundert (Bildarchiv Preußischer Kulturbesitz – früher Staatsbibliothek).
S. 34,u.	Kpfr. von Peter Miriscenys nach Peter Breughel d. Ä. 1557. München, Kupferstichkabinett.
S. 37	Kupferstich von Abraham de Bosse (1605–1678).
S. 41	Kpfr. aus: Christoph Weigel, Abbildung der gemein-nützlichen Hauptstände. Regensburg 1698.
S. 44	Um 1750. Bildarchiv Preußischer Kulturbesitz.
S. 53	Titelseite und Titelbild einer Schrift über den „elenden Zustand der armen Dorff-Küster". Aus: J. G. Zeidler: Sieben böse Geister, Halle 1703.
S. 64	Bauernschule Ende des 18. Jahrhunderts. Radierung von J. F. Schuster nach dem Gemälde von Daniel Chodowiecki.
S. 72	Die Pädagogik und die Pädagogen. Nürnberg o. J. (1826), Taf. 2.
S. 77	ebenda, Taf. 10.

S. 81	ebenda, Abb. 12.
S. 103	Ausbildungsstätte für Volksschullehrer um 1910 (ehem. Schloß Braunsberg).
S. 117	Photokopie eines Bildes des Malers Eduard Eichen im Besitz der Diesterwegschule Wiesbaden (der Verf. freundlicherweise übereignet).
S. 133	Um 1900. Besitz von Claus-Peter Groß, Berlin.
S. 161	Privatarchiv.
S. 162	Um 1900. Unterricht im Kaiser-Wilhelm Gymnasium, Hannover.
S. 167	Privatarchiv.
S. 176/77	Privatarchiv.
S. 195	Privatarchiv.
S. 196	Gesine Asmus, Berlin.
S. 202	Privatarchiv.
S. 208	Schindlerfoto.
S. 210	Aus: Kraft (Hrsg.), Schulgeschichten, Gießen 1977.
S. 211	Foto: dpa-Bilderdienst, München.
S. 215	Foto: Manfred Vollmer, Essen.